市域轨道交通专业技能培训教材

市域动车组

温州市铁路与轨道交通投资集团有限公司运营分公司　编

西南交通大学出版社

·成　都·

图书在版编目（ＣＩＰ）数据

市域动车组 / 温州市铁路与轨道交通投资集团有限
公司运营分公司编. —成都：西南交通大学出版社，
2022.7

ISBN 978-7-5643-8759-4

Ⅰ. ①市… Ⅱ. ①温… Ⅲ. ①城市铁路 – 电力动车 –
教材 Ⅳ. ①U266.2

中国版本图书馆 CIP 数据核字（2022）第 111118 号

Shiyu Dongchezu

市域动车组

温州市铁路与轨道交通投资集团有限公司运营分公司　编

责任编辑	梁志敏
封面设计	吴　兵

出版发行	西南交通大学出版社
	（四川省成都市金牛区二环路北一段 111 号
	西南交通大学创新大厦 21 楼）
邮政编码	610031
发行部电话	028-87600564　028-87600533
网址	http://www.xnjdcbs.com
印刷	四川煤田地质制图印刷厂

成品尺寸	185 mm×260 mm
印张	23.75
字数	573 千
版次	2022 年 7 月第 1 版
印次	2022 年 7 月第 1 次
定价	98.00 元
书号	ISBN 978-7-5643-8759-4

编委会　>>>>

本书编写人员   >>>>

主　　编	齐万明
副 主 编	林周瑜　　张　威　　包秀明
参编人员	赵　清　　张冠男　　王　威　　林　超　　乐明娇
	滕鸿达　　邵鸣和　　潘智心　　韩文锦　　夏海燕
主　　审	池绵绵
参　　审	上官光克　　吴毓伟

序 言 >>>>

　　温州市铁路与轨道交通投资集团有限公司（以下简称"温州市铁投集团"）是温州市唯一承担城市轨道交通项目前期、工程建设、投融资、运营管理及沿线资源开发等"五位一体"建设的市级国资企业。温州市铁路与轨道交通投资集团有限公司运营分公司（以下简称"运营分公司"）成立于 2014 年 3 月 21 日，为温州市铁投集团全资控股子公司，主要承担温州轨道交通的建设、运营、管理等职责。

　　近年来，温州市铁投集团高举习近平新时代中国特色社会主义思想伟大旗帜，积极响应"交通强国""长三角城市群一体化"等国家战略，围绕"轨道交通+新型城镇化+智慧化"发展理念，扛起建设"全国性综合交通枢纽"的使命担当，持续掀起"大干交通、干大交通"的热潮，积极投身温州市域铁路 S2 线、S3 线、杭温铁路配套工程、温州高铁新城、未来社区及东部枢纽建设，推动 TOD 综合开发提速，发挥轨道交通"经济轴"作用，加快打造 1 小时"交通圈""生活圈"，为温州市打造高质量发展建设共同富裕示范区市域样板助力。

人才是富国之本、兴邦大计，城市轨道交通行业的发展亟需大量专业技能人才。为深入贯彻落实习近平总书记对技能人才工作重要指示，打造温州轨道交通高质量人才队伍，运营分公司结合实际运营经验开展专业技能人才培训系列教材开发工作，教材涵盖一线运营、维保人员的标准化作业流程和应急故障处理指南等内容，为技能人才培养打下了坚实的基础。该套教材可应用于全国城市轨道交通"订单班""定向班"、员工上岗取证、技能鉴定等人才培养项目，也可为广大轨道交通爱好者提供教学素材及技术资源。

　　温州轨道交通开通运营时间不长，教材编写还存在不足，恳请业内专家对此提出宝贵意见。最后祝业内同仁生活愉快、工作顺利、再创佳绩！

温州市铁路与轨道交通投资集团有限公司

党委书记、董事长

2020 年 12 月国务院办公厅转发了国家发展和改革委员会等单位关于推动都市圈市域（郊）铁路加快发展意见的通知，2021 年 2 月中共中央、国务院印发了《国家综合立体交通网规划纲要》，随着国家一系列政策的出台和城市化的不断发展，市域（郊）铁路迎来了蓬勃发展的良机，加快发展市域（郊）铁路建设有利于打造 1 h 通勤都市圈，有利于构建现代交通网，有利于推进新型城镇化建设，有利于进一步优化城市功能布局。目前国内多个城市均在紧锣密鼓地进行市域（郊）铁路的建设与运营。

市域轨道列车是市域（郊）铁路建设中的关键设备系统之一，温州市铁路与轨道交通投资集团（简称温州铁投资集团）根据市域（郊）铁路运营需求，联合中车青岛四方机车车辆股份有限公司共同打造的时速 140 km 的市域 D 型动车组于 2017 年 3 月下线，填补了我国市域铁路客运装备的空白，完善了市域/城轨车辆的型谱。市域 D 型动车组是融合高速动车组平台技术和 A 型地铁的运营特性，基于 CRH6 型城际动车组为市域（郊）铁路"量身打造"，既具有城轨地铁的载客能力和公交化运营能力，又具有动车组的快速运行、安全平稳、高舒适性。

《市域动车组》一书是在借鉴市域 D 型动车组技术条件和市域（郊）铁路近年发布的相关标准的基础上，结合设计、制造、调试、验收和运营管理的经验，由工作在一线的工程技术人员编撰而成。

　　作为一本专门介绍市域动车组的教材，我们在编撰过程中努力做到对市域轨道列车各系统全方位进行介绍，内容专业、翔实、全面是本教材的特色，适合市域（郊）铁路一线员工、大中专院校学生进行培训和学习，也为希望了解市域轨道列车的人员提供参考。

　　本书在编写编写过程中得到了中车青岛四方机车车辆股份有限公司、温州中车四方轨道车辆有限公司的大力支持，在此表示衷心的感谢！

　　由于编写时间仓促，编者水平有限，书中难免出现疏漏和不妥之处，恳请读者批评指正。

编　　者

2022 年 6 月

目　录　>>>>

第一章
市域动车组概述

市域车辆的选型应根据线路设计、供电制式、客流量等因素综合比较选择。《市域（郊）铁路设计规范》（TB 10624—2020）中规定市域车辆主要技术规格宜符合表 1-1 中的规定。

表 1-1　市域车辆参数对比

名　称		市域 A 型		市域 B 型		市域 C 型	市域 D 型
供电制式		AC 25 kV	DC 1 500 V	AC 25 kV	DC 1 500 V	AC 25 kV	
车体基本长度/mm	无司机室车辆	22 000		19 000		24 500 或 25 000	22 000
	单司机室车辆	22 000 + Δ		19 000 + Δ		24 500 或 25 000 + Δ	22 000 + Δ
车体基本宽度/mm		3 000		2 800		3 300	
车辆落弓高度/mm		≤4 450	≤3 850	≤4 450	≤3 850	≤4 640	
车内净高/mm		≥2 100					
地板面高/mm		1 130		1 100		1 280	
固定轴距/mm		2 500		2 300		2 500	
车辆定距/mm		15 700		12 600		17 500 或 17 800	15 700
每侧车门数/对		3 ~ 4					
车门宽度/mm		≥1 300				≥1 100	≥1 300
车轮直径/mm		860		840		860 或 920	860
轴重/kN		≤170		≤150		≤170	
最高运行速度/km·h⁻¹		120 ~ 160	100 ~ 120	120 ~ 160	100 ~ 120	120 ~ 160	

温州 S1 线市域动车组是我国首款市域 D 型车辆，是国家发展和改革委员会批准为国家战略新兴产业示范工程的首个市域铁路自主化装备。市域动车组车宽 3.3 m，车长 22 m，具有快起快停的特点，座椅采用横纵布局，乘坐空间宽敞舒适，具有与干线铁路、城轨铁路互联互通的能力，在"四网融合"中起到了承上启下、接驳分流的作用。市域动车组的成功问世，填补了 120 ~ 160 km/h 市域铁路客运装备的空白，完善了市域列车的型谱。本教材主要以市域 D 型车（以下简称市域动车组）为介绍对象。

1.1 市域动车组的特点

1.1.1 市域动车组主要技术指标

市域 D 型动车组在城际动车组的基础上，融合了地铁车辆的优点，其主要技术指标如下所示：

车辆限界： 符合《市域（郊）铁路设计规范》（TB 10624—2020）中的限界规定；

供电制式： 单相交流 25 kV/50 Hz；

列车编组： 4 辆编组，2 动 2 拖（可扩为 6 辆编组）；

速度等级： 车辆最高运行速度 140 km/h；

车辆试验速度 160 km/h；

载客量： 座席 192 人

定员（座席 + 5 人/m^2）902 人；

超员（座席 + 8 人/m^2）1328 人；

轴重（AW3）： ≤170 kN；

车辆主要尺寸： 车辆最大宽度 3 300 mm；

车辆高度 3 880 mm；

车辆定距 15 700 mm；

转向架固定轴距 2 500 mm；

车轮直径： 860/790 mm；

牵引性能： 平均起动加速度（0 ~ 40 km/h）≥0.8 m/s^2；

平均加速度（0 ~ 140km/h）≥0.4m/s^2；

制动性能： 常用制动平均减速度（140 ~ 0 km/h）≥1.0 m/s^2；

紧急制动平均减速度（140 ~ 0 km/h）≥1.2 m/s^2；

车辆内部噪声： 在 ISO3381 标准规定环境条件下，在客室纵向中心线距地板 1.6 m 高处测量：

车辆停止、空调处于最大功率运行，其他辅助系统设备同时以正常状态运行时，客室座席区中部连续噪声值≤69 dB（A），驾驶室内≤68 dB（A）；

车辆以不超过最高运行速度（140 km/h）75% ± 5% 的恒定速度运行，恒速运行时间为 60 s，客室座席区中部连续噪声目标控制值不高于 75 dB（A），驾驶室噪声限值不高于 75 dB（A）；

车辆外部噪声： 在 ISO3095 标准规定的环境条件下，测点离轨道中心线 7.5 m 远、距轨面高 1.2 m，满足如下要求：

车辆以不超过最高运行速度（140 km/h）75% ± 5% 的恒定速度运行，通过空旷平直道砟线路时，连续噪声不应超过 85 dB（A）；

车辆起动时，最大噪声不应超过 82 dB（A）；

车辆停止时，空调工作，牵引设备及牵引冷却设备不工作时，连续噪声不应超过 71 dB（A）。

1.1.2　市域 D 型车与轨道交通车辆的参数对比

根据《城市公共交通分类标准》中的分类要求，城市轨道交通车辆设备分为地铁系统（A型车辆、B 型车辆、L 型车辆）、轻轨系统（C 型车辆、L 型车辆）、单轨系统（悬挂式单轨车辆、跨座式单轨车辆）、有轨电车（单厢或铰接式有轨道电车、导轨式胶轮电车）、磁浮系统（中低速磁浮车辆、高速磁浮车辆）、自动导向轨道系统和市域快速轨道系统。

市域 D 型车与地铁系统应用较多的 A、B 型车辆相关参数的对比如表 1-2 所示。

表 1-2　市域 D 型车与轨道交通车辆参数对比

名　称		市域 D 型车	轨道交通 A 型车	轨道交通 B 型车
供电电压等级		AC 25 kV	DC 1 500 V	DC 750 V 或 DC 1 500 V
车体基本长度/mm	带司机室车辆	22 000 + Δ	约 24 400	19 000 + Δ
	无司机室车辆	22 000	约 22 800	191000
车体宽度/mm		3 300	3 000	2 800
车辆落弓高度/mm		≤ 4 640	3 810	3 810
受电弓工作高度/mm		5 150 ~ 5 800	3 900 ~ 5 410	3 985 ~ 5 810
车辆总高/mm		≤ 3 900	3 800	≤ 3 800
车内净高/mm		≥ 2 100	2 100	2 100
地板面高/mm		1 280	1 130	1 100
车钩高度/mm		950	720	660 或 720
每侧车门数/对		4	5	4
车门宽度/mm		1 300	1 400	1 300
车辆定距/mm		15 700	15 700	12 600
轴重/kN		170	160	140
最高运行速度/(km/h)		140	80/100	80/100
最高试验速度/(km/h)		160	90/110	90/110
动力学性能	脱轨系数	< 0.8	≤ 0.8	≤ 0.8
	轮重减载率	≤ 0.65	≤ 0.6	≤ 0.6
	轮轴横向力/kN	≤ 10 + P_0/3	/	/
	轮轨垂向力/kN	≤ 170	/	/
	平稳性（客室/司机室）	< 2.5 ≤ 2.75	< 2.5 < 2.5	< 2.5 < 2.5
	平稳性（运行150 000 km 后）	< 2.75	< 2.75	< 2.75

名　称		市域 D 型车	轨道交通 A 型车	轨道交通 B 型车
转向架结构参数	轴距/mm	2 500	2 500	2 200～2 300
	空簧距轨面高度/mm	980	895	855
	车轮直径（新轮/全磨耗）/mm	860/790	840/770	840/770
	踏面型式	LM	LM	LM
	轨距/mm	1 435	1 435	1 435
	轮对内侧距/mm	$1\ 353^{+2}_{0}$	1 353±2	1 353±2
	抗蛇行减振器间距/mm	2 680	无	无
平均起动加速度		≥0.8 m/s	≥1.0 m/s	≥0.83 m/s（动拖比 1:1）
				≥0.9 m/s（动拖比 2:1）
平均加速度		≥0.4 m/s	≥0.6 m/s	≥0.5 m/s（动拖比 1:1）
				≥0.6 m/s（动拖比 2:1）
常用制动平均减速度		≥1.0 m/s	≥1.0 m/s	≥1.0 m/s
紧急制动平均减速度		≥1.2 m/s	≥1.2 m/s	≥1.2 m/s

注：Δ为司机室加长量。对于需要可变编组的场合则可考虑不需要司机室加长量。

注：市域 D 型车参数源自温州轨道交通 S 线市域动车组，轨道交通 A、B 型车参数源自中国轨道交通协会发布的《城市轨道交通电动客车用户需求书（范本）》。

1.2　市域动车组亮点与特色

市域动车组参照温州轨道交通 S1 线实际情况，结合运营实际需求，博采众长，在城际动车组运行速度快、舒适性高的基础上充分发挥了轨道交通车辆快速乘降、加减速度高的优势，形成了自有的风格、特点。

1.2.1　跨界融合

市域动车组集高速动车组、城际动车组的运行速度高、安全可靠、舒适性高、节能环保等技术性能以及城轨地铁的快上快下、快速乘降、公交化运营的特点于一体，最高运行速度达 140 km/h，加减速指标与城轨地铁相同，舒适性和节能环保技术与城际动车组一致。

1.2.2 高强度轻量化车体

车体主结构为大型薄壁铝合金型材焊接形成的等强度、等刚度的筒形整体承载结构，设计使用寿命不低于 30 年，车体静挠度不大于 12 mm，车体强度满足 9 人/m² 的载荷要求。

1.2.3 轻量化大轴重高安全转向架

转向架设计轴重为 170 kN，构架设计使用寿命 30 年，满足强度要求的同时，采用轻量化设计，动车转向架质量不大于 8.6 t，拖车转向架质量不大于 6.6 t。在恶劣的横风作用下，转向架保证了车辆横向稳定性和安全性。

1.2.4 被动安全设计

车体结构按碰撞安全理念进行设计，能量吸收方案设计为三级，第一级为车钩缓冲器，第二级为车钩压溃管，第三级为头车端部防爬器及吸能结构，整车吸能元件的配置满足 EN15227 所规定的 36 km/h 碰撞要求。

1.2.5 舒适性高、运行噪声低

市域动车组保持 140 km/h 的速度运行时，其客室座席中部噪声和司机室噪声 ≤ 75 dB（A）。

1.2.6 大风稳定性要求高

市域动车组保证在 9 级及以下风速时在地面及高架区段的安全可靠运行；11 级风时，空载列车可在线路上安全停留，并不超过设备限界；12 级风时空载列车不侧翻。

1.2.7 曲线通过能力强

市域动车组具备单车通过 R145 曲线、单列通过 R180 曲线、单列通过 R180 S 形曲线能力。

1.2.8 气密性设计（被动式压力保护单元）

由于温州轨道交通 S1 线隧道最小断面仅为 30.02 m²，为保证时速 140 km 运行时旅客乘坐的舒适性，整车采用气密性设计，空调设被动式压力保护单元，以实现客室内压力变化率不大于 800 Pa/3 s。

作用：车内压力急剧变化时，防止车外压力波传入客室，造成乘客耳鸣。

压力保护系统由压力保护控制器、新风压力保护阀（空调机组内）、废排压力保护阀（废排装置内）等组成（见图1-1）。压力保护控制器位于头车，通过压力传感器感知车内外压力变化，并根据车内外压力变化率来控制压力保护阀的开启和关闭。该系统设有测试开关和强开、强关功能，可手动控制压力保护阀的开和关。通过CAN接口与空调微处理器通信，通过空调微处理器上传相关故障信号。

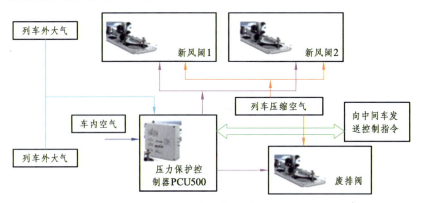

图1-1　压力保护系统框图

1.3　主要技术方案

1.3.1　总体方案

4辆/列：+Tc1-Mp1-Mp2-Tc2+。

其中，+：全自动密接式车钩；

－：半永久牵引杆；

Tc1、Tc2车：带司机室的拖车；

Mp1、Mp2车：带受电弓的动车。

列车编组如图1-2所示。头尾车平面图、中间车平面图、断面图分别如图1-3、图1-4、图1-5所示。

图1-2　列车编组

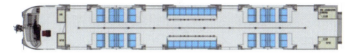

图 1-3　头尾车平面图

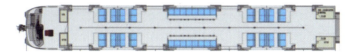

图 1-4　中间车平面图

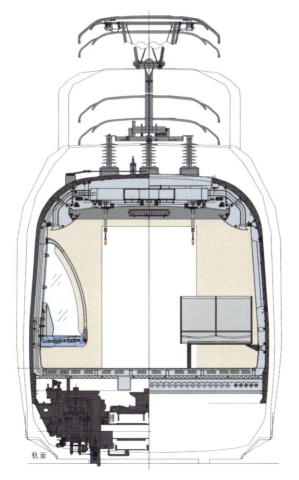

图 1-5　断面图

1.3.2 限界计算

使用动力学仿真软件 SMPACK®建立车辆多刚体系统动力学模型，通过时域仿真得到市域动车组在不同的工况下的姿态和位移，并采用相应的动态包络线计算方法，得到车辆在各种状态下的动态包络线，与温州市域铁路 S1 线的限界进行比较。

计算的工况包括：隧道及地面、各种车速、典型轮轨匹配、空车和重车、悬挂正常和悬挂故障状态、开门越站、关门越站、大风工况等。

通过对温州市域铁路 S1 线市域动车组的静态限界和动态包络线进行校核计算，结果表明：

温州市域铁路 S1 线市域动车组满足《标准轨距铁路机车车辆限界》（GB 146.1—2020）的车辆限界要求。

隧道内正常运行工况下市域动车组所有车速、载荷状态和轮轨匹配下的车辆动态包络线与隧道车辆限界间没有干涉。

地面正常运行工况下市域动车组所有车速、载荷状态和轮轨匹配下的车辆动态包络线与地面车辆限界间没有干涉。受电弓包络线基本在车辆限界内。

各种故障工况及 12 级以下大风下，市域动车组车辆动态包络线均在设备限界之内。停放时，车辆包络线均在车辆限界内。

关门越站工况下市域动车组可通过隧道站台和地面站台。

1.3.3 车体及转向架

车体主要由底架、侧墙、车顶、端墙、司机室（头车）组成。车体主结构为大型薄壁铝合金型材焊接形成的整体承载式结构，具有等强度、轻量化、气密性高等优点。借鉴高速动车组领域丰富的气动设计、优化经验，优化长细比、截面变化率等设计变量，整车气动阻力、气动升力等主要性能指标满足运营要求，隧道通过时交会压力波小于车体气密强度指标，车内压力变动满足 800 Pa/3s 的评价指标。

转向架采用时速 160 km 城际动车组转向架，具有安全、成熟、可靠的技术特点，采用 H 型焊接构架、轴箱转臂定位、无摇枕二系悬挂系统、铸铁齿轮箱驱动装置、架悬牵引电机、三点式空气制动夹钳、撒砂装置等。

1.3.4 车钩及缓冲装置

头车全自动钩缓装置位于列车编组的头尾端及两个单元间，其作用是实现列车之间机械、电气和风路的自动连接。

中间半永久钩缓装置用于单元内部两车之间的连接，其作用是保证车组单元内部车辆的机械连接和风路连接，连接和分解时需要人工手动操作。

1.3.5　牵引及辅助系统

1.3.5.1　高压系统

温州市域 S1 线高压系统包括受电弓、网压互感器、避雷器、主断路器（含保护接地开关）、高压隔离开关、电流互感器、高压电缆组件组成。

受电弓、高压隔离开关、网压互感器、避雷器、主断路器（含保护接地开关）设置在 Mp1、Mp2 车顶，电流互感器位于 Tc1、Tc2 车下，车顶铺设带高压电缆终端的电缆组件，车间采用单螺旋车间跳线将高压电缆贯穿整车。

受电弓从接触网接收 AC 25 kV 的交流电，通过车顶和车端的高压电缆将电能输送到 Tc1、Tc2 车下的牵引变压器。单弓受流，另一台受电弓备用。同时，需要配备避雷器对车辆进行保护。

主断路器和高压隔离开关主要用于对主回路进行开关和隔离。

网压互感器采集网压信号用于牵引变流器和供电网压同步。

电流互感器采集主回路电流信号，当主回路接地故障时及时保护主回路。

1.3.5.2　牵引系统

牵引变压器将从电网得到的 25 kV 单相交流电转换为 AC 970 V，作为牵引变流器四象限整流器的输入。四象限经整流后转换成 DC 1 800 V，牵引逆变器将直流电逆变成频率及电压可变的三相交流电，分别给每台转向架上 2 台牵引电机供电，实现车辆的牵引。电制动工况时，牵引电动机作为发电机使用，将车辆的动能转化为电能输入至牵引变流器中间直流环节，再经四象限整流器单相逆变后通过牵引变压器、受电弓反馈回电网。

1.3.5.3　辅助系统

辅助变流器集成在牵引变流器箱体内部，从牵引变流器中间直流回路取电，经过逆变、降压和滤波后输出三相 AC 380 V/50 Hz，两个辅助变流器并网后为空调系统、主空压机、牵引系统冷却风机等设备供电。

充电机集成在牵引变流器箱体内部，从辅助逆变器输出的三相 AC 380 V 取电，经过整流、降压和滤波后输出 DC 110 V，为控制系统、照明、影视广播等设备供电。

1.3.6　网络及低压电气控制系统

列车网络控制系统（TCMS）是集列车控制、监控和诊断为一体的集成控制系统，能为列车各子系统和模块提供各种实时控制信号，完成对列车的控制。

列车网络控制系统可以实现对列车网络各子系统设备以及列车总线、车辆总线上所有数据的管理；参与列车的牵引制动控制、电空转换以及空转滑行控制；对列车各系统进行控制；

对各系统进行故障诊断、操作提示；对列车运行数据进行自动信息采集、记录，并可通过 PTU 实现数据回放、事件分析等功能。

1.3.7 制动和风源系统

制动系统采用 1 动 1 拖为一个控制单元的微机控制的直通式电空混合制动系统，制动控制采用架控方式，每辆车配有两套电空制动控制模块。

制动系统主要由风源系统（A 组）、制动控制系统（B 组）、基础制动（D 组）、防滑系统（G 组）、空气悬挂系统（L 组）、轮缘润滑系统（Y 组）、风笛、解钩系统（P 组）、联挂系统（W 组）、回送装置等部分组成。

1.3.8 旅客信息显示系统

市域动车组车载通信和乘客信息系统采用集成设计，包含以下几个子系统：车载广播系统、司机对讲、乘客紧急报警系统、车载多媒体信息播放系统、视频监控系统、车载智能分析系统。另外还包括和其他系统的接口（和 TCMS 系统的接口，和 RADIO 的接口，以及和地面 PIDS 系统的接口等）（见图 1-6）。

1.3.9 空调系统

空调系统对市域动车组车辆客室和司机室进行空气调节，满足乘客及司机的舒适性要求。空调机组安装在客室车顶，与客室内的风道连接，具有通风、全冷、半冷等功能（见图 1-7）。

每辆车空调系统由 2 台顶置式单元式空调机组、1 台空调控制盘、1 台废排装置、1 套风道系统、1 套排水管路组成；头尾车司机室内设置 1 个压力控制装置和 1 台司机室送风单元。

1.3.10 车外设备

车外设备主要由车门系统、车窗系统、贯通道系统三大系统组成，如图 1-8 所示。其中，车门系统分为客室侧门、司机室侧门以及紧急疏散门，车窗系统由客室车窗、司机室前窗以及司机室侧窗组成。

1.3.11 车内设施

车内设施部分主要包含车内结构、车内设备两大系统。为保证车辆的轻量化，车内结构及设备采用轻量化、模块化设计；为提高乘坐舒适性，车体结构采取隔热、隔音降噪措施，选用的内装材料其环保性能及防火性能满足标准要求。

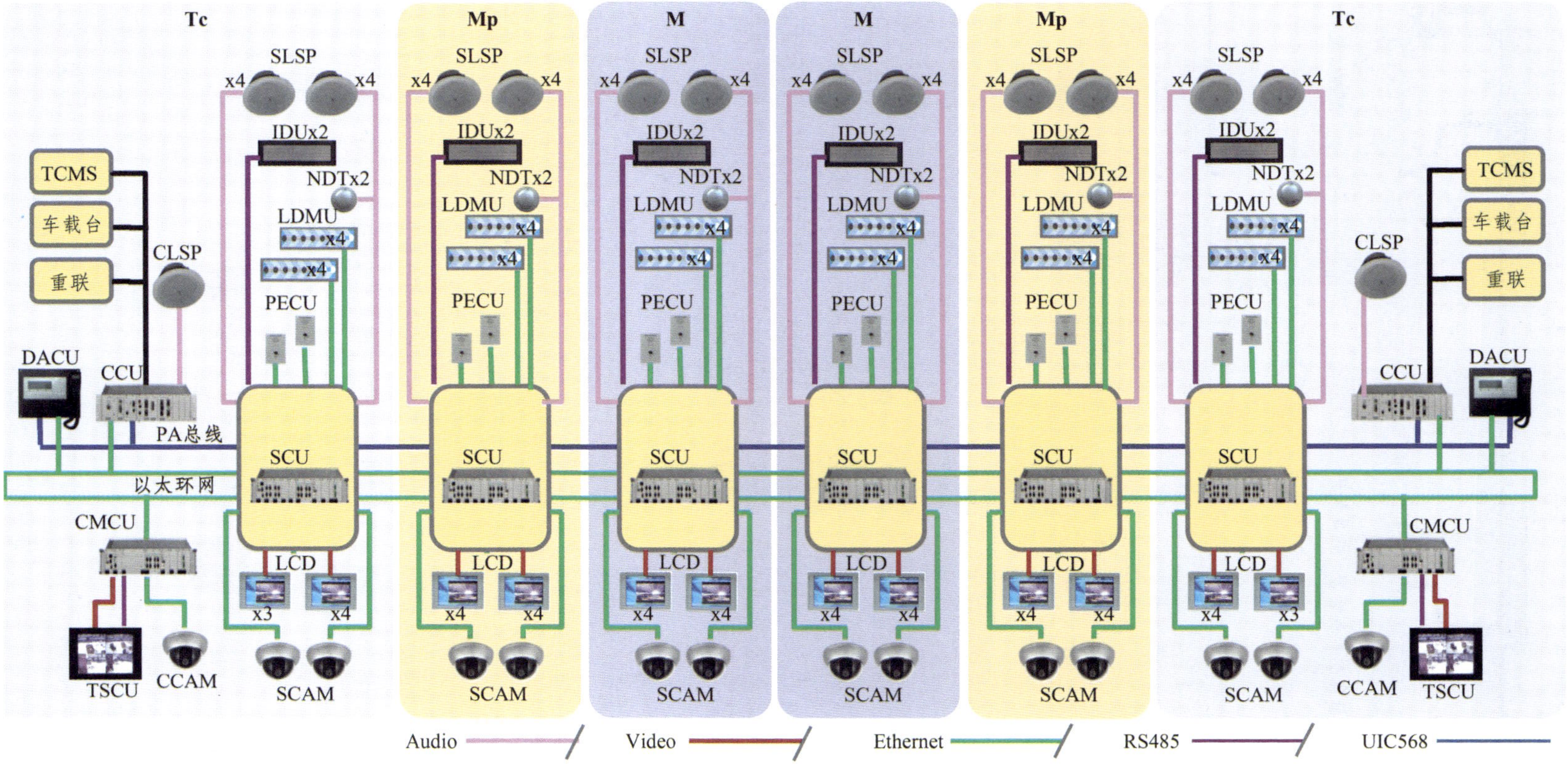

图 1-6　旅客信息显示系统拓扑图

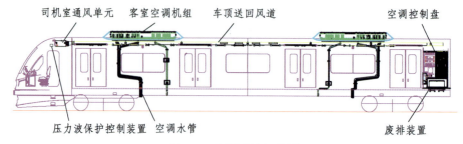

图 1-7　空调系统拓扑图

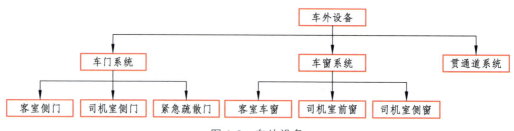

图 1-8　车外设备

客室设置不锈钢座椅、扶手、挡风板、广告框等,司机室设置有司机室座椅、遮阳帘、衣帽钩等。

烟火报警系统采用在头、尾车司机室各设置一台火灾报警控制器,在电气柜内部、客室、蓄电池箱内设置点式火灾探测器。探测器与火灾报警控制器的连接方式为 FSK 二总线;两个控制器之间的连接方式为 CAN 总线;控制器与 TCMS 的连接方式为以太网为主、MVB 冗余。烟火报警系统包括烟火报警显示屏(主机)、通信板卡、车厢控制器、电源转换模块、点式探测器、吸气式探测器、短路隔离器和地址单元等部件。

1.3.12　车辆健康维护系统

车辆健康维护系统主要由车载在线监测系统、地面智能运维系统构成。

车辆健康维护系统采集从车辆运行到车辆检修维护全过程的数据,包括车辆运行状态及故障数据、轨旁检测数据,以及车辆维修和管理数据,综合应用物联网、边缘计算、云计算、大数据等技术,通过建设地面大数据平台,为列车运营调度中心及车辆段各专业车辆检修提供基于数据支撑的辅助决策内容,支撑车辆调度运营及生产管理与业务流转。

 **1.4　型式试验**

型式试验分为部件型式试验和整车型式试验。部件级型式试验将在子系统章节中阐述。结合市域 D 型车的项目执行和载客运营情况,市域轨道车辆的整车型式试验项目建议参照表1-3 执行:

表 1-3 型式试验与研究性试验项目表

型式试验项目			
		试验状态	
序号	试验内容	静态	动态
1	起动加速试验		√
2	牵引特性试验		√
3	动力制动试验		√
4	防空转/电制防滑行性能试验		√
5	速度控制系统试验		√
6	牵引和制动能力试验		√
7	运行阻力试验		√
8	网压波动试验		√
9	网压突变试验		√
10	网压中断试验	√	
11	静态传动效率试验	√	
12	保持制动试验	√	
13	停放制动试验	√	
14	静态制动性能试验	√	
15	制动运行试验		√
16	防滑保护性能试验	√	
17	总风缸气密性试验	√	
18	整车压缩空气系统气密性试验	√	
19	升弓风缸气密性试验	√	
20	主空压机供风能力试验	√	
21	辅助空压机性能试验	√	
22	其他压缩空气设备的试验		√
23	运行稳定性试验		√
24	横向稳定性试验		√
25	运行品质试验		√
26	运行平稳性试验	√	
27	受电弓静态性能试验	√	
28	弓网受流性能试验		√
29	接地回流装置检查	√	
30	基本功能试验	√	√

型式试验项目			
序号	试验内容	试验状态	
		静态	动态
31	冗余功能试验	√	√
32	逻辑控制试验	√	√
33	故障诊断系统试验	√	√
34	旅客信息显示系统试验	√	√
35	辅助电气设备和辅助电源试验	√	√
36	蓄电池充电试验	√	
37	安全设备的检查	√	
38	安全措施的检查	√	
39	电气系统的各种保护试验	√	√
40	网侧谐波试验		√
41	动车组对外射频骚扰试验	√	
42	静电放电抗扰度试验	√	
43	内部电磁干扰试验	√	
44	正线环境电磁兼容试验		√
45	整车磁通密度试验		√
46	整车与轨旁设备兼容性试验	√	
47	整车辐射抗扰度试验		√
48	雷电过电压试验	√	
49	绝缘试验	√	√
50	车辆辐射噪声试验	√	√
51	车辆内部噪声试验	√	
52	称重试验	√	
53	限界试验	√	
54	曲线通过试验	√	
55	前照灯试验	√	
56	室内照度试验	√	
57	过分相试验		√
58	淋雨试验		√
59	回送试验		√
60	制动热容量试验	√	

续表

型式试验项目			
序号	试验内容	试验状态	
		静态	动态
61	挠性系数试验		√
62	典型运行图		√
63	车门系统试验		√
研究性试验项目			
1	空气动力学		√
2	能量消耗试验		√
3	工作条件和舒适性检查		√
4	撒砂试验		√
5	车底设备冷却通风系统试验		√
6	车内噪声试验		√
7	车外辐射噪声试验		√
8	操作（内部）过电压试验	√	
9	防滑保护运行试验		√
10	制动热容量试验		√
11	列车运行试验		√

1.5 市域动车组修程

市域动车组总体技术方案沿用城际铁路的方案，因此，市域动车组的修程也参考了国铁系统，同时针对自身特点，目前修程如表 1-4 所示。

表 1-4　市域动车组修程

序号	修程	维修间隔	停修期
1	一级修	2 000 km（2 天）	2 小时
2	二级修	30 000 km （30 天、90 天、180 天、360 天）	8-60 小时
3	三级修	600 000 km（3 年）	15 天
4	四级修	1 200 000（6 年）	35 天
5	五级修	2 400 000（12 年）	45 天
注：各级修程维修间隔公里数的浮动允许范围为±10%。			

一级修：对市域动车组的车顶、车下、车体两侧、车内和司机室等部位实施快速例行检查、试验和故障处理的检修作业，须在检查库内实施，每次检修时间控制在 2 h 内（不包含故障处理时间）。

二级修：对动车组各系统、零部件实施周期性维护保养、检测、试验的检修作业。根据检修规程每隔 30 天或 30 万 km 需进行一次二级修，检修内容具体可分为 30 天/3 万 km 检修作业包、90 天/9 万 km 检修作业包、180 天/18 万 km 检修作业包、360 天/36 万 km 检修作业包。

二级修各检修作业包的内容相互独立，互不包容。以 360 天/36 万 km 检修作业为例，进行 360 天/36 万 km 检修作业时，除检修规程中规定的 360 天/36 万公里检修作业内容外，在实际检修作业中，还需完成 30 天/3 万 km 检修作业、90 天/9 万 km 检修作业、180 天/18 万 km 检修作业的内容。因此，一个完整的 360 天/36 万 km 检修作业除自身的 360 天/36 万 km 检修作业记录单之外，还包含 30 天/3 万 km 检修作业记录单、90 天/9 万 km 检修作业记录单、180 天/18 万 km 检修作业记录单。

高级修：包含三、四、五级修，主要包括车辆解编、架车、转向架检修、车辆设备检修、车体清洁、车辆组装、落车、保压试验、油漆及标记、整列编组、静调试验、动调试验、试运行等。随着信息技术的不断迭代发展，智能运维系统更加先进化、智能化，为使高级修在安全性和经济性之间做出良好的平衡，高级修的修程还需不断进行优化。

本章主要介绍市域动车组的设计特点、基本构造及组成，车辆机械部件的结构和原理，电气装置的结构和作用。通过本章的学习，初学者能够尽快认识车辆各系统，掌握重要的技术参数，对保证安全驾驶列车起到至关重要的作用，并为将来故障排查、应急处理打下良好的基础。

第二章

车 体

　　车体采用铝合金薄壁筒型整体承载结构，具有轻量化和高强度的特点。车体主结构为整体承载的铝合金型材焊接结构，各模块间焊接具有一定的气密性。为达到减少车体的振动和降低车内噪音的目的，除了侧墙窗口范围内沿纵向位置的两块型材和底架边梁外，在大型中空挤压型材内部壁上增加热熔减振材料（见图 2-1）。

图 2-1　车体

 2.1 **车体强度及刚度要求**

　　车体强度满足在极端条件下承受的动载荷、静载荷以及冲击载荷要求，并满足架车、起吊、救援、调车、联挂、多车编组回送作业的要求。车体在使用期内不会因被腐蚀而降低强度，能承受各种正常载荷，至少 30 年内不产生永久变形与疲劳损伤。

车体刚度能满足车辆修理和纠正脱轨时的要求，在各种载荷下其挠度值能保证所有客室门和司机室门操作自如，并在最大垂直载荷（AW3）作用下车体上挠度≥0 mm，车体静挠度不超过 15.7 mm（转向架中心距的 1‰）。温州 S1 线车体的型式试验结果为头车 10.16 mm，中间车 6.71 mm。

车体在静强度试验时，在承受各种最大垂直和横向载荷的同时能承受沿车钩（见车钩及缓冲装置章节）中心线施加的纵向静态作用力：纵向压缩力为 1 200 kN，纵向拉伸力为 960 kN。

车体结构按碰撞安全理念进行设计，在每个带司机室拖车的前端设置防爬器及其两侧设能量吸收单元。能量吸收方案设计为三级，第一级为车钩缓冲器，第二级为车钩压溃管，第三级为头车端部底架撞击能量吸收区。碰撞仿真计算结果表明，碰撞动能主要由车钩缓冲装置、吸能装置、头车端部结构吸收；两种编组列车分别以 25 km/h 和 36 km/h 的相对速度下发生碰撞，头车司机室的邻近主驾驶位置处地板和车顶间的高度大于变形前高度的 80%，满足标准 EN15227 的生存空间要求；乘客生存空间中的任意 5 m 长度内缩小值都未超过50 mm，乘客的生存空间可以得到保障；列车各车辆的最大平均加/减速度值都小于 5g，满足标准 EN15227 的减速度要求；另外，列车中所有车辆的任一转向架的两组轮对在防爬齿啮合状态下同一时刻的相对垂向位移均未超过 100 mm，列车没有爬车风险，满足标准 EN15227 的防爬要求。

为达到车体强度相关要求，车体进行了静强度及疲劳强度计算和静强度试验。车体静强度及疲劳强度计算采用有限元方法。取整个车体进行分析，采用板壳单元（SHELL181）和六面体单元（SOLID45）对整车结构进行离散，离散模型如图 2-2 所示。静强度载荷工况包括垂向、纵向拉伸和压缩、抬升及支撑等载荷工况，疲劳强度载荷工况包括扭转载荷工况、三向加速度载荷工况。车体静强度试验工况基本同静强度计算，增加了扭转载荷工况，得到各材料的应力均低于许用应力。

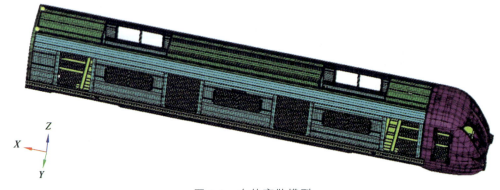

图 2-2　车体离散模型

 ## 2.2　车体组成

车体包括底架、侧墙、端墙、车顶、司机室（仅 Tc 车）等。

2.2.1 底架

底架主要由牵引梁、枕梁、缓冲梁、边梁、横梁、地板等部件组成（见图2-3），牵引梁、枕梁为铝合金型材和铝板组焊形成的箱形结构，能够有效传递各种载荷。底架两侧为通长中空挤压铝合金型材边梁，在边梁之间布置通长中空挤压铝合金型材地板。头车端部安装防爬器及排障器。在底架枕内设置支撑点，用于架车、复轨顶车或支撑；在底架两端车钩安装座处设置用于复轨顶车的支撑点，用于满足车辆拆卸、组装、检修、吊运和救援作业需求，详见"2.3 车体抬升、顶升方案"。

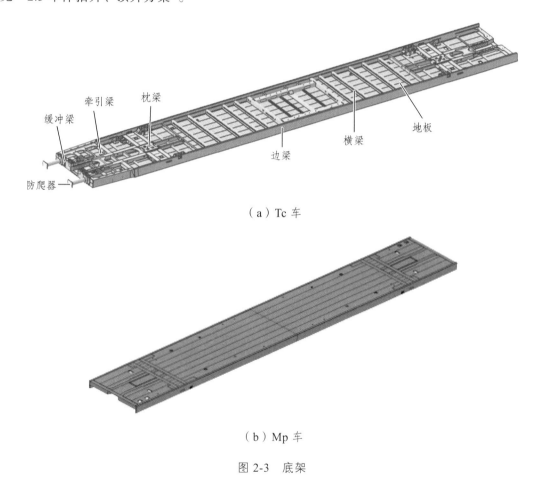

（a）Tc车

（b）Mp车

图2-3 底架

Tc车车底架前端设有防爬器，可以保证两列车对中撞击，确保冲击力沿底架传递，避免相撞列车之间发生爬叠现象。防爬器后端设吸能装置，可有效吸收列车撞击时产生的能量。

Tc车车底架前端下方设排障器，排障器为碳钢结构。排障器由排障板与支撑棒构成，距轨道面150 mm。排障板吊挂在底架边梁上，支撑棒是由铝管和铝板焊接而成，用来连接排障板与车体，主要起支撑作用，在遇到障碍物时可以满足排障的要求，如图2-4所示。

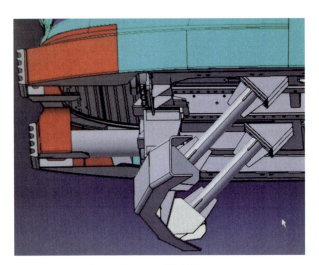

图 2-4　排障器

2.2.2　侧墙

侧墙采用大型中空铝合金型材组成的框架结构，型材之间在车体长度方向上连续焊接（见图 2-5）。侧墙设 4 对车门，以车体纵向中心线对称，按 5 700 mm 等间距布置；侧墙开设三处 1 000 mm×2 400 mm 窗口；顶部圆弧部位为变截面中空型材，侧顶圆弧对交会压力波的影响较显著，增大侧顶圆弧可有效降低交会压力波，改善列车横向气动性能，提高安全性、平稳性。

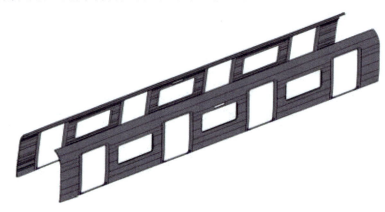

图 2-5　侧墙

侧墙是承载的重要部件，门角和窗角常为应力集中区，设计时避免车辆在运用中产生永久变形和疲劳裂纹等问题，从而保证车体在纵向、垂向、扭转等载荷作用下，强度、刚度满足要求，保证门开、关运动自如。

2.2.3　端墙

端墙结构主要由端角立柱、端弯梁、门立柱、门上横梁、门槛、横梁、外端板等部件组成(见图 2-6)。端部载荷满足(地板上平面 150 mm 处压缩 400 kN;车身腰带高度压缩 300 kN;边框顶条高度压缩 300 kN)的要求,在端角柱及和端顶弯梁部位进行加强。在端墙上部增加了通长的横梁,有效传递横向载荷。

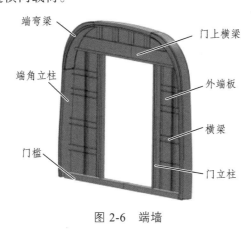

图 2-6　端墙

2.2.4　车顶

车顶由大型中空挤压型材组焊而成,型材之间的焊接在车体长度方向连续焊接,通长挤压型材上适当位置设通长的 T 槽或焊接铆接连接骨架,用于间壁和顶板等内装部件的安装(见图 2-7)。

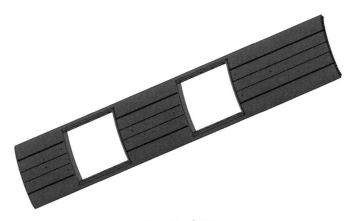

图 2-7　车顶

车顶能承受在 200 cm² 上施加 1 000 N 垂直载荷,以及间距 500 mm 的 2 个 400 cm² 面积上分别施加 1 000 N 垂直载荷,即维护人员在平顶行走时的载荷。车顶结构在承载空调单元的相应部位局部补强。

2.2.5　司机室

司机室与车体之间采用气密焊接,相对于采用胶铆结构连接的玻璃钢司机室,可有效避免密封胶老化、剥落、漏气等问题,提升整车气密性、司机室结构与车体等的寿命(见图 2-8)。司机室设前窗、侧窗、侧门、逃生门,并为头灯、头罩开闭机构等设备提供安装接口。司机室侧门区域设置脚蹬和两个扶手,满足乘务司机在正线、车辆段轨行区登车作业需求。

图 2-8 司机室三维视图

 2.3 车体抬升、顶升方案

为满足车辆拆卸、组装、检修、吊运和救援作业及安全要求,设计了车体、单节车辆或编组列车的顶车支撑方案。

2.3.1 抬升、顶升位置

如图 2-9 所示,头车和中间车底架下方一、二位枕梁内侧各设 1 个支撑位①②③④,在一、二位端车钩安装座下方设 2 个支撑位⑤⑥。①②③④每处均设置 108 mm × 180 mm 抬车孔、抬车孔正下方平面、200 mm × 200 mm 抬车垫板三种支撑位。抬车孔及正下方平面与车体中心纵向距离为 7 250 mm,抬车垫板为 6 750 mm(见图 2-10)。

2.3.2 抬升、顶升方式说明

在车辆正常架车、吊车时,无论车体与转向架解体分离与否,均可利用 108 mm × 180 mm 抬车孔进行抬升,抬车孔与转向架中心纵向距离为 600 mm,抬车孔中心间距为 14 500 mm,下表面距轨面为 846 mm,如图 2-11 所示。

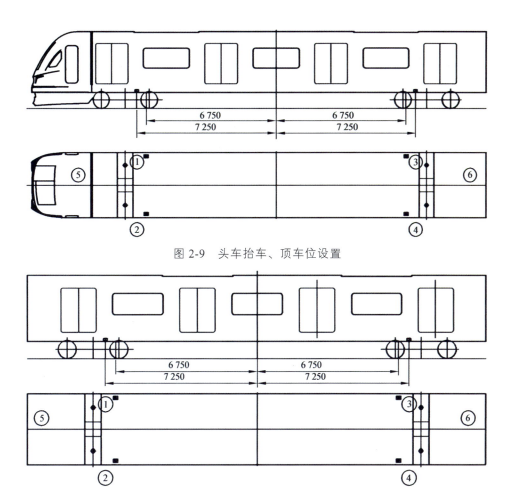

图 2-9　头车抬车、顶车位设置

图 2-10　中间车抬车、顶车位设置

图 2-11　抬车孔抬车示意图

在未安装转向架抗蛇行减振器座时，可在车体抬车孔正下方平面（即车体抗蛇行减振器座下平面）处抬升或顶升，如图 2-12 所示。

图 2-12　抬车孔下方平面处抬升或顶升示意图

在安装转向架抗蛇行减振器座后，车体的顶升需利用 200 mm×200 mm 抬车垫板进行，通常用于复轨救援。顶车位与转向架中心纵向距离为 1 100 mm，顶车位中心间距为 13 500 mm，下表面距轨面为 785 mm，如图 2-13 所示。

图 2-13　抬车垫板顶车位示意图

2.3.3　抬升或顶升限度说明

车体端部抬升范围主要受贯通道、车钩等设备制约。贯通道最大错动量为 120 mm，在相邻两车最大错动量 120 mm 时，车钩转动角度为 2.7°，小于车钩最大垂向摆动角度 6°，车钩与车体无干涉，车体一端抬升不应超过 120 mm，如图 2-14 所示。

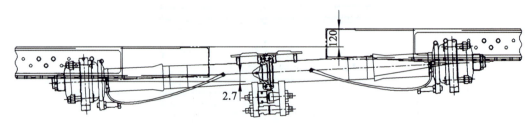

图 2-14　相邻车体错动 120 mm，车钩与车体位置关系

2.3.4　与地铁常用车辆抬升、顶升方案的区别

由于市域动车组设置了抗蛇行减振器，抬升孔正下方平面需拆卸转向架抗蛇行减振器座后才可用于顶升或抬升，因此在偏离抬升孔纵向 500 mm 的位置单独设置抬车垫板，且顶升作业时还需拆卸该区域附近的转向架小裙板。

▽ 2.4　车体涂装

车体涂装工艺过程包括：车体喷砂→底漆喷涂→阻尼浆喷涂→第一层外皮腻子→第二层外皮腻子→中间层喷涂→两遍面漆→车体分色→车顶防滑。底漆、阻尼浆、中间层、面漆喷涂过程作业环境温度不低于 15 ℃，相对湿度不大于 85%，作业开始前要充分排出高压风中的冷凝水。下面以温州 S1 线市域动车组为例进行介绍，后续项目内外油漆采用水性涂料。

2.4.1　车体喷砂

车体喷砂是利用高速砂流的冲击作用清理和粗化基体表面的过程。使工件的表面获得一定的清洁度和不同的粗糙度，增加了它和涂层之间的附着力，延长了涂膜的耐久性。喷砂前后铝合金车体如图 2-15 所示。

（a）喷砂前　　　　　　　　　　　　　　　　（b）喷砂后

图 2-15　喷砂前后铝合金车体

2.4.2　底漆喷涂

底漆喷涂采用环氧底漆，具有良好的防腐性能和附着力，使用 30∶1 高压无气喷枪喷涂底漆，喷涂 2~3 遍，每遍间隔 10~15 min，喷涂过程中油漆均匀无流挂，干膜厚度 40~60 μm，如图 2-16 所示。

图 2-16　底漆喷涂

2.4.3　阻尼浆喷涂

为隔音降噪，在车下高地板（转向架上部）区域、司机室区域、端墙区域涂 3 mm 厚的水性阻尼浆，喷涂位置如图 2-17 所示。

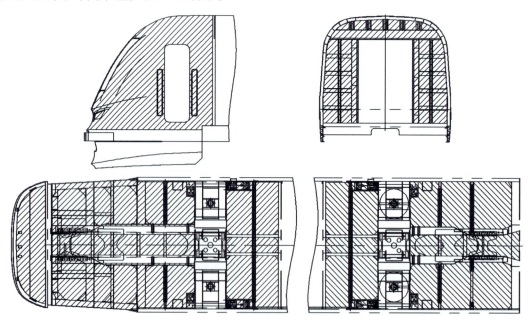

图 2-17　水性阻尼浆喷涂位置

2.4.4　第一层外皮腻子

铝合金车体经过机加工和焊接后，车体表面不够平整，将经过腻子刮涂进行找平（见图 2-18）。

图 2-18　一层外皮腻子

2.4.5　第二层外皮腻子

腻子刮涂后需干燥 4 h，然后使用打磨机进行打磨，准备刮涂第二层腻子（见图 2-19）。

图 2-19　底漆喷涂

2.4.6　中间层喷涂

在复合涂层中，中间层作为承上启下的过渡层，其作用主要为提高面漆的丰满度、附着力和其他机械性能及复合涂层的耐候性能（见图 2-20）。

图 2-20　中间层喷涂

2.4.7　两遍面漆

中涂层喷涂完工后，车辆整车喷涂 NCS 0500 两遍面漆（见图 2-21）。

图 2-21　面漆喷涂

2.4.8　车体分色

两遍面漆喷涂完成后，分别按照分色尺寸对车体喷涂 PANTONE 485C 蓝色油漆、RAL 9004 黑色油漆、RAL 9016 银灰色金属漆、RAL9007 中银灰色金属漆（见图 2-22）。

图 2-22　分色喷涂

2.4.9　车顶防滑

为防止检修人员车顶作业时滑倒，在固定区域施加防滑涂料（见图 2-23），防滑涂料表面粗糙具有良好的防滑性能。

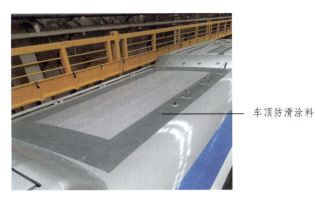

车顶防滑涂料

图 2-23 车顶防滑

 2.5 车体型式试验

车体主要进行强度与刚度相关的型式试验，例行试验主要是车体的外观及尺寸检查。车体试验项目如表 2-1 所示。

表 2-1 车体试验项目

序号	试验项目	型式	例行	备注
1	车体静强度试验（头车、中间车）	√	—	
2	车体模态试验（头车、中间车）	√	—	
3	车体尺寸检查	—	√	

2.6 车体修程

市域动车组在日常维护保养中只对漆面做一些检查，因此车体没有二级修检查项点（见表 2-2）。

表 2-2 车体修程

一级修（200 km/2 天）				
系统	编号	项目	技术要求	备注
车体	CT01	车体外观检查	1. 检查车体外观良好，漆面无擦伤、划痕，无掉漆； 2. 检查司机室登车梯外观良好，无破损； 3. 检查司机室扶手外观无损坏，无松动； 4. 检查前端排障器外观良好，无裂纹，紧固件无松动； 5. 检查防爬器外观良好，无破损，紧固件无松动； 6. 检查车外指示灯外观良好	

第三章

转向架

3.1 转向架概述

转向架是车体的承载结构（见图 3-1），主要功能包括：支撑车体，承受并传递从车体至轮对之间或从轮轨至车体之间的各种载荷及作用力；保证车辆安全运行，使车辆安全通过小曲线；具有良好的减振功能，减缓车辆和线路之间的作用，减小振动和冲击，提高车辆运行平稳性和安全性；传递制动力和牵引力，保证车辆的制动距离。

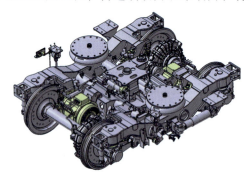
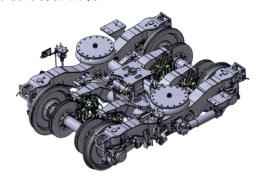

（a）动车转向架　　　　　　　　　（b）拖车转向架

图 3-1　转向架

转向架构架等主体结构的设计使用寿命不低于 30 年。

转向架关键性能包括：转向架关键零部件的强度，尤其是疲劳强度；轮对的机械特性及动平衡；悬挂系统对运行品质的影响；转向架蛇行运动的稳定性；传动机构在直线和曲线上引起的噪音、制动噪音及渗油现象。

安全性：转向架的设计应力按最大载荷、最高速度、最恶劣的轨道条件及所有其他最恶劣条件的组合工况进行分析和确定；在正常运行情况下，转向架及其悬挂系统满足车辆限界要求；充分考虑影响车辆安全运行的各种不利因素及最恶劣线路条件，确保列车的运行安全性和稳定性；在最不利工况组合情况下，转向架各零部件应力均不超过许用应力和疲劳强度要求。

轮轨磨耗：转向架的设计，充分考虑了轮、轨之间的动态作用，尽量降低轮轨间横向作用力，使车轮和钢轨的磨耗最小，在正常使用条件下，车辆换轮周期可达到 10 年。

转向架组成及主要部件参数

转向架主要由构架、轮对轴箱装置、牵引装置、驱动装置（动车转向架）、基础制动装置、悬挂系统（一、二系）及其他辅助设备组成（见图 3-2）。其他辅助设备安装包括排障器安装、撒砂安装、轮缘润滑装置等。列车转向架按照各系统要求配置，同时满足转向架总体技术要求。

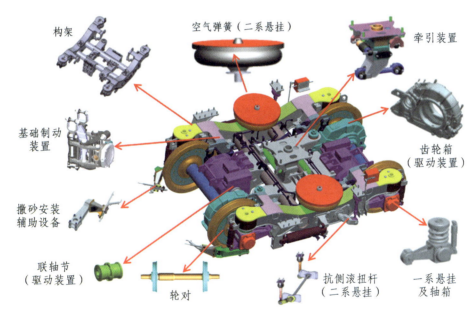

图 3-2　转向架组成

3.2.1　构架

3.2.1.1　结构组成

动车、拖车构架侧梁均采用箱型全钢焊接结构，横梁为无缝钢管，H 型构架，结构设计避免应力集中。构架涂漆前经表面处理，其表面洁净度不低于 Sa2 1/2 级，以提高油漆的附着力和耐腐蚀性能（见图 3-3、图 3-4）。

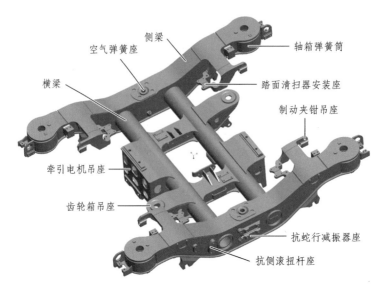

图 3-3　动车构架

图 3-4　拖车构架

3.2.1.2　侧梁

　　侧梁采用耐候钢结构，端部为轴箱弹簧筒，使与侧梁主体相连接的断面形成柔滑面，以此达到减缓应力集中的目标。侧梁中部设有空气弹簧座，侧梁外侧设有抗侧滚扭杆座、抗蛇行减振器座，空气弹簧附加空气室设置在侧梁。动车构架侧梁设有制动夹钳吊座，并预留踏面清扫器安装座。

3.2.1.3　横梁

　　动车转向架的横梁上焊有压形钢板制成的牵引电机吊座、齿轮箱吊座、制动夹钳吊座等。靠车端方向的牵引电机座还兼作牵引装置的单牵引拉杆座。

拖车转向架的横梁上焊有焊接压型钢板制成的轴盘制动吊座等。横梁钢管与动车转向架一样，近车端处为单拉杆座。拖车横梁预留踏面清扫器安装座。

3.2.1.4　构架的静强度试验和疲劳试验

构架按 UIC-615、UIC-515 等标准进行各项静强度试验和疲劳强度试验，构架的疲劳强度试验次数为 10 000 000 次。对构架施加三个阶段载荷，第一阶段循环次数 600 000 次，第二阶段 200 000 次，第三阶段 200 000 次。前两阶段后进行无损表面探伤检查保证无裂纹，第三阶段允许出现小裂纹但在实际运用中出现不需要立即修补。

计算和试验时，载荷形式和大小的确定与实际运用工况一致，并应考虑线路扭曲等恶劣的工况，车辆最大载荷按照 8 人/m^2 校核。

3.2.2　轮对轴箱装置

轮对轴箱定位装置采用转臂式定位方式，转臂式结构能够保证轴箱相对于转向架构架在弹簧振动时作垂向运动，在车辆通过曲线时少量横向移动。转臂式定位方式由轴箱体与定位节点、轴箱弹簧（螺旋弹簧）、一系垂向减振器、防振橡胶，以及弹簧上、下夹板等构成。定位节点提供适当的纵向、横向定位刚度，垂向的载荷由轴箱弹簧全部承担。

轮对轴箱定位装置在轴箱端部设置有速度传感器、接地装置、温度传感器，齿轮箱部位安装有接地装置、温度传感器，对整车速度、温度等信号进行监控，通过接地装置对整车电路进行接地。

轮对轴箱定位装置主要包括轮对（车轮、车轴）、制动盘（轮盘和轴盘）、轴箱定位装置等（见图 3-5）。

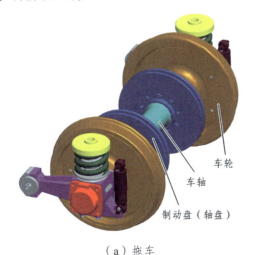

（a）拖车　　　　　　　　　　　　　（b）动车

图 3-5　轮对轴箱装置

3.2.2.1 轮对

轮对采用轮轴压装的传统轮对，轮对装配完成后，对其进行动平衡检测，要求动不平衡量单侧小于 50 g·m。对于新车，同一轴的两轮（新轮）直径之差不大于 1 mm，同一转向架的任意两轮直径之差不大于 2 mm。

1．车轮

车轮采用整体辗钢车轮，材质 CL60。车轮采用 LM 磨耗型踏面，车轮的设计使轮轨作用良好，车轮、钢轨在寿命周期内经济合理。拖车车轮采用降噪阻尼环，动车车轮装有制动盘，能够起到抑制车轮径向和横向模态振动的作用，减少车轮向外辐射噪声，从而获得较好的降噪效果。车轮主要设计参数如表 3-1 所示。

表 3-1　车轮主要设计参数

序号	设计参数	数值	单位
1	辐板厚度	32	mm
2	车轮直径（新轮/全磨耗）	860/790	mm
3	轮缘厚度（新造/检修）	$32/26 \leqslant e \leqslant 34$	mm
4	轮缘高度（新造/检修）	$27/27 \leqslant h \leqslant 33$	mm
5	Qr 值	$\geqslant 6.5$	mm

2．车轴

车轴采用实心车轴，材质为 LZ50，车轴加工后，采用磁粉或超声波探伤的方式进行检查。对于标准允许范围内的裂纹，应保证不影响车轴在寿命周期内的正常安全使用，裂纹的位置和长度在合格的探伤报告中予以注明。

车轴主要设计参数如表 3-2 所示。

表 3-2　车轴主要设计参数

序号	设计参数	数值	单位
1	设计轴重	170	kN
2	轮座直径	$\phi 212$	mm
3	齿轮座直径	$\phi 216$	mm
4	齿轮箱轴承座直径	$\phi 215$	mm
5	轴身直径	$\phi 170$	mm

3.2.2.2 轴箱装置

轴箱装置主要包括轴箱体、轴承、防尘挡圈、前盖、压盖等。轴箱的结构如图 3-6 所示。轴箱体采用铸钢材料，迷宫式防尘结构。

轴箱轴承为双列圆锥、自密封结构，轴承的检修周期为 3 年或 120 万 km（以先到为准），设计寿命大于 240 万 km。

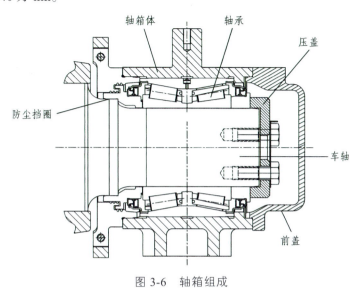

图 3-6　轴箱组成

3.2.3　悬挂系统

悬挂系统设计应满足安全性要求，保证车辆运行平稳性、避免共振及振动衰减，同时应确保车辆运行在规定的动态包络线内。悬挂系统可至少保证 6 年内不会产生不均衡的沉降和刚度变化，落车后进行车辆轮重测量和调整。

3.2.3.1　一系悬挂

一系悬挂结构如图 3-7 所示，包括如下部分。

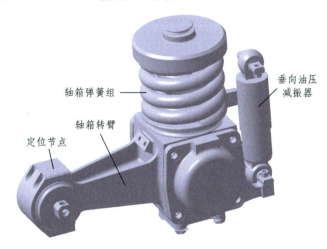

图 3-7　轴箱悬挂装置

1. 轴箱弹簧组

轴箱弹簧组由两个嵌套的螺旋钢弹簧、安装在弹簧下面的橡胶减振垫、弹簧上下夹板组成，主要承受构架的垂向载荷，同时隔离来自轨道的振动。弹簧外圈覆盖一层防雪罩，内外圈螺旋弹簧分别采用不同旋向，内外圈底部磨削平面内端部的起始方向的相位角差180°，如图3-8所示。

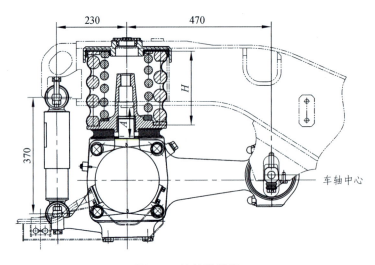

图 3-8　轴箱弹簧组

2. 转臂轴箱体

转臂轴箱体作为连接轮对与构架的重要部件，为了简化结构，降低自重，采用转臂轴箱体一体化结构，便于组装和维护检修。转臂轴箱体的一端通过转臂定位节点安装在构架上，另一端通过轴箱轴承及轴承压盖与车轴连接在一起（见图3-9），转臂长度（转臂结点到车轴中心线距离）为470 mm。

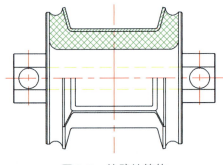

图 3-9　转臂轴箱体

3. 垂向油压减振器

垂向油压减振器安装在轴箱外侧，在构架端部和转臂轴箱体之间，方便检查与维护，减振器通过阻尼来减少轨面传递上来的振动。

4．转臂定位节点

转臂定位节点提供适当的纵向、横向定位刚度，结构采用金属-橡胶硫化的弹性元件，在橡胶部件损坏失效的情况下，能最大限度保证车辆安全，具体结构见图 3-10。定位节点的芯轴单侧锥形面朝向轴箱体的相反侧，通过构架端的定位节点定位孔与压盖侧的定位螺栓配合来保证，定位节点通过螺栓与构架定位臂连接，起到定位作用（见图 3-10）。

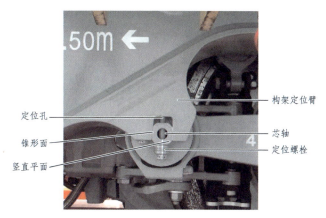

图 3-10　转臂定位节点

一系悬挂中钢弹簧的使用寿命为 30 年，橡胶达到 6 年或 120 万 km（以先到为准）。一系悬挂装置能保证车轮和轨面的磨损、转向架的摆动、滚动角、运行噪音达到最小。

3.2.3.2　二系悬挂

在转向架构架与车体之间设置二系悬挂装置。二系悬挂装置由空气弹簧、抗侧滚扭杆装置、二系横向减振器、抗蛇行减振器、高度调整装置、差压阀、横向止挡、调整垫等组成，详细结构见图 3-11。

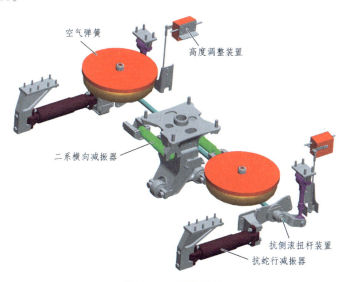

图 3-11　二系悬挂

二系悬挂装置设置有利于提高车辆的动力学性能。合理空气弹簧刚度设置有利于获得车辆良好的垂向和横向性能，空气弹簧阻尼节流孔用于衰减车辆的垂向振动，横向减振器用于衰减车辆的横向振动，抗蛇行减振器用于抑制车辆的蛇行运动。抗侧滚扭杆能够严格限制车体通过曲线时离心力和侧向风产生的倾斜运动，将车体相对于转向架构架的倾斜严格控制在扭杆的扭转弹性范围之内，使车辆运行在包络线的允许范围内，提高车辆的倾覆安全性。

3.2.3.3　空气弹簧系统

空气弹簧系统由空气弹簧、高度调整装置和附加空气室通过管路连接而成，是转向架构架与车体之间的悬挂装置。

1．空气弹簧

空气弹簧能在列车直线通过时柔和调节，并且在列车曲线通过时缓和因超速离心力导致的撞击，是一种协调式"锥形橡胶堆大囊空气弹簧"。空簧的有效直径为 $\phi 530$ mm，节流孔为固定节流孔。空气弹簧由胶囊与橡胶堆组成，胶囊与橡胶堆串联工作。在正常工况下（充气状态），橡胶堆有助于胶囊适应转向架的转动。

橡胶囊是被内部空气压压入上盖板和下盖板的密封部的自密封类型。如果胶囊失效，橡胶堆将独立工作，此时上盖下表面与橡胶堆顶部的磨耗板接触，磨耗板采用特殊材料制造确保获得较低的摩擦系数。

2．高度调整装置

高度调整装置主要包括高度阀、调整杆、水平杆等部件（见图3-12）。

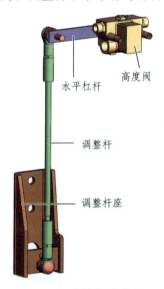

水平杠杆

高度阀

调整杆

调整杆座

图 3-12　高度调整装置

二系悬挂系统采用四点支撑方式，在每辆车的转向架和车体之间安装四个高度调整阀，维持车体在不同静载荷下都与轨面保持一定的高度；在直线上运行时，车辆在正常振动情况下不发生进、排气作用。

水平杠杆和调整杆的功能是将由于车辆负载引起的高度变化信息准确地传递给高度调整阀。调整杆两端使用球形关节轴承，能满足车体与转向架间的位移。

转向架构架内设空气弹簧的附加空气室，空气弹簧的下部通风口与附加空气室连接，上部进风口与车体的管路连接（见图 3-13）。

图 3-13　空气弹簧

3．抗侧滚扭杆装置

抗侧滚扭杆由扭杆、两个扭臂和两个连杆组成，连接在构架横梁和车体枕梁间，每个转向架装有一套抗侧滚扭杆，如图 3-14 所示。

抗侧滚扭杆装置 120 万 km 或 6 年（以先到为准）内免维护，且不影响二系悬挂的性能和乘坐舒适度。

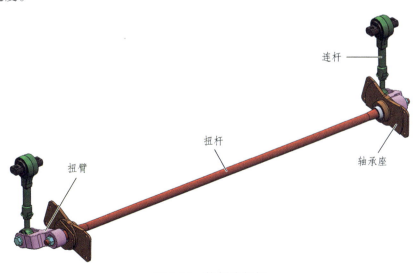

连杆

扭杆

轴承座

扭臂

图 3-14　抗侧滚扭杆

4．减振装置

转向架采用两个横向油压减振器，安装在构架辅助梁与牵引销之间（见图 3-15）。转向架两侧各设置单抗蛇行减振器，安装在构架与车体之间（见图 3-16）。减振器在 120 万 km 或 6 年（以先到为准）以内免维护，其使用寿命大于 270 万 km。

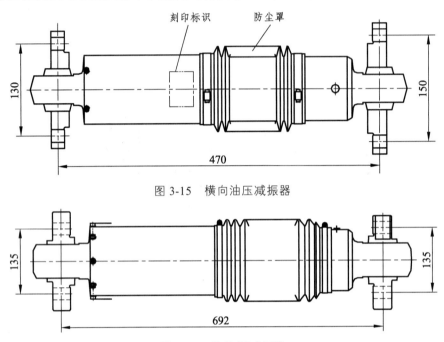

图 3-15　横向油压减振器

图 3-16　抗蛇行减振器

5．差压阀

每转向架设置一个差压阀，差压阀保证转向架两侧空气弹簧的内压之差不超过行车安全规定的某一定值。若超出时，差压阀将自动连通左右两侧的空气弹簧，使压差维持在定值以下。

6．横向止挡

转向架设有横向止挡装置，以限制车体超出二系弹簧正常自由度的横向摆动；止挡使用橡胶堆缓冲结构，材料由橡胶、金属板硫化而成。橡胶止挡具有适当的弹性以满足运行平稳性（舒适度）要求。所有与弹性橡胶堆相接触的转向架零件都经特殊涂层处理以防腐蚀。正常状态下，横向止挡内侧面（靠近车体纵向中心线）与中心销的自由间隙为 20^{+2}_{0} mm。

7．垂向止挡

在转向架中心销与构架之间设置有垂向限位止挡。垂向限位止挡的功能：当车辆出现异常状态时，即空气弹簧处于过充状态、高度调整阀、差压阀同时处于故障状态时，由垂向限位止挡将车体和构架相对限位，限制空气弹簧的高度，保证车辆与限界之间的有效安全距离，从而达到保证车辆的行车安全。

3.2.4　中央牵引装置

每个转向架设有一套中央牵引装置。牵引装置主要包含的零部件有：中心销、牵引拉杆、节点、整车起吊装置等，主要部件均可方便地进行检查、更换（见图3-17）。

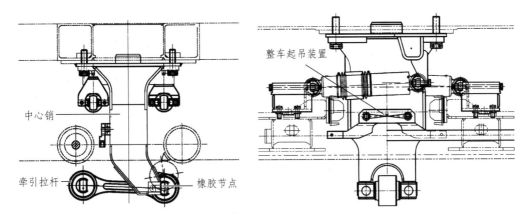

图 3-17　牵引装置

3.2.4.1　中心销

采用钢板焊接结构，通过螺栓固定在车体的枕梁中心，下端通过牵引拉杆与转向架连在一起，实现牵引力、制动力在车体与转向架之间的传递。

3.2.4.2　整车起吊装置

整车起吊装置设置在中心销上，整体提吊吊耳扣进中心销设置的凹槽内，再通过两个螺栓安装在其平面上，配合牵引拉杆与构架之间的垂向止挡，实现转向架的整体起吊功能。

3.2.4.3　牵引拉杆

杆体采用钢管焊接结构，拉杆两端安装牵引拉杆橡胶节点，牵引拉杆的一端与构架相连，另一端与中心销相连。牵引拉杆组成的特征如下：

（1）转向架的转向依靠两端的橡胶节点产生变形。

（2）转向架横向的复原力除依靠空气弹簧的横向刚度外，也依靠牵引拉杆两端的橡胶节点的刚度。

（3）占用空间比其他的牵引装置小。

（4）由于零件数量少，因此质量较轻。

（5）由于滑动部分少，减少了磨耗。

（6）考虑到高度阀、差压阀失效时空气弹簧产生过充的极限情况，牵引拉杆端头与动车构架横梁上垂向止挡（单侧，牵引拉杆与中心销相连一侧）接触，能够防止空簧异常上升。

3.2.5　基础制动装置

转向架采用盘型制动方式，转向架每轴配置 2 轮盘，拖车每轴配置 2 轴盘，如图 3-18 所示为动车基础制动装置，如图 3-19 所示为拖车基础制动装置。

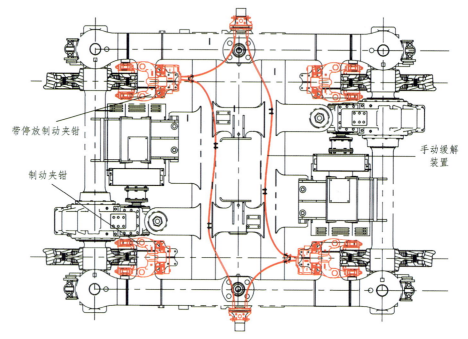

图 3-18　动车基础制动装置

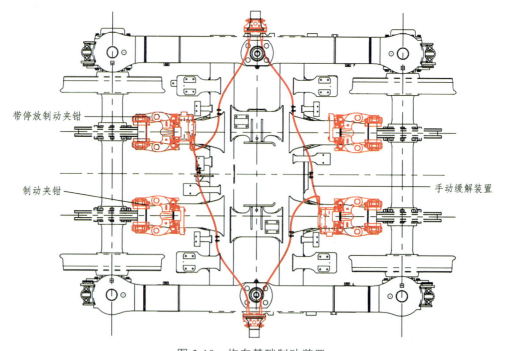

图 3-19　拖车基础制动装置

转向架每轴配置一个带停放功能的制动夹钳，斜对称布置，满足列车在最大超员情况下，停放在最大坡道上不溜车的要求。

停放制动夹钳设有双侧手动缓解拉环，在正常状态下，通过操作司机室的停放制动缓解按钮，快速缓解停放制动；在异常工况下，可通过手动缓解装置实施缓解停放制动。

3.2.6　驱动装置

动力转向架装有两套驱动装置，每套驱动单元由牵引电机、齿轮箱、联轴节组成，如图3-20所示。

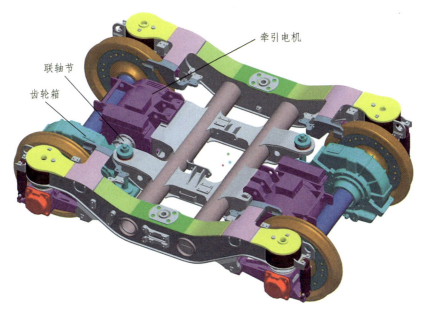

图 3-20　驱动装置

3.2.6.1　牵引电机

牵引电机采用架悬式，通过定位键和 4 个安装螺栓安装在构架的电机吊座上。

3.2.6.2　齿轮箱

齿轮箱主要由传动齿轮、支撑轴承、箱体、润滑系统、密封系统及附件等组成。齿轮箱一端通过齿轮箱轴承安装在车轴上，另一端通过吊杆与动力转向架构架连接。

齿轮箱输入轴端部设有安全保护支撑，防止吊杆失效时齿轮箱一端从转向架脱落。齿轮箱输入轴与联轴节采用锥度配合，可方便联轴节的装拆。齿轮箱上箱体顶部设置检查口，便于在需要时对齿轮箱内部检查。齿轮箱下箱体设有注油口、放油口，并配备可吸附润滑油中铁磁杂质的磁性油塞。齿轮箱下箱体还安装有透明油标，便于日常对油位及油品颜色的检查。

3.2.6.3 联轴节

联轴节两端分别通过传动轴与牵引电机及传动齿轮相联结，将电机的输出扭矩传递到齿轮箱传动装置。车辆在运行过程中，由于转向架与车轴的相对运动，电机轴与齿轮箱输入轴之间会有相对运动，通过联轴节进行补偿。

3.2.7 排障器及撒砂安装

排障器安装在头车第一条轮对，撒砂安装在每个车辆的 3 轴，撒砂安装根据线路情况选配。排障器及撒砂安装宜安装到构架。轮缘润滑装置采用湿式轮缘润滑装置，合理安排装车位置及配置数量，保证经济、有效地减小轮轨之间的磨损。采用的润滑材料具有良好润滑减磨特性、黏附力强、负荷承载能力高等特点。未装配轮缘润滑装置的所有转向架预留安装位置。

3.2.8 转向架监测功能

转向架监测包括走行诊断、车辆运行性能等。

3.2.8.1 走行诊断

走行部监测系统通过安装布置在走行部转向架上的传感器网络，监测轴箱轴承、齿轮箱轴承和牵引电机轴承的温度、振动和冲击三个物理量。通过诊断系统，对采集到的数据进行综合分析处理，对走行部状态进行评估。

3.2.8.2 车辆运行性能监测

车辆运行性能监测主要通过实时监测车辆的稳定性和平稳性指标，保证运营安全和舒适性要求。

稳定性指标的监测至少需要记录轮轨垂向力、轮轨横向力、脱轨系数、轮重减载率、轴箱振动加速度等实时数据，并与走行诊断监测数据实现共享，同时按 GB/T 5599 进行数据采集、处理、评价。

平稳性指标的监测区域包括客室和司机室，通过安装垂向、横向振动加速度测量并进行计算分析得到。司机室测点位于座椅正下方地板面，客室测点位于与车辆中心线横向距离 1 m 的地板面。

3.2.9 互换性要求

动车转向架和拖车转向架及其部件在相同功能的情况下均具有很高的互换性（但两类转向架之间不具备互换性），具体包括：

（1）在动车转向架和拖车转向架的结构中，空气弹簧、高度调整阀、差压阀、调整杆、中心销组成、牵引杆、一系弹簧、相同功能的油压减振器、轮缘润滑装置、抗侧滚扭杆等，均可以互换。

（2）在轴箱组成部分，由于所安装的外部设备不同，轴端压盖和前盖会有所不同，但其他部分如轴箱体、轴承等可以互换。

（3）动车转向架用轮对（包括电机、齿轮箱、联轴节组件）均可互换。

（4）具有相同功能的拖车转向架用轮对可以互换。

（5）动车转向架的构架均可互换。

（6）具有相同功能的动车转向架可以互换。

（7）拖车转向架的构架均可互换。

（8）具有相同功能的拖车转向架可以互换。

3.2.10 车体与转向架的连接

（1）在起吊车体时，同时能吊起转向架。

（2）转向架的吊座或其他用来连接车体的构件，其设计安全系数不小于 2，基本强度符合 UIC 515 标准要求。

（3）转向架的吊座或其他用来连接车体的构件，设计时考虑了转向架如在低速脱轨时，如何使损坏的可能性降到最小。

 3.3 转向架型式试验

3.3.1 转向架及零部件试验（见表 3-3）

表 3-3　转向架试验项点

序号	试验项目	型式	例行	备注
1	转向架动应力试验	√	无	编组整车后进行试验
2	转向架构架静强度及疲劳强度试验	√	无	
3	转向架车轴轴身部位疲劳试验	√	无	
4	转向架车轴轮座部位疲劳试验	√	无	

序号	试验项目	型式	例行	备注
5	车轮疲劳强度试验	√	无	
6	轴箱弹簧疲劳试验	√	无	
7	牵引拉杆静强度及疲劳试验	√	无	
8	轴箱轴承型式试验	√	无	
9	齿轮箱型式试验	√	无	详见 3.3.2
10	齿轮箱例行试验	无	√	齿轮箱的各部分零件能够自由转动
11	联轴节型式试验	√	无	
12	闸片型式试验	√	无	
13	基础制动装置型式试验	√	无	
14	油压减振器型式试验	√	无	详见 3.3.3
15	油压减振器例行试验	无	√	详见 3.3.4
16	空气弹簧型式试验	√	无	详见 3.3.5
17	空气弹簧例行试验	无	√	详见 3.3.6
18	轮缘润滑装置型式试验	√	无	
19	轮缘润滑装置例行试验	无	√	

3.3.2 齿轮箱型式试验（见表 3-4）

表 3-4 齿轮箱试验项目

序号	试验项目		备注
1	装配检查	重量	
2		关键件列表	
3		关键尺寸记录	
4	装配检查	齿轮侧隙	
5		轴承轴向间隙	
6	空负荷试验	油量、油位试验	
7		跑合试验	
8		油密性试验	
9		水密性试验	
10		低温启动试验	
11		高温试验	

序号	试验项目		备注
12	负荷试验	启动试验	
13		负荷疲劳试验	
14		温升试验	
15		噪声振动试验	
16		功率损失试验	
17		箱体静强度试验	
18		吊杆强度试验	

3.3.3 油压减振器型式试验（见表 3-5）

表 3-5 油压减振器型式试验项目

序号	试验项目		备注
1	尺寸检查		
2	表面处理及质量检查		
3	特性试验	阻尼力	
4		力-速度特性	
5		不对称率	
6		示功图	
7	泄漏试验		
8	高低温试验		
9	橡胶节点耐久性试验		
10	减振器耐久性试验		
11	盐雾试验		
12	橡胶节点特性试验		
13	动刚度试验		

3.3.4 油压减振器例行试验（见表 3-6）

表 3-6 油压减振器例行试验项目

序号	试验项目	备注
1	外观检查	
2	几何尺寸检查	
3	标识检查	
4	油漆检查	
5	重量检查	
6	减振器常温特性试验	
7	泄漏试验	

3.3.5 空气弹簧型式试验（见表 3-7）

表 3-7 空气弹簧型式试验项目

序号	试验项目		备注
1	接口尺寸及重量测量		
2	涂层检查		
3	自由状态外观和标识检查常温气密性试验		
4	极限垂向工作载荷下的外观		
5	最大水平位移下的外观		
6	新品时的外形尺寸		
7	不同压力对应载荷及载荷稳定性试验		
8	不同压力对应载荷及载荷稳定性试验		
9	有效面积变化率测定		
10	上下方向容许位移试验		
11	上下方向载荷-挠度试验		
12	垂向静刚度试验		
13	垂向动刚度试验		
14	阻尼试验		
15	水平静刚度试验		
16	水平动刚度试验		
17	摩擦系数试验		
18	扭转静刚度试验		
19	扭转动刚度试验		
20	疲劳试验		
21	疲劳试验后常温气密性试验		
22	疲劳试验后低温气密性试验		
23	爆破试验及内容积测定		
24	摩擦疲劳性能试验		
25	橡胶堆型式试验	黏结强度试验	
26		定载荷高度试验	
27		定速度载荷位移特性试验	
28		垂向动刚度试验	
29		扭转静刚度试验	
30		室温下静态蠕变试验	
31		垂向疲劳试验	
32		垂向疲劳后试验	
33		高温老化试验	
34		低温性能试验	
35		水平静刚度试验	
36	胶料物理机械性能试验	气囊胶料性能试验	
37		橡胶堆胶料性能试验	

3.3.6 空气弹簧例行试验（见表 3-8）

表 3-8 空气弹簧例行试验项目

序号	试验项目	备注
1	外观和标识检查	
2	气密性试验	
3	极限垂向工作载荷下的外观	
4	橡胶堆黏结强度试验	
5	橡胶堆定载荷高度试验	
6	橡胶堆定速度载荷位移特性试验	
7	接口尺寸检查	
8	重量检查	
9	气囊胶料性能检验	
10	橡胶堆胶料性能检验	

3.4 转向架修程

基于转向架的结构特性和整车修程要求，制订了转向架的一、二级及专项修内容（见表 3-9）。

表 3-9 转向架修程

系统	编号	项目	技术要求	备注
一级修（200 km/2 天）				
转向架	ZXJ02	构架及安装件外观检查	1. 检查转向架构架外观良好、无裂纹； 2. 检查转向架排障器安装牢固，安装臂无裂损、变形，外观状态良好，橡胶板无裂纹，变形，下部距轨面 5~13 mm； 3. 检查转向架各安装管线状态良好； 4. 检查横向油压减振器外观状态良好，无漏油，安装牢固，减振器座无裂纹，安装螺栓无松动，防松铁丝无断裂； 5. 检查牵引杆橡胶节点无明显破损、龟裂、老化现象； 6. 检查转向架撒砂装置安装，无裂损、变形，外观状态良好，紧固件无松动，防松标记无错位，软管无磨损、无松脱； 7. 检查转向架各组件无附挂异物； 8. 降噪阻尼环无脱落、破损； 9. 牵引中心销与横向挡距离符合限度要求	

一级修（200 km/2 天）				
系统	编号	项目	技术要求	备注
转向架	ZXJ03	轮轴外观检查	1. 轮轴外观状态良好，各部位无裂纹，轴身无撞击、擦伤； 2. 制动轮盘、轴盘外观状态良好，表面无明显凹槽； 3. 减振器无漏油，外观良好；减振器座无裂纹，安装螺栓无松动，防松铁丝无断裂，轴箱弹簧安装状态良好、橡胶护套无破损； 4. 橡胶节点外露橡胶无开裂，无溢胶； 5. 轴箱外观状态良好，无漏油，螺栓无松动，防松铁丝无断裂，轴箱盖无破损安装无松动，轴箱盖配置齐全； 6. 检查踏面无擦伤、硌伤、滚动接触疲劳、剥离； 7. 轮缘无明显的异常磨耗、缺损，车轮碾台无卷边； 8. 检查传感器安装牢固，接线无松动、破损，接地装置外观及安装状态良好，接地线端子无松动、断裂；速度传感器外观正常连接器无松动，线缆无破损，检查不干腻子有无缺损	
	ZXJ04	悬挂部件外观检查	1. 抗侧滚扭杆各个部件的安装状态以及各紧固件的紧固状态良好； 2. 空气弹簧外观状态良好， 3. 高度调整阀无漏风，锁紧装置紧固，管路无漏泄； 4. 抗蛇行油压减振器外观状态良好，安装无松动，无漏油 5. 阀门无漏风、位置正确，安装牢固	
转向架	ZXJ05	驱动装置外观检查	1. 齿轮箱油位面处于刻度下限与上限之间，无漏油，润滑油无乳化、变色等异常现象； 2. 悬吊部件配件齐全安装牢固，齿轮箱安全托螺栓无松动、防松标记无错位；橡胶垫无老化，齿轮箱温度传感器、注油孔盖、排油堵等安装紧固； 3. 联轴节接头外观及安装状态良好，连接螺栓无松动，防松标记无错位，联轴节无渗油； 4. 牵引电机外观良好，电机电源线、传感器及配线无破损，安装螺栓无松动、防松标记无错位、各部件无裂纹，电机注油孔堵安装良好无丢失，铭牌安装紧固无丢失； 5. 接地装置外观及安装状态良好，接地线无松动、断裂； 6. 电机速度传感器、温度传感器外观及安装状态良好，配线无损伤	

一级修（200 km/2 天）				
系统	编号	项目	技术要求	备注
转向架	ZXJ06	制动装置外观检查	1. 制动夹钳装置配件齐全，无漏油，各部件无机械损伤，空气管路 无泄露；螺栓紧固，防松标记无错位； 2. 闸片托本体、支撑框架、支撑销子的外观及安装状态良好，防尘橡胶波纹管无破损； 3. 闸片外观状态良好，无缺损，裂纹，厚度符合限度要求， 4. 停放制动装置外观状态良好，紧固件无松动，防松标记无错位； 5. 空气管路和车端总风软管无损伤、漏泄； 6. 制动夹钳手动缓解装置安装状态良好，控制线缆无破损	
	ZXJ07	轮缘润滑外观检查	1. 检查轮缘润滑电控箱外观良好，各紧固件无松动； 2. 检查轮缘润滑油箱窗玻璃无裂纹； 3. 检查轮缘润滑喷嘴外观良好，无松动	
二级修（30 天/3 万 km）包：一级修基础上增加的项点				
系统	编号	项目	技术要求	备注
转向架	ZXJ08	牵引电机滤网清灰	用压缩空气吹扫和抹布清理电机表面及进风口滤网上的灰尘	
	ZXJ09	轮缘润滑装置外观检查	检查轮缘润滑油箱油位正常，若不足则加注： （1）打开油箱上的油箱盖，将油标尺垂直于油箱盖平面插入箱体测试油位； （2）拔出油标尺后观察润滑剂浸润部位，若浸润部位等于或低于油标尺 1/3 处时，需进行加油； （3）加注润滑油至油标尺总长的 2/3 处左右	此项适用于安装轮缘润滑装置的列车
转向架	ZXJ10	轮对尺寸测量	1. 分别对 01、04 号车各条轮对尺寸进行人工测量，主要有轮径、内侧距、轮缘高度、轮缘厚度、制动盘磨耗、闸片磨耗并进行记录，各部尺寸须符合限度要求： （1）轮径使用轮径测量尺测量，测量点为轮辋内侧面向外 70 mm 处，可测范围内取 3 个点测量，取平均值，轮径≥790 mm； （2）轮对内侧距测量使用内侧距测量尺在车轴水平位置测量，须在 $1\,353^{+3}_{-1}$ mm 范围内，若有轮对内侧距超限情况，复检时测量轮轨接触部、车轴水平位置和轮对最高处 3 处位置的轮对内侧距，以其平均值为准； （3）轮缘高度、轮缘厚度测量使用动车组车轮轮缘踏面检查量具，高度范围：27.5 mm≤h≤33 mm（镟修后 27 mm），厚度范围：26 mm≤e≤34 mm； （4）制动盘磨耗（单侧）可利用制动盘有效摩擦面两端的未磨耗环形带作为基准，以刀口尺定位，用塞尺辅助测量；制动盘表面凹槽、偏磨最高点和最低点之差≤0.7 mm，制动盘表面刻痕≤1 mm； （5）闸片磨耗可用钢直尺直接进行测量，动车闸片≥8 mm，拖车闸片：铁科≥8 mm，海泰≥18 mm； 2. 检查各车制动盘及闸片磨耗情况，尺寸符合限度要求	人工测量尺寸要与轮对踏面及受电弓检测系统最近一次的数据进行校核

二级修（30天/3万km）包：一级修基础上增加的项点				
系统	编号	项目	技术要求	备注
转向架	ZXJ11	轮缘润滑喷嘴尺寸测量、功能测试	1. 测量喷嘴与轮缘距离 25～30 mm； 2. 轮缘润滑装置信号进行功能测试	仅适用安装轮缘润滑装置的列车
	ZXJ12	牵引电机滤网清洁	1. 松开牵引电机进风口滤网紧固栓，取出滤网注意抽出过程中不要将滤网上的垃圾刮落到风道； 2. 用硬质尼龙刷清扫滤网，用水冲洗干净； 3. 检查密封胶条无破损、老化，安装滤网； 4. 检查滤网安装到位，螺栓力矩（扭力值 42 N·m）符合要求	
	ZXJ13	轮对修形（20～25万km）	1. 轮对镟修准备： （1）动车组轮对对位到镟轮设备； （2）镟轮工开启不落轮车床，升起支撑轮，支撑起待镟修轮对，移出滑轨； （3）在镟轮床界面输入设备操作员代码、镟修车辆走行公里、镟修车辆类型及轮对轴号等信息； （4）轮对预测量，输入修形参数； （5）在轮对内侧面靠轮缘处涂抹适量机油。 2. 轮对修形： （1）启动车床进行轮对修形；镟修标准按照 TB/T 449—2016 执行；	
转向架	ZXJ13	轮对修形（20～25万km）	（2）轮对镟修时，镟轮工应时刻注意观察进刀情况、听取切削声音，如有异常，立即使用急停按钮进行停车，并仔细检查车床和刀具，必要时及时进行处理； （3）轮对镟修期间须及时清理刀架处铁屑。 3. 轮对检查：轮对镟修结束后，对轮径、轮径差突出轮缘高度、突出轮缘厚度等尺寸进行补测量； 4. 修形记录：检查无误后，打印轮对镟修记录，并保存； 5. 修形结束：轮对修形完成后，移入滑轨，降下支撑轮，清理铁屑，通知检修人员。 6. 继续轮对修形； 7. 轮对修形结束； 8. 出具镟修记录； 9. 在 HMI 上修改 BCU 轮径数据； 10. 对涉及轮缘润滑喷嘴的轮对进行镟修后需补测轮缘润滑喷嘴到轮对的距离满足 25～30 mm 要求	

二级修（30 天/3 万 km）包：一级修基础上增加的项点				
系统	编号	项目	技术要求	备注
转向架	ZXJ14	排障装置安装托架拆装及探伤（40 万 km）	1. 排障装置安装托架拆卸、脱漆、探伤、涂装、安装； 2. 采用湿法荧光磁粉探伤方式，探伤部位为安装臂、托架打磨焊缝的外侧焊缝及锯齿部位，质量标准：① 焊缝磁粉探伤验收等级执行 ISO 23278 2X，即线性显示 $l \leq 1.5$ mm，非线性显示 $d \leq 3$ mm；② 锯齿部位磁粉探伤不得有裂纹； 3. 排障装置安装托架安装后，尺寸符合要求	适用于安装于轴箱体的方式，安装于构架的方式在三级修时进行探伤
转向架	ZXJ15	撒砂装置安装托架拆装及探伤（40 万 km）	1. 撒砂装置安装托架拆卸、脱漆、探伤、涂装、安装； 2. 采用湿法荧光磁粉探伤方式，探伤部位为安装臂、托架打磨焊缝的外侧焊缝及锯齿部位，质量标准：① 焊缝磁粉探伤验收等级执行 ISO 23278 2X，即线性显示 $l \leq 1.5$ mm，非线性显示 $d \leq 3$ mm；② 锯齿部位磁粉探伤不得有裂纹； 3. 撒砂装置安装托架安装后，尺寸符合要求	适用于安装于轴箱体的方式，安装于构架的方式在三级修时进行探伤

专项修				
系统	编号	项目	技术要求	备注
转向架	ZXJ16	牵引电机注油（30 万 km/360 天）	为传动端轴承和非传动端轴承添加润滑脂传动端轴承添加 20～25 g 紫皇冠 UPG#2 脂润滑，非传动端轴承添加 20～25 g 紫皇冠 UPG#2 脂润滑。	
转向架	ZXJ17	齿轮箱润滑油更换（30 万 km）	1. 拆除注油塞上的防松铁丝，拆卸注油塞； 2. 拆除排油塞上的防松铁丝，拆卸放油塞； 3. 排净齿轮箱内的润滑油，将报废润滑油装入容器中； 4. 组装排油塞、密封垫圈，该处扭矩 90 N·m；紧固到位后使用低碳铁丝 ϕ1.2-L 防松紧固；放油塞紧固前要将其使用的密封垫圈更新； 5. 通过注油孔向齿轮箱内注入新的齿轮箱润滑油（美孚的 Mobilube 1 SHC 75W-90），注油至中刻度线和上刻度线之间注油时须做到小心轻缓，防止尘埃混入； 6. 在注油塞上装密封垫圈，插口扭力扳手紧固注油塞，该处扭矩 90 N·m，注油塞紧固前要将其使用的密封垫圈更新； 7. 注油完后检查齿轮箱外观状态良好，各部位无漏油，紧固部件无松动，铁丝防松紧固到位； 8. 对换下润滑油进行取样化验，发现金属元素超标时，立即进行复查确认，如确实存在金属元素超标，则立即更换轮对； 注：新车跑合期内 2 万 km 需更换润滑油，抽取一个箱子润滑油进行取样分析，后续更换润滑油异常进行取样分析	

第四章

车钩及缓冲装置

　　市域动车组与市域动车组或市域动车组与工程机车的车端连接在车辆设计中是一个非常重要的环节，涉及车辆之间作用力的传递、车辆的限界、空气动力学、车辆动力学等多个方面。除此以外，还要考虑为旅客提供安全、舒适的环境等。

　　车端连接包括：车辆间的机械连接、气路连接；列车与列车之间的机械连接、气路连接、电气连接。

　　全自动车钩位于列车编组的头尾端，可以实现列车之间机械、风路和电路的自动连接。全自动车钩由10型车钩、压溃管、气液缓冲器、安装吊挂系统、过载保护装置等组成。

　　半永久牵引杆用于编组内部两车之间的连接，可通过手动连接和分解。半永久牵引杆由钩体、环形橡胶缓冲器、压溃管、卡环连接等组成。

　　车钩配置：＋Tc—Mp—Mp—Tc＋（＋：全自动钩缓装置，－：半永久钩缓装置）车钩布置图如图4-1所示。

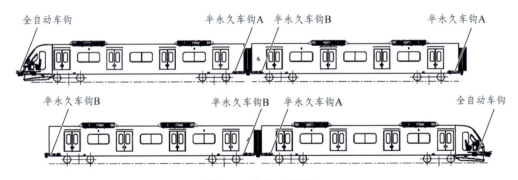

图 4-1　车钩布置图

车体设备配置清单如表4-1所示。

表 4-1　设备配置清单

序号	名称	单位	数量/辆				数量/列
			Tc1	Mp1	Mp2	Tc2	
1	前端车钩缓冲装置	个	1			1	2
2	中间车钩 A	个	1	1		1	3
3	中间车钩 B	个		1	2		3

4.1 全自动车钩组成及其工作原理

4.1.1 组成及其关键部件

头车全自动钩缓装置用于列车头尾端，由连挂系统、压溃装置、缓冲系统、安装吊挂系统和过载保护几大部分组成（见图 4-2、图 4-3）。

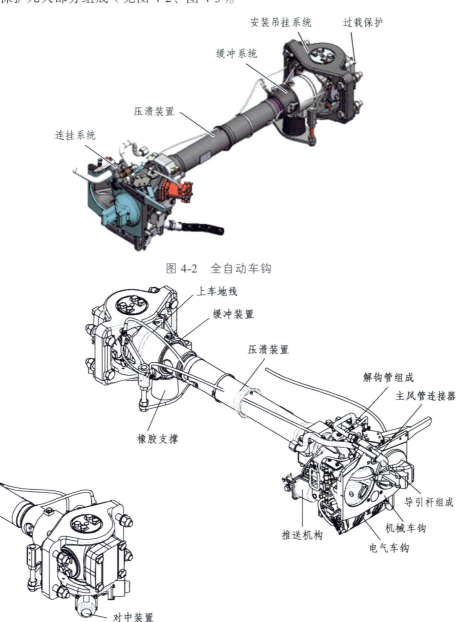

图 4-2 全自动车钩

图 4-3 全自动钩缓装置总体布局

4.1.2　连挂系统

连挂系统采用 10 型密接式机械钩头、电气连接器两大部分组成，具有集成机械连挂、风路和电路连通的功能，能够实现手动和自动进行解钩操作（见图 4-4）。

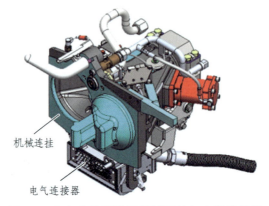

机械连挂

电气连接器

图 4-4　全自动钩缓装置机械连挂与电气连接器

车钩连挂部分保证两车的机械连接，如图 4-5、图 4-6 所示。其表面配有一个凸锥和一个凹锥，使得车钩可以自动对正和对准中心，且水平和垂直两个方向都有足够的活动范围。

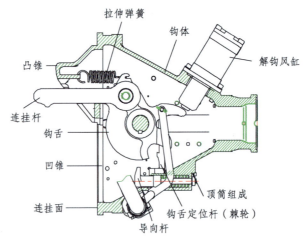

拉伸弹簧　　钩体　　解钩风缸　　凸锥　　连挂杆　　钩舌　　凹锥　　连挂面　　导向杆　　钩舌定位杆（棘轮）　　顶筒组成

图 4-5　连挂系统（剖视图）

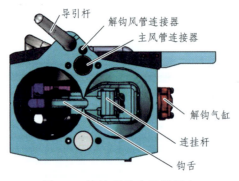

导引杆　　解钩风管连接器　　主风管连接器　　解钩气缸　　连挂杆　　钩舌

图 4-6　连挂系统（正视图）

机械钩头表面边缘较宽平，用于吸收缓冲负荷。牵引负荷通过连挂组成（连挂杆、定位杆、钩舌等）传递。

机械钩在解钩时，司机可以远程操作向解钩气缸充气，解钩气缸直接推动车钩内机构旋转实现解钩；同时也可以人工拉动车钩侧面的解钩手柄实现解钩（见图4-7）。

总风管连结器（MRP）用于实现两列车之间的总风连结，解钩风管连结器（UC）可以实现两车钩之间解钩气路的连通，这两个连接器分别安装于车钩连挂面上部。这两种连结器都具有自动开闭的机构。全自动钩缓装置的气路装置如图4-8所示。

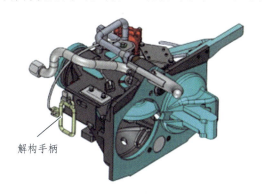

图 4-7　全自动钩缓装置解钩手柄位置　　　　图 4-8　全自动钩缓装置气路装置

在主风管的正下方，主轴和解钩曲柄上对应的红色区域为连挂状态指示（见图4-9）。车钩连挂后，观察两红色区域是否基本重合，若重合，则连挂到位。否则需要将两车分离再次连挂。手动操作电气车钩连挂和解钩及过渡钩连挂时必须关闭气路控制开关。

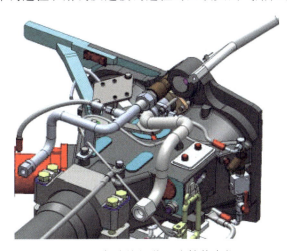

图 4-9　全自动钩缓装置连挂状态指示

4.1.3　能量吸收装置

能量吸收部分由气液缓冲器和压溃管两部分组成，气液缓冲器用来吸收车辆正常连挂及运行过程中的冲击能量，压溃管用来吸收车辆在发生意外碰撞时的冲击能量。

气液缓冲器为可恢复变形能量吸收装置，压溃管为不可恢复变形能量吸收装置，采用膨胀式压溃管。当列车在运行或连挂过程中发生碰撞，车钩受到的纵向压载荷大于设定值时，压溃管发生作用产生塑性变形，最大限度吸收冲击能量。缓冲系统内部设计有集成的过载保护装置，当车钩受到过大冲击力时，车钩可以向后方退行，以便防爬器发挥作用。

4.1.3.1　压溃管

压溃管具有较大的能量吸收能力，当列车在运行或连挂过程中发生碰撞，钩缓装置受到的纵向压载荷大于设定值时，压溃管就发生作用产生塑性变形，最大限度吸收冲击能量，以达到保证车上人身安全和保护车辆设备目的。压溃装置上部设置了一个触发判断的动作指示钉（见图 4-10），当压溃管触发时，指示销被剪断，由此来判断压溃管触发。

图 4-10　压溃管上动作指示钉

4.1.3.2　气液缓冲器

气液缓冲器在结构上与安装吊挂系统和过载保护融为一体，承担钩缓装置的弹性缓冲、水平对中、垂直支撑等功能（见图 4-11）。

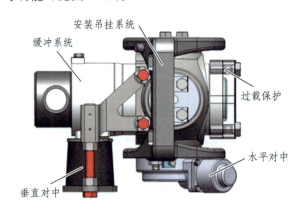

图 4-11　气液缓冲器

4.1.4 工作原理

4.1.4.1 车钩控制系统及其原理

1．待挂状态

总风管压力通过气动单元中的双气控二位五通阀到达推送风缸后端，使推送风缸活塞杆保持推出状态，电气连接器缩回，如图 4-12 所示。

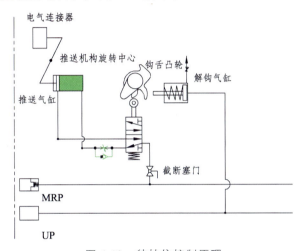

图 4-12　待挂位控制原理

2．连挂状态

连挂后，车钩到达连挂位，钩舌凸轮压动气控二位五通阀滚轮，使二位五通阀换向，总风管压力通过双气控二位五通阀到达推送风缸前端，推送风缸后端的压力同时通过双气控二位五通阀排向大气，活塞杆缩回，电钩伸出，如图 4-13 所示。

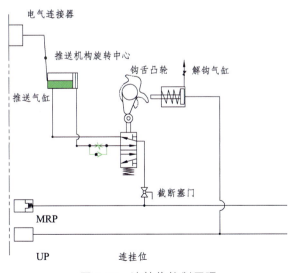

图 4-13　连挂位控制原理

3．解钩状态

解钩风压通过 UC 管进入解钩气缸，解钩气缸活塞杆推动钩舌实现解钩，钩舌转动带动二位五通阀换向，总风管压力再次通过双气控二位五通阀达到推送风缸后端，推送风缸前端风通过二位五通阀排向大气，电钩缩回，如图 4-14 所示。

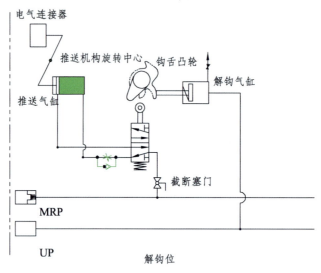

图 4-14　解钩位控制原理

4.1.4.2　电气车钩功能与原理

1．功能

（1）电气车钩可同时连接和分离两辆机械连挂车辆的电触头。

（2）触头可从前部更换。接线柱以机械方式将触头固定在触头块中，并连接到电缆上。电缆接头保证电缆通过封盖，并具有防水性和抗拉性。

（3）在解钩位置，封盖可保护触头免受灰尘、水、机械损坏以及防止意外接触。

（4）两个连挂电气车钩密封框密封接触区，可防尘、防水和防止对触头的机械损坏及意外接触。

2．工作原理

（1）连挂期间，电气车钩向前移动。

（2）相对外壳的对中元件相互接触并相互对准外壳。由此，触头可准确接触，密封框相互挤压。解钩时，电气车钩的触头分离。

（3）连挂和解钩过程中，保护盖自动打开或关闭。

4.1.4.3　连挂与解钩

正常情况下车钩能实现自动连挂和解钩。紧急情况下可手动单独操作机械车钩和电气车钩的连挂和解钩。导引杆组成在车钩的正上方，可以有效增大机械车钩连挂范围。机械车钩连挂后，气路同时连通。通过远程自动控制可以实现车钩自动解钩。车辆分离后，风管同时断开，车钩再次处于准备连挂状态。

1．机械车钩有三种工作状态

1）待挂位置（见图4-15）

在这个位置，连挂杆末端靠近凸锥边缘，定位杆被钩锁块锁住。拉伸弹簧处于拉伸状态，拉住钩舌。

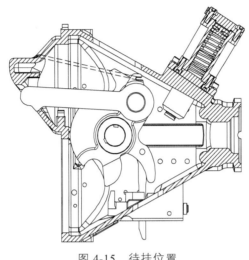

图4-15 待挂位置

2）连挂位置（见图4-16）

在连接过程中，车钩的凸锥导入相对车钩的凹锥，导向杆将定位杆推出钩锁块，在拉簧作用下，连挂杆与钩舌的凹口联锁。连挂后，两边连挂组成联锁，形成一个平行四边形，保持作用力平衡，可避免意外解锁。连挂组成仅承受拉力，该拉力在两个钩舌上平均分布。连挂完毕后确认连挂状态指示中两红色区域是否基本重合，若重合，则连挂到位。

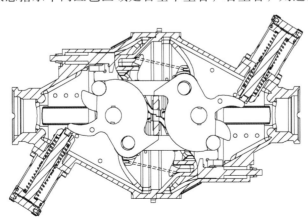

图4-16 已连挂位置

3）解钩位置（见图 4-17）

解钩装置使连挂杆与钩舌分离。定位杆与导向杆啮合，并使钩锁固定，达到解钩位置。车辆移动分离时，弹簧负荷的定位杆和导向杆向前移动，定位杆与钩锁块啮合，拉簧作用下连挂杆重新回到凸锥边缘，车钩锁即再次回到待挂位置。

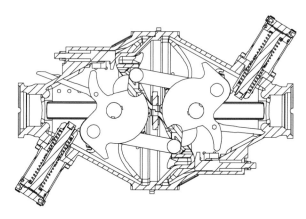

图 4-17　解钩位置

2．电气车钩

电气连接器用于实现列车之间的电气信号的连接，当机械车钩连挂完成后，电气连接器自动推出实现电气连挂，当机械车钩分解后，电气连接器被自动推回实现电气分解（见图 4-18）。

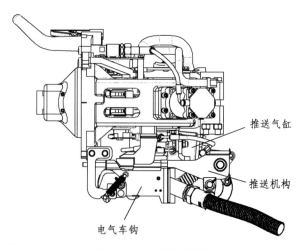

图 4-18　电气连接器

电气车钩被安装在车钩的正下方，挂接在导向杆上，依靠推送气缸将电气车钩推出或拉回。当车钩在连挂状态下时，两钩的电气车钩触头相互接触实现导通，运行过程中，推送机构通过自锁角锁死（见图 4-19），保证电气车钩始终处于推出状态，并使之保持接触紧密，防止由于列车的加减速或纵向冲动造成意外分离。

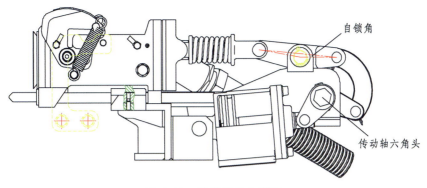

自锁角

传动轴六角头

图 4-19 推送机构自锁角

半永久牵引杆组成及其工作原理

4.2.1 组成及其关键部件

半永久钩缓装置分为 A、B 部分，A 部分为带凹锥的带压溃装置半永久钩缓装置，B 部分为带凸锥的带压溃装置半永久钩缓装置，中间采用卡环连接。两种半永久钩缓装置在列车小单元内部各个断面成对使用（见图 4-20）。

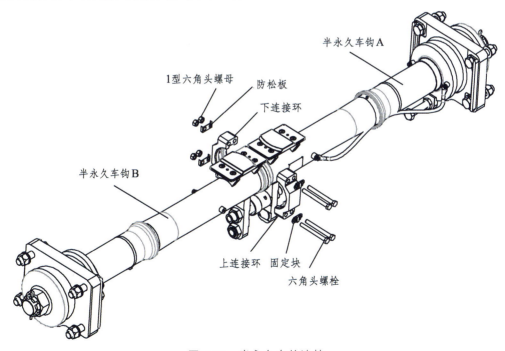

半永久车钩A

1型六角头螺母　防松板

下连接环

半永久车钩B

上连接环　固定块

六角头螺栓

图 4-20 半永久车钩连挂

4.2.2　功能与连接

半永久牵引杆 A 单元是带有凹锥的卡环连接结构，通过卡环连接结构与 B 单元连接。头部集成了直通式的总风管连接器，可以在连接车钩的同时完成列车内部总风的连接。

半永久牵引杆 B 单元配备带有凸锥的卡环连接结构，通过卡环连接结构与 A 单元连接，风管连接器、吊挂系统同 A 单元。

安装吊挂装置用于将车钩连接安装到车体上，该装置上的环形橡胶元件可以吸收连挂及运用过程的冲击。同时该装置可以提供垂直方向和水平方向的旋转功能。

半永久牵引杆的连挂由专用的连接卡环通过 4 个专用螺栓连接，可以保证连接环节完全消除纵向间隙。连接及分解操作由人工完成。连接卡环结构可靠，安装、拆卸操作简便。连挂前将两套半永久牵引杆通过人工调整至车体中心位置，车辆相互接近时，车钩牵引杆前端的凸凹锥结构将自动进行导向，使风管连接器位置对正，紧固卡环后即可完成连挂操作。

4.3　型式试验与报告计算

4.3.1　型式试验（见表 4-2）

表 4-2　型式试验

序号	试验项目	型式试验	例行试验
1	外观试验		√
2	尺寸检查		√
3	重量检验	√	
4	全自动车钩缓冲装置连挂、解钩功能试验	√	√
5	半永久车钩缓冲装置连挂、解钩功能试验	√	√
6	车钩缓冲装置拉伸强度试验	√	
7	车钩缓冲装置压缩强度试验	√	
8	缓冲器性能试验	√	
9	压溃管性能试验	√	
10	过载保护装置功能试验	√	
11	安装吊挂机构功能检查	√	√
12	电气车钩性能试验	√	

4.3.2 计算报告

4.3.2.1 曲线通过计算

列车在要求的曲线上运行时，车体的最大偏移量和车钩缓冲装置最大摆角计算分析。前端车钩缓冲装置在运行过程中的最大摆角为 5.086°，中间车钩缓冲装置在运行过程中最大摆角为 4.850°，而前端车钩缓冲装置设计的最大摆角为 − 25° ~ + 25°；中间车车钩缓冲装置的横向摆角范围均为 − 15° ~ + 15°，所以在通过曲线线路时，车钩缓冲装置的摆角不会超出其使用范围。

通过计算分析，车体处于最大偏移量时车体没有超出限界，车钩最大摆角没有超出车钩的摆动范围。

（1）车辆重联通过半径为 200 m 的曲线时，确定车体结构距轨道中心线最大距离和前端车钩最大摆角，车体结构没有超出限界、前端车钩摆角没有超出摆动范围。

通过校核分析车辆重联车钩受拉，运行通过 R200 m 的曲线时，前端车钩缓冲装置水平摆角最大值为 3.858°，车体结构距轨道中心线最大距离为 1 804.1 mm（见图 4-21）。

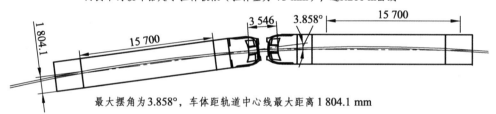

图 4-21　拉伸 73 mm 过 R200 m 曲线车钩摆角

通过校核分析车辆重联车钩受压，运行通过 R200 m 的曲线时，前端车钩缓冲装置水平摆角最大值为 3.816°，车体结构距轨道中心线最大距离为 1 804.1 mm（见图 4-22）。

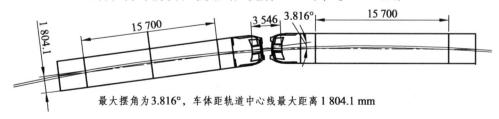

图 4-22　压缩 73 mm 过 R200 m 曲线车钩摆角

（2）车辆重联通过 R200 m + 10 m + R200 m 以及 R180 m + 5 m + R180 m 的曲线时，确定车体结构距轨道中心线最大距离和前端车钩最大摆角，校核车体结构没有超出限界、前端车钩摆角没有超出摆动范围。

通过校核分析车辆重联车钩受拉，运行通过 R200 m + 10 m + R200 m 的曲线时，前端车钩缓冲装置水平摆角最大值为 4.700°，车体结构距轨道中心线最大距离为 1 804.1 mm（见图 4-23）。

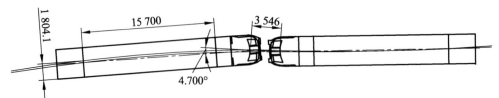

图 4-23   拉伸 73 mm 过 R200 m + 10 m + R200 m 曲线车钩摆角

通过校核分析两列车重联车钩受压，运行通过 R200 m + 10 m + R200 m 的曲线时，前端车钩缓冲装置水平摆角最大值为 5.086°，车体结构距轨道中心线最大距离为 1 804.1 mm（见图 4-24）。

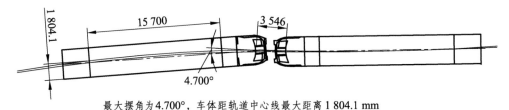

图 4-24   压缩 73 mm 过 R200 m + 10 m + R200 m 曲线车钩摆角

通过校核分析两列车重联车钩受拉，运行通过 R180 m + 5 m + R180 m 的曲线时，前端车钩缓冲装置水平摆角最大值为 5.41°，车体结构距轨道中心线最大距离为 1 804.1 mm（见图 4-25）。

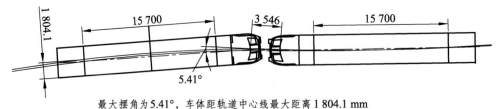

图 4-25   拉伸 73 mm 过 R180 m + 5 m + R180 m 曲线车钩摆角

通过校核分析两列车重联车钩受压，运行通过 R180 m + 5 m + R180 m 的曲线时，前端车钩缓冲装置水平摆角最大值为 5.98°，车体结构距轨道中心线最大距离为 1 804.1 mm（见图 4-26）。

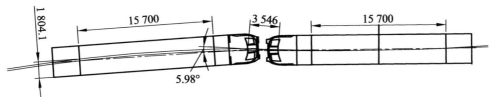

车体长度23 940 mm，定距15 700 mm，
两侧车钩缓冲器处于压缩极限（压缩量为 73 mm），过 $R200\,\text{m}+10\,\text{m}+R200\,\text{m}$ 曲线

最大摆角为5.98°，车体距轨道中心线最大距离 1 804.1 mm

图 4-26　压缩 73 mm 过 $R180\,\text{m}+5\,\text{m}+R180\,\text{m}$ 曲线车钩摆角

（3）单列车通过半径为 200 m 的曲线时，确定车体结构距轨道中心线最大距离和中间车钩最大摆角，校核车体结构没有超出限界、中间车钩摆角没有超出摆动范围。

通过校核分析单列车车钩受拉，运行通过 $R200\,\text{m}$ 的曲线时，中间车钩缓冲装置水平摆角最大值为 3.281°，车体结构距轨道中心线最大距离为 1 804.1 mm（见图 4-27）。

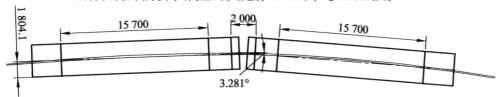

车体长度22 000 mm，定距15 700 mm，
两侧车钩缓冲器处于拉伸极限（拉伸量为 55 mm），过 $R200\,\text{m}$ 曲线

最大摆角为3.281°，车体距轨道中心线最大距离 1 804.1 mm

图 4-27　拉伸 55 mm 过 $R200\,\text{m}$ 曲线车钩摆角

通过校核分析单列车车钩受压，运行通过 $R200\,\text{m}$ 的曲线时，中间车钩缓冲装置水平摆角最大值为 3.250°，车体结构距轨道中心线最大距离为 1 804.1 mm（见图 4-28）。

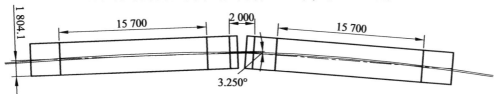

车体长度22 000 mm，定距15 700 mm，
两侧车钩缓冲器处于压缩极限（压缩量为 55 mm），过 $R200\,\text{m}$ 曲线

最大摆角为3.250°，车体距轨道中心线最大距离 1 804.1 mm

图 4-28　压缩 55 mm 过 $R200\,\text{m}$ 曲线车钩摆角

（4）单列车通过 $R200\,\text{m}+10\,\text{m}+R200\,\text{m}$ 以及 $R180\,\text{m}+5\,\text{m}+R180\,\text{m}$ 的曲线时，确定车体结构距轨道中心线最大距离和中间车钩最大摆角，校核车体结构没有超出限界、中间车钩摆角没有超出摆动范围。

通过校核分析单列车车钩受拉，运行通过 $R200\,\text{m}+10\,\text{m}+R200\,\text{m}$ 的曲线时，中间车钩缓冲装置水平摆角最大值为 4.550°，车体结构距轨道中心线最大距离为 1 804.1 mm（见图 4-29）。

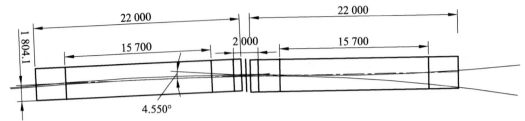

车体长度22 000 mm，定距15 700 mm，
两侧车钩缓冲器处于拉伸极限（拉伸量为 55 mm），过R200 m+10 m+R200 m曲线

最大摆角为4.550°，车体距轨道中心线最大距离1 804.1 mm

图 4-29　拉伸 55 mm 过 $R200$ m + 10 m + $R200$ m 曲线车钩摆角

通过校核分析单列车车钩受压，运行通过 $R200$ m + 10 m + $R200$ m 的曲线时，中间车钩缓冲装置水平摆角最大值为 4.850°，车体结构距轨道中心线最大距离为 1804.1 mm（见图 4-30）。

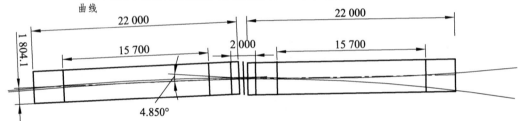

车体长度22 000 mm，定距15 700 mm，
两侧车钩缓冲器处于压缩极限（压缩量为 55 mm），过过R200 m+10 m+R200 m曲线
曲线

最大摆角为4.850°，车体距轨道中心线最大距离1 804.1 mm

图 4-30　压缩 55 mm 过 $R200$ m + 10 m + $R200$ m 曲线车钩摆角

通过校核分析单列车车钩受拉，运行通过 $R180$ m + 10 m + $R180$ m 的曲线时，中间车钩缓冲装置水平摆角最大值为 5.735°，车体结构距轨道中心线最大距离为 1804.1 mm（见图 4-31）。

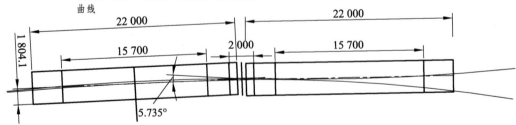

车体长度22 000 mm，定距15 700 mm，
两侧车钩缓冲器处于压缩极限（压缩量为 55 mm），过过R180 m+5 m+R180 m曲线
曲线

最大摆角为5.735°，车体距轨道中心线最大距离1 804.1 mm

图 4-31　压缩 55 mm 过 $R180$ m + 5 m + $R180$ m 曲线车钩摆角

通过校核分析单列车车钩受压，运行通过 $R180$ m + 10 m + $R180$ m 的曲线时，中间车钩缓冲装置水平摆角最大值为 5.735°，车体结构距轨道中心线最大距离为 1 804.1 mm（见图 4-32）。

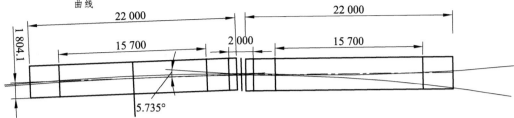

车体长度22 000 mm，定距15 700 mm，
两侧车钩缓冲器处于压缩极限（压缩量为 55 mm），过过 R180 m+5 m+R180 m曲线
曲线

最大摆角为5.735°，车体距轨道中心线最大距离1 804.1 mm

图 4-32　压缩 55 mm 过 $R180$ m + 5 m + $R180$ m 曲线车钩摆角

4.3.2.2　碰撞仿真分析计算

仿真计算结果表明，碰撞动能主要由车钩缓冲装置、吸能装置、头车端部结构吸收；两种编组列车分别在 25 km/h 和 36 km/h 的相对速度下发生碰撞，头车司机室的邻近主驾驶位置处地板和车顶间的高度大于变形前高度的 80%，满足标准 EN15227 的生存空间要求；乘客生存空间中的任意 5 m 长度内缩小值都未超过 50 mm，乘客的生存空间可以得到保障；列车各车辆的最大平均加/减速度值都小于 5g，满足标准 EN15227 的减速度要求；另外，列车中所有车辆的任一转向架的两组轮对在防爬齿啮合状态下同一时刻的相对垂向位移均未超过 100 mm，列车没有爬车风险，满足标准 EN15227 的防爬要求。

（1）当一列 4 编组 AW0 列车与一列带停放制动的 4 编组 AW0 列车以 5km/h 的速度发生连挂时，缓冲器在弹性范围内能够吸收全部冲击能量。

（2）当一列 4 编组 AW2 列车与一列带停放制动的 4 编组 AW2 列车以 5km/h 的速度发生连挂时，缓冲器在弹性范围内能够吸收全部冲击能量。

（3）当一列 4 编组 AW0 列车与一列带停放制动的 4 编组 AW0 列车以 15 km/h 的速度发生碰撞时，缓冲器和压溃管能够吸收全部冲击能量。

4.3.2.3　坡道救援纵向动力学计算

本计算为车辆钩缓装置在不同编组之间在不同工况下相互救援时的车钩力变化情况。计算采用专用列车纵向动力学计算程序，按照列车纵向动力学理论，将整列车视为由钩缓装置连接的若干单自由度（纵向）质点，通过对质点系运动微分方程组的逐步求解计算整个碰撞过程各个车位的加速度、车钩力、速度历程曲线，研究不同工况下钩缓装置的受力情况。

列车纵向动力学主要用来分析不同的列车编组、不同车辆配置、不同运行工况及不同的线路条件下组成列车的车辆间的纵向动力作用。列车纵向动力学模型如图 4-33 所示。一般情况下，取一节车为一个分离体。

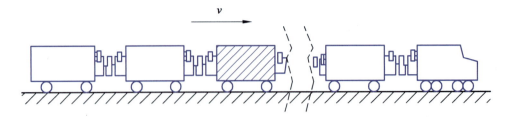

图 4-33 列车纵向动力学模型

空车推送救援故障列车实施紧急制动时列车各断面最大车钩力和缓冲器最大行程如表 4-3 所示，图 4-34 为空车救援故障列车实施紧急制动时，各断面最大车钩力曲线。

表 4-3 最大车钩力对应缓冲器行程表

断面编号	1	2	3	4	5	6	7
最大车钩力/kN	80	159	232	301	227	155	89
缓冲器行程/mm	3.84	8.1	12.1	24.5	11.9	7.9	4.3

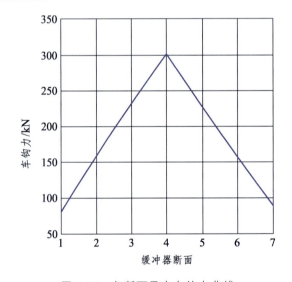

图 4-34 各断面最大车钩力曲线

空车牵引救援故障列车实施紧急制动时列车各断面最大车钩力和缓冲器最大行程如表 4-4 所示，图 4-35 为空车救援故障列车实施紧急制动时，各断面最大车钩力曲线。

表 4-4 最大车钩力对应缓冲器行程表

断面编号	1	2	3	4	5	6	7
最大车钩力/kN	81.7	158	227	289	234	171	100
缓冲器行程/mm	4.7	10.1	15.7	17.3	16.5	10.9	6.0

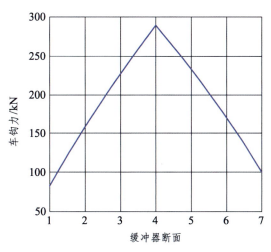

图 4-35 各断面最大车钩力曲线

综上，一列 4 辆编组空车 AW0 救援 35‰ 坡道上 4 辆编组 AW3 列车，在牵引和推送两个工况下实施紧急制动，车钩力都低于车钩的屈服极限，满足安全救援要求。

 4.4 车钩检修修程

车钩检修修程如表 4-5 所示。

表 4-5 车钩系统修程

一级修（2 000 km/2 天）				
系统	编号	项目	技术要求	备注
全自动车钩	QZDCG01	车钩整体外观检查	1. 检查车钩无损坏，损伤，各紧固件无松动，防松标记可见无错位； 2. 检查安装螺栓无松动、遗失，防松标记可见无错位； 3. 检查连接销螺钉无松动、遗失，防松标记可见无错位； 4. 检查车钩表面无生锈，如生锈必须进行清洁然后涂上面漆以便保护	
	QZDCG02	解钩手柄外观检查	检查解钩手柄钢丝绳有无断股	
	QZDCG03	钩舌和连挂杆外观检查	1. 检查机械车钩的钩舌和拉簧无损坏； 2. 检查钩舌和连挂杆的油脂是否丢失，若丢失，对钩舌和连挂杆进行清洁润滑	
	QZDCG04	压溃管外观检查	检查压溃指示装置，无丢失、变形、剪断，若其被剪断或丢失，更换新的压溃管	

系统	编号	项目	技术要求	备注
全自动车钩			一级修（2 000 km/2 天）	
全自动车钩	QZDCG05	主风管连接器、解钩管、导向杆外观检查	1. 检查主风管连接器、解钩管无损坏，前密封圈无损坏，零件无松脱，如有裂纹、漏气更换密封圈； 2. 检查风管连接器无污物，若有用干净的抹布或压缩空气清洁风管连接器； 3. 检查主风管连接器前盖开口处是否处于竖直方向，如不在竖直方向，应进行复位； 4. 检查车钩导向杆是否处于连挂位，如不在连挂位，进行复位	
	QZDCG06	连接环外观检查	1. 检查连接环紧固件无松动，防松标记可见无错位； 2. 检查连接环表面无损坏、裂纹； 3. 检查螺栓螺纹和上下连接环之间的部位润滑油充足，无缺块	
	QZDCG07	对中装置外观检查	检查对中装置的紧固螺母和螺栓无松动、遗失	
	QZDCG08	橡胶支撑外观检查	1. 检查外观良好，无破损、裂纹以及老化； 2. 检查紧固件无松动，防松标记可见无错位	
	QZDCG09	缓冲器外观检查	检查缓冲器外观良好，端部螺栓无松动损坏，防松标记可见无错位	
	QZDCG10	接地线外观检查	检查所有接地线良好，无断股、散股，各紧固件无松动，防松标记可见无错位	
	QZDCG11	电气车钩外观检查	1. 检查电气连接器的导向杆无污物； 2. 检查整个电气车钩，整体外观良好，零部件无丢失、无损坏、无生锈； 3. 检查拉簧是否损坏。如损坏则进行更换； 4. 检查密封圈是否损坏、滑出，如有应更换或重新装配； 5. 检查紧固件无松动，防松标记无错位。	
半永久牵引杆	BYJCG01	车钩整体外观检查	1. 检查车钩表面无损坏，各紧固件无松动、遗失，防松标记可见无错位； 2. 检查安装螺栓无松动、遗失，防松标记可见无错位，开口销无丢失	
	BYJCG02	主风管连接器外观检查	检查风管连接器是否损坏，前密封圈是否损坏，零件是否松脱。如有必要更换密封圈	
	BYJCG03	连接环外观检查	1. 检查紧固件无松动，防松标记可见无错位； 2. 检查连接环表面无损坏和裂纹； 3. 检查螺栓螺纹和上下连接环之间的部位是否有充足的润滑油，没有需要添加	
半永久牵引杆	BYJCG04	压溃管外观检查	检查压溃指示装置无丢失、变形、剪断，若其被剪断或丢失，更换新的压溃管使用	
	BYJCG05	接地线外观检查	检查所有接地线状态良好，无断股、散股，各紧固件无松动，防松标记可见无错位	

二级修（3万km/30天）包：一级修基础上增加的项目				
系统	编号	项目	技术要求	备注
全自动车钩	QZDCG12	车钩整体清洁、润滑	1. 使用无油压缩空气和毛刷对机械钩头进行大致清理； 2. 润滑钩头凸锥及凹锥，润滑钩锁及中心枢轴，使钩头润滑	
	QZDCG13	解钩手柄动作模拟检查	模拟车钩连挂状态下，手动操作解钩手柄，检查机械车钩操作是否顺畅，无松弛或阻滞	
	QZDCG14	电气车钩清洁、润滑、动作检查	1. 截断手动截止阀，手动推出缩回电气连接器和推送机构动作顺畅； 2. 采用酒精进行清理绝缘体端面和接触件表面； 3. 检查动触头、定触头、插针、插孔等接触件无损坏、检查时用干净无污物的手套，动触头动作无卡滞； 4. 润滑电气连接器的封盖导向装置； 5. 清洁阀体消音器	
	QZDCG15	钩舌和连挂杆清洁润滑	对钩舌、各铰链点和连挂杆进行清洁并润滑	

二级修（9万km/90天）包：30天包基础上增加的项点）				
系统	编号	项目	技术要求	备注
全自动车钩	QZDCG16	连接环润滑	螺栓螺纹和上下连接环间部位进行润滑	
半永久牵引杆	BYJCG06	橡胶缓冲器检查	检查橡胶缓冲器外观良好，无破损、裂纹	
	BYJCG07	连接环润滑	螺栓螺纹和上下连接环间部位进行润滑	

二级修（18万km/180天）包：90天包基础上增加的项点
无增加项点

二级修（36万km/360天）包：180天包基础上增加的项点				
全自动车钩	QZDCG17	对中高度尺寸测量	1. 测量车钩垂直对中数据950（＋10，－15）mm； 2. 检查车钩水平是否对中，摆动车钩，检查车钩是否自动对中	
	QZDCG18	气管路检漏测试	检查所有通压缩空气的零部件无漏气，使用测漏剂涂抹表面，检查有无冒泡，测试结束使用纯棉布将测漏剂擦拭干净	
半永久牵引杆	BYJCG08	气管路检漏测试	检查所有通压缩空气的零部件无漏气，使用测漏剂涂抹表面，检查有无冒泡，测试结束使用纯棉布将测漏剂擦拭干净	

（1）简述车钩能量吸收装置是有哪两部分组成，其功能有何不同？

（2）请简述车钩系统中电气车钩的作用。

（3）请简述半永久牵引杆是如何连挂的。

（4）结合图 4-36，请简述解钩状态下的解钩气阀是如何动作的。

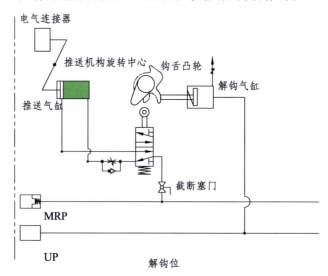

图 4-36　待挂位控制原理

（5）请简述压溃管的作用，以及如何证明压溃管已经触发使用。

第五章

高压系统

高压系统由受电弓、网压互感器、避雷器、主断路器（含保护接地开关）、高压隔离开关、电流互感器、高压电缆组件以及相关附件等部件组成（见图 5-1），承担了供市域动车组使用电能的获取和传递的重要功能。

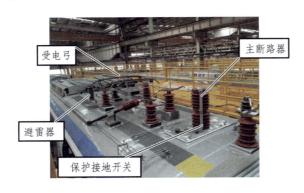

图 5-1　车顶安装示意图

市域动车组采用 AC 25 kV 供电，采用单弓受流，另一台受电弓备用。设置主断路器和高压隔离开关对主回路进行开关和隔离。牵引变流器需要供电网压同步信号，同时车辆需要采集特高压信号，因此车顶需要设置网压互感器采集网压信号。电流互感器采集主回路电流信号，当主回路接地故障及时保护主回路。同时，需要配备避雷器对车辆进行保护。

5.1　高压系统组成

受电弓、高压隔离开关、网压互感器、避雷器、主断路器（含保护接地开关）设置在 Mp1、Mp2 车顶，电流互感器位于 Tc1、Tc2 车下，车顶铺设带高压电缆终端的电缆组件，车间采用单螺旋车间跳线将高压电缆贯穿整车。受电弓从接触网接收 AC 25 kV 的交流电，通过车顶和车端的高压电缆将电能输送到 Tc1、Tc2 车下的牵引变压器。

高压系统拓扑结构如图 5-2 所示，高压设备配置清单如表 5-1 所示。

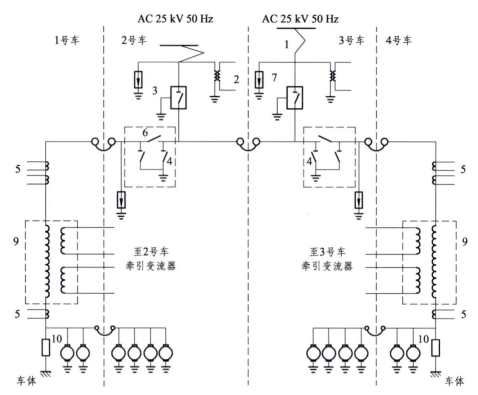

1—受电弓；2—电压互感器；3—高压隔离开关；4—接地保护开关；5—电流互感器；6—主断路器；
7—避雷器；8—特高电缆组件；9—牵引变压器；10—接地电阻。

图 5-2　高压系统电路

表 5-1　高压设备配置清单

名称	数量/辆				数量/列
	T1	M1	M2	T2	
受电弓	0	1	1	0	2
避雷器	0	2	2	0	4
高压隔离开关	0	1	1	0	2
真空断路器	0	1	1	0	2
接地保护开关	0	1	1	0	2
电流互感器	3	0	0	3	6
电压互感器	0	1	1	0	2

5.1.1　受电弓组成及工作原理

5.1.1.1　受电弓组成

受电弓是车辆从接触网获得电力的设备。受电弓主要由底架、下臂、上臂、弓头、绝缘子等部件组成（见图 5-3），气动升弓装置安装在底架上，通过钢丝绳作用于下臂。下臂、上臂和弓头使用轻型铝合金焊接而成。

滑板安装在 U 型弓头支架上，弓头支架垂悬在 4 个拉簧下方，两个扭簧安装在弓头和上臂间，这种结构使滑板在机车运行方向上移动灵活，而且能够缓冲各方向上的冲击，达到保护滑板的目的。

自动降弓装置可以监测到滑板的使用情况，如果滑板磨耗到限或受冲击断裂后，受电弓会迅速自动降下，防止弓网事故进一步扩大。更换滑板后，重新启用自动降弓装置。

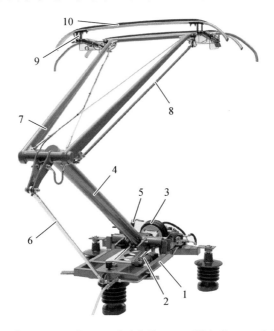

1—底架组装；2—阻尼器；3—升弓装置；4—下臂组装；5—弓装配；
6—下导杆；7—上臂组装；8—上导杆；
9—弓头；10—碳滑板。

图 5-3　受电弓

5.1.1.2　受电弓工作原理

受电弓压缩空气工作原理如图 5-4 所示。

压缩空气通过电空阀经由空气滤清器进入调压阀，电空阀由司机室启动，调压阀③调节空气压力，调整精确度为 ± 0.002 MPa。由于气压每变化 0.01 MPa 会使接触压力变化 10 N，因此受电弓对调压阀的精确度的要求很高。

压力表④显示的数值仅起到参考作用。单向节流阀②调节升弓速度，单向节流阀⑤调节降弓速度。如果调压阀出现故障，安全阀起到保护受电弓气路的作用。

为保证各种控制阀的机械和电气装置正常使用，应当防止水和其他杂质渗入，密封机车顶部的气路连接口，检查空气滤清器。

自动降弓装置（ADD）工作原理如图 5-5 所示。

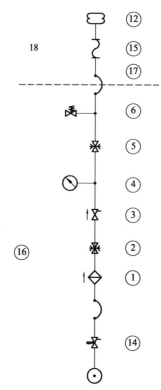

1—空气滤清器；2—单向节流阀；3—G1/2 精密调压阀；4—型 G1/4 压力表；5—单向节流阀；6—安全阀；
12—升弓装置；14—升弓电磁阀；15—绝缘管；16—阀板总成；17—顶部输出端。

图 5-4　受电弓压缩空气工作原理图

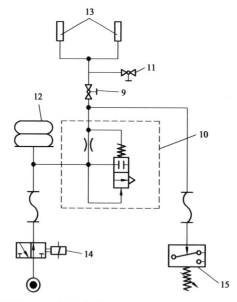

9—ADD 关闭阀；10—快速降弓阀；11—ADD 试验阀；12—升弓装置；
13—滑板；14—升弓电磁阀；15—压力开关。

图 5-5　自动降弓装置（ADD）工作原理图

自动降弓装置在滑板⑬断裂或磨损到限后,使受电弓迅速自动降下,这样避免了网线和受电弓的损坏。

压缩空气通过阀板调压后,经受电弓升弓装置进入到带有气腔的碳滑板⑬,如果滑板⑬出现空气泄漏,该故障会导致升弓装置⑫中的气体从快速降弓阀中⑩迅速排出,从而实现自动降弓。

滑板在允许范围内的小裂缝和少量的漏气不会影响正常使用,如果由于滑板碳条受到冲击,导致压缩空气压力变化,压力开关⑮会产生一个电信号并传输给机车计算机,机车计算机关闭主断路器。这种方式就避免了在下降的过程中电弧对网线和受电弓的损坏。同时,电控阀得到来自机车计算机系统"受电弓降下"的信号。

如果快速降弓阀⑩与滑板⑬间的导管断裂,手动关闭 ADD 关闭阀⑭,隔离自动降弓系统。

5.1.2 避雷器

(1)动车组用金属氧化物避雷器主要由硅橡胶复合外套、芯体、接线端子、法兰构成。避雷器外套采用憎水性强的硅橡胶制成,避雷器具有体积小、重量轻、耐污秽能力优良等特点。

(2)避雷器主要用于保护动车组高压设备免受大气过电压及操作过电压侵害。避雷器内部装有优异非线性伏安特性的电阻片,当系统出现过电压时,避雷器呈现低电阻,吸收过电压能量,使被保护电气设备上的过电压限制在允许范围内,从而保护了电气设备绝缘免遭过电压的损坏。在电力系统正常工作电压下,避雷器呈现高电阻,仅有微安级的泄漏电流流过避雷器,起到与系统绝缘的作用。

5.1.3 高压隔离开关

高压隔离开关属于车顶保护电器(见图 5-6)。它的主要作用是优化配置高压主电路内高压设备的运行工况,并在车顶设备发生故障时,将故障部分隔离,维持列车运行。

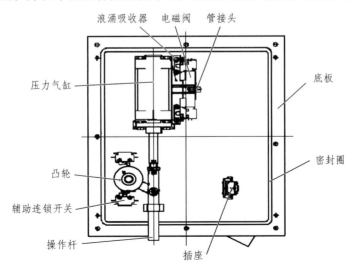

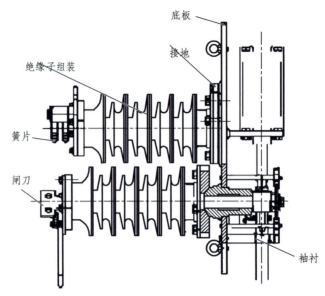

图 5-6　高压隔离开关

5.1.4　真空断路器与接地保护开关

　　真空断路器适用于干线交流 25 kV 电力机车及动车组，适用于车顶安装，是机车上的最重要的保护电器（见图 5-7）。它的主要作用是在正常工作情况下，作为电源总开关接通或断开机车与接触电网的联系，而在机车运行发生故障时作为最主要的保护开关迅速切断机车总电源，保护机车设备及司乘人员安全。

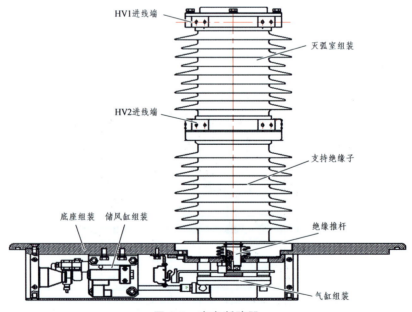

图 5-7　真空断路器

接地保护开关安装在 TDVC-660/25B 型真空断路器底板上（见图 5-8），组成二合一的多功能高压设备，接地保护开关属于安全保护装置，当工作人员需上车顶检查或维修时，操作接地开关可以使机车上的断路器两侧的主回路接地，使机车主电路处于无电状态。从而保证操作人员的人身安全。

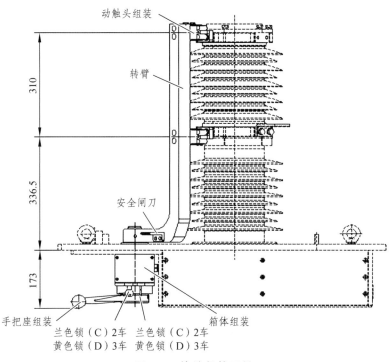

动触头组装
转臂
安全闸刀
310
336.5
173
手把座组装
兰色锁（C）2车　兰色锁（C）2车
黄色锁（D）3车　黄色锁（D）3车
箱体组装

图 5-8　接地保护开关

5.1.5　电流互感器

电流互感器用于母线电流保护和测量用。

5.1.6　电压互感器

电压互感器为环氧树脂浇注绝缘的全封闭、户外型、全工况产品，用于设备最高电压 31.5 kV，交流 50 Hz 电气化铁道供电系统中做电气测量和保护用。

5.1.7　高压电缆组件

1．支持绝缘子

支持绝缘子用高压部件与电缆终端的连接。

2．高压电缆终端

高压电缆终端用于车顶高压连接，终端的载流量与连接电缆相同。

3．车间跳线

车间跳线用于车顶高压连接，终端的载流量与连接电缆相同。

5.2 型式试验

5.2.1 受电弓型式试验（见表 5-2）

表 5-2　受电弓型式试验项目

序号	试验项目	例行试验	型式试验		
			强制	附加	
1	目检	√	√	—	一般试验
2	秤重	—	√	—	
3	弓头长度	√	√	—	
4	弓头高度	√	√	—	
5	弓头宽度	—	√	—	
6	弓头轮廓	—	√	—	
7	滑板长度	—	√	—	
8	落弓高度	√	√	—	
9	最大升弓高度	√	√	-	
10	电气区域	√	√	—	
11	安装孔距离	√	√	—	
12	标识	√	√	—	
13	ADD 功能检查	√	√	—	
14	静态压力	√	√	—	工作试验
15	升降系统检查	√	√	—	
16	升降弓气候检查	—	—	√	
17	升降操作	—	√	—	耐久性试验
18	弓头悬挂	—	√	—	

序号	试验项目	例行试验	型式试验		
			强制	附加	
19	横向振动	—	√	—	
20	垂向振动	—	—	—	
21	抗冲击试验	—	—	√	抗冲击试验
22	横向刚度试验	—	√	—	横向刚度试验
23	升降弓气缸	√	√	—	气密性试验
24	气密性气候试验		√		
25	弓头自由度	√	√	—	测量
26	落弓保持力	—	√	—	
27	静止	—	—	√	温升试验
28	机车车辆运行	—	—	√	

5.2.2 避雷器型式试验（见表 5-3）

表 5-3　避雷器型式试验项目

序号	试验项目	型式试验	例行试验
1	复合外套外观检查	√	√
2	爬电比距检查	√	—
3	工频参考电压试验	√	√
4	直流参考电压试验	√	√
5	0.75 倍直流参考电压下泄漏电流试验	√	√
6	密封试验	√	√
7	局部放电试验	√	√
8	持续电流试验	√	√
9	残压试验	√	√
10	长持续时间电流冲击耐受试验	√	—
11	动作负载试验	√	—
12	工频电压耐受时间特性试验	√	—
13	复合外套绝缘耐受试验	√	—
14	避雷器湿气浸入试验	√	—
15	避雷器气候老化试验	√	—
16	抗弯负荷试验	√	—
17	短路电流试验	√	—
18	振动冲击试验	√	—

5.2.3 高压隔离开关型式试验（见表 5-4）

表 5-4　高压隔离开关型式试验项目

序号	试验项目	型式试验	例行试验
1	一般检查	√	√
2	主回路电阻	√	√
3	动作性能试验	√	√
4	气密性试验	√	√
5	温升试验	√	—
6	雷电和操作冲击试验	√	—
7	工频耐压试验	√	√（干工频
8	人工污秽试验	√	—
9	主回路绝缘试验	√	√
10	辅助和控制回路绝缘试验	√	—
11	振动和冲击	√	—
12	短时耐受电流和峰值耐受电流试验	√	—
13	工作性能试验	√	—
14	高低温试验	√	—

5.2.4 真空断路器型式试验（见表 5-5）

表 5-5　真空断路器型式试验项目

序号	试验项目	型式试验	例行试验
1	一般要求检查	√	√
2	气密性	√	√
3	机械操作	√	√
4	工作限值	√	√（常温）
5	温升试验	√	—
6	绝缘试验	√	—
7	机械寿命和电气寿命试验	√	—
8	介电强度验证	√	—
9	温升验证	√	—
10	主电路电阻测量	√	√
11	短时耐受电流和峰值耐受电流	√	—

序号	试验项目	型式试验	例行试验
12	短路条件下接通与分断能力	√	—
13	介电强度验证	√	—
14	主电路电阻验证	√	—
15	振动与冲击试验	√	—
16	机械操作验证	√	—
17	介电强度验证	√	—
18	交变湿热试验	√	—
19	防护等级试验	√	—

5.2.5 接地保护开关型式试验（见表 5-6）

表 5-6 接地保护开关型式试验项目

序号	试验项目	型式试验	例行试验
1	一般要求检查	√	√
2	主回路电阻测量	√	√
3	绝缘性能试验	√	√
4	机械操作验证	√	—
5	温升试验	√	—
6	工作限值试验	√	√（常温）
7	工作性能试验	√	—
8	振动与冲击试验	√	—
9	短时耐受电流和峰值耐受电流	√	—

5.2.6 电流互感器型式试验（见表 5-7）

表 5-7 电流互感器器型式试验项目

序号	试验项目	型式试验	例行试验
1	端子标志检验	√	√
2	一次绕组工频耐压试验	√	√
3	二次绕组的工频耐压试验	√	√
4	匝间过电压试验	√	√
5	短时电流试验	√	—
6	温升试验	√	—
7	冲击和振动试验	√	—
8	误差测量	√	√

5.2.7 电压互感器型式试验（见表 5-8）

表 5-8 电压互感器型式试验项目

序号	试验项目	型式试验	例行试验
1	端子标志检验	√	√
2	一次侧直流电阻测量	√	√
3	绝缘电阻测量	√	√
4	绝缘耐压试验	√	√
5	局部放电测量	√	√
6	误差测定	√	√
7	温升试验	√	—
8	短路承受能力试验	√	—
9	额定雷电冲击试验	√	—
10	气候试验	√	—
11	冲击和振动试验	√	—
12	盐雾试验	√	—
13	户外电压互感器的湿试验	√	—
14	截断雷电冲击试验	√	—

5.3 高压系统修程

高压系统修程如表 5-9 所示。

表 5-9 高压系统修程

系统	编号	项目	技术要求	备注
一	接车/送车			
牵引	QY02	牵引变压器接送车检查	无异音	
二	车顶检修作业（6 天/6 000 km）			
电压互感器	DYHGQ01	电压互感器外观检查	1. 外观良好，紧固件无松动，防松标记无错位； 2. 绝缘子破损不超限，表面无明显污垢	
电流互感器	DLHGQ01	电流互感器外观检查	检查电流互感器（TC$_1$、TC$_2$ 各 2 个，CT$_2$、CT$_3$）外观良好无破损，紧固件无松动，防松标记清晰可见无错位	

系统	编号	项目	技术要求	备注
真空断路器	ZKDLQ01	真空断路器外观检查	1. 高压接线牢固，外观良好，无破损；紧固件无松动，防松标记可见无错位，静听真空主断器无漏气声； 2. 绝缘子破损不超限，表面无明显污垢	
高压隔离开关	GYGLKG01	高压隔离开关外观检查	1. 高压隔离开关接线牢固，外观良好，无破损；紧固件无松动 防松标记无错位； 2. 绝缘子破损不超限，表面无明显污垢	
受电弓	SDG01	受电弓整体外观检查	1. 检查底架、下臂、上臂、上、下导杆等各部件外观良好，表面无明显污垢； 2. 轴、销及套外观无异常、无锈蚀情况； 3. 各连接处紧固件无松动，防松标记无错位； 4. 橡胶止挡外观无异常，无异常磨耗； 5. 升弓静听受电弓气路无漏气现象； 6. 检查钢丝绳无松脱； 7. 升弓装置气囊无龟裂或裂缝； 8. 检查软连线完整，连接无松动，无磨损，断股不得超过 5%； 9. 清洁绝缘子	
	SDG02	气囊和橡胶气管检查	升弓装置气囊和橡胶气管无泄漏，气囊有龟裂或裂缝时，如裂纹长度大于 25 mm 且深度大于 1.2 mm，鼓泡露出内部帘布层时更换	
	SDG03	软连线外观检查	检查软连线完整，连接无松动，无磨损，断股不得超过 5%	
	SDG04	气管路检查	1. 检查气路连接良好，绝缘软管外观良好无破损及清洁； 2. 通知升弓，检查升弓风管路无漏泄	
	SGD05	升、降弓时间测试	检查升降弓时间：升弓时间不大于 8 s，从落弓位升到接触网，升弓平稳无冲网；降弓时间不大于 6 s，从接触网降到落弓位，落弓平稳无有害冲击	
	SDG06	压力值测试	测量受电弓接触压力:风压在 750 kPa 以上，将弹簧秤有钩一端挂在受电弓弓头横杆中点处，垂直下拉，慢慢将弓头与接触网拉开，记录此时的弹簧秤读数；继续垂直下拉弓头到中间位置，记录此时的弹簧秤读数；将弓头垂直下拉到最低位置，记录此时的弹簧秤读数；3 个位置的读数皆在（70±10）N 范围内，否则进行受电弓压力调节	
	SDG07	碳滑条外观、尺寸检查	碳滑板外观、尺寸符合限度表	
	SDG08	避雷器外观检查	清洁避雷器，检查标准同绝缘子	

系统	编号	项目	技术要求	备注
受电弓	SDG09	高压线缆组件外观检查	1. 检查终端自锁螺栓无松动,防松标记可见无错位; 2. 检查终端接地引线安装紧固,外皮无破损; 3. 检查高压跳线外皮无破损,接头连接螺栓无松动,防松标记可见无错位; 4. 检查高压支撑绝缘子紧固件无松动,防松标记可见无错位; 5. 检查铜排安装螺栓无松动,防松标记可见无错位; 6. 检查电缆表面有无破损; 7. 清洁绝缘子	
四		车底检修作业		
跨接电缆	KJDL01	跨接电缆外观检查	1. 检查跨接电缆安装紧固,外观良好无破损,防松可见无错位; 2. 连接器固定线卡紧固件无松动,防松标记无错位	
电流互感器	DLHGQ01	电流互感器外观检查	检查电流互感器外观良好无破损,紧固件无松动,防松标记无错位	
牵引	QY04	牵引变压器外观检查	1. 牵引变压器箱体外观正常,无破损。紧固件无松动,防松标记无错位; 2. 检查吸湿器硅胶颜色正常; 3. 检查储油柜的油位正常; 4. 检查过滤器、冷却器无堵塞; 5. 检查牵引变压器整体、油泵、油冷系统连接可见处无漏油; 6. 变压器温度表计量未过期(计量周期为12个月)	
		30天(3万km)包:一级修基础上增加的项目		
牵引	QY08	牵引变压器清洁	1. 清洁变压器箱体及部件; 2. 清洁变压器高压设备连接处(原边绕组高压端出线端子),清洁时必须小心,防止损坏漆层; 3. 清洁变压器滤网; 4. 变压器温度表功能正常,安装牢固	
受电弓	SDG05	受电弓整体外观检查	1. 检查两个弓角磨损情况。如果磨损涂层宽度大于5 mm则需更换; 2. 升降弓、轴、销及套等转动部件无卡滞; 3. 升弓采用测漏剂对受电弓气路系统进行检漏,无异常现象; 4. 目视检查底架橡胶堆,发现有粘连现象或凹痕宽度超过17 mm进行更换。检查底架弹簧盒无锈蚀,无变形; 5. 受电弓阀板上压力表显示正常,计量无过期(计量周期6个月); 6. 目视检查阻尼器护套无裂纹、固定良好、无漏油现象,无明显脱出; 7. 受电弓不上升测试; 8. 受电弓绝缘检测; 9. 测量碳滑板尺寸并且记录	

系统	编号	项目	技术要求	备注
受电弓	SDG06	升、降弓时间测试	检查升降弓时间：升弓时间不大于 5.4 s，从落弓位升到接触网，升弓平稳无冲网；降弓时间不大于 4 s，从接触网降到落弓位，落弓平稳无有害冲击	
电压互感器	DYHGQ01	电压互感器清洁	采用水或中性液体擦拭互感器伞裙，要求电压互感器表面无污垢	
高压隔离开关	GYGLKG02	绝缘子清洁	采用酒精（或专用清洗剂）和纯棉布将瓷瓶表面的灰尘擦拭干净	
真空断路器	ZKDLQ02	真空断路器清洁、润滑	1. 用纯棉布粘中性清洗液擦拭绝缘子伞裙，去除污垢，检查绝缘子； 2. 接地保护开关的簧片与静触头涂润滑脂； 3. 手动确认接地保护闸刀动作顺滑	
90 天（9 万 km）包：30 天包基础上增加的项目				
受电弓	SDG07	受电弓接触压力测量	测量受电弓接触压力：风压在 750 kPa 以上，将弹簧秤有钩一端挂在受电弓弓头横杆中点处，垂直下拉，慢慢将弓头与接触网拉开，记录此时的弹簧秤读数；继续垂直下拉弓头到中间位置，记录此时的弹簧秤读数；将弓头垂直下拉到最低位置，记录此时的弹簧秤读数；3 个位置的读数皆在（70±10）N 范围内，否则进行受电弓压力调节	
	SDG08	过滤器排水	逆时针旋开过滤器前面的螺丝来清洁过滤器，直到过滤器内的污水和蒸气排出。如果只排出空气，顺时针旋上螺丝并拧紧直至没有空气排出	
	SDG09	关节轴承润滑	在升弓装置转轴处和下导杆的关节轴承，须用油枪注油脂去润滑	
180 天（18 万 km）包：90 天包基础上增加的项目				
高压隔离开关	GYGLKG03	高隔润滑	使用 Molykote G Rapid Plus 润滑脂润滑闸刀与簧片接触面及其余滑动配合面	
受电弓	SDG10	阻尼器尺寸测量	检查阻尼器衬套脱出距离，脱出距离≤7 mm 时无需处理，7 mm＜脱出距离≤13 mm 时进行修复，脱出距离＞13 mm 时更换阻尼器	
360 天（36 万 km）包：180 天包基础上增加的项目				
高压隔离开关	GYGLKG04	闸刀与簧片尺寸、摩擦力测量	1. 检查隔离闸刀与刀夹的接触性能良好； 2. 将隔离闸刀打开，两弹簧片间的距离≤7.5 mm；闸刀接触部分厚度≥9 mm； 3. 将闸刀闭合，检查闸刀和簧片的接触长度≥20 mm； 4. 使用弹簧秤测量簧片与闸刀间接触摩擦力：（30±10）N	
	GYGLKG05	远程断开、闭合测试	1. 检查气缸无漏气，投入蓄电池，断开、闭合远程隔离开关，电磁阀是否正常工作，工作不正常的需更换； 2. 检查气缸轴和拉杆在动作时是否有明显卡滞现象，有卡滞现象时请调整气缸安装螺栓或更换轴衬	

 课后习题

（1）高压系统由哪些设备组成？

（2）简述受电弓的组成和工作原理。

（3）避雷器有哪些作用？

（4）真空断路器和接地保护开关有哪些作用？

（5）高压隔离开关有哪些作用？

第六章

牵引系统

　　牵引系统采用牵引变压器-牵引变流器-牵引电机构成的交流传动系统，牵引变压器将从电网得到的 25 kV 单相交流电转换为 AC 970 V，作为四象限整流器的输入，经整流后转换成 DC 1 800 V，牵引逆变器将直流电逆变成频率及电压可变的三相交流电，采用架控模式，分别给每台转向架上 2 台牵引电机供电，实现车辆的牵引。本章节主要讲述异步电机，但随着高性能稀土永磁材料的不断开发、新型控制理论的不断优化、高性能电力电子器件的不断应用，轨道交通领域也逐渐开始大规模采用永磁同步电机。电制动工况时，牵引电动机作为发电机使用，将车辆的动能转化为电能输入至牵引变流器中间直流环节，再经四象限整流器单相逆变后通过牵引变压器、受电弓反馈回电网（见图 6-1）。电气牵引系统的辅助逆变器从牵引主回路的中间直流环节取电，输出三相 AC 380 V，充电机从三相 AC 380 V 取电，输出 DC 110 V。牵引系统主电路如图 6-2 所示。

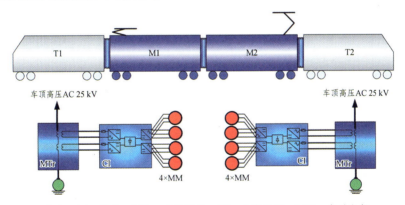

T—拖车；M—动车；MTr—主变压器；CI—主变流器；MM—牵引电机。

图 6-1　车上牵引系统位置

牵引变压器

　　牵引变压器是动车组牵引系统上的一个重要部件（见图 6-3），受电弓从接触网单相交流 25 kV/50 Hz 受流，连接到两台牵引变压器原边绕组上。牵引变压器设置 2 个次边绕组，给相邻动车上的 1 台牵引变流器供电。牵引变压器无辅助绕组。

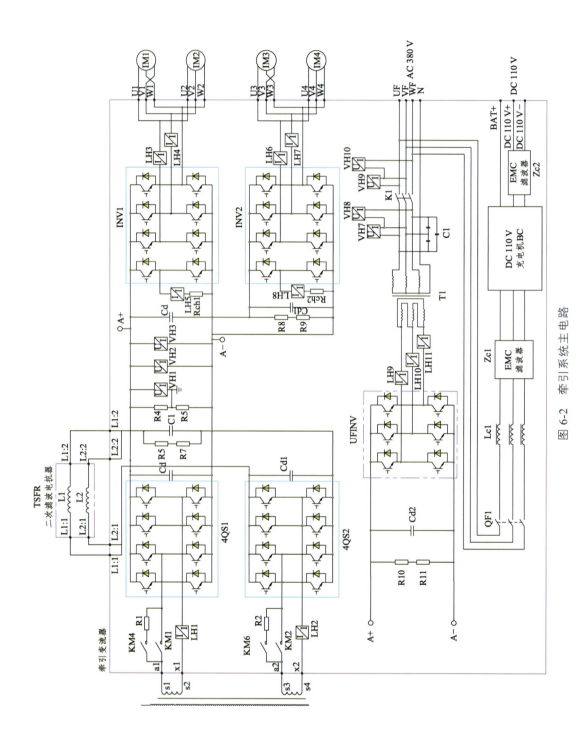

图 6-2 牵引系统主电路

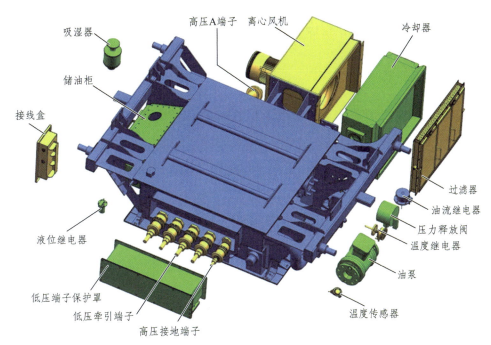

吸湿器　储油柜　接线盒　液位继电器　低压端子保护罩　低压牵引端子　高压接地端子　高压A端子　离心风机　冷却器　过滤器　油流继电器　压力释放阀　温度继电器　油泵　温度传感器

图 6-3　牵引变压器爆炸图

牵引变压器由绕组、铁心、油箱、储油柜和冷却系统组成，采用整体弹性悬挂。其中冷却系统与变压器本体一体化结构设计，储油柜侧面布置，冷却油采用阻燃的酯油，燃点在 300 ℃ 以上。

6.1.1　牵引变压器牵引变压器主要结构

（1）绕组：设有高压绕组、牵引绕组。

（2）铁心：采用高导磁硅钢片充分堆叠和压制。

（3）油箱：采用高强度结构钢制油箱。

（4）冷却系统：风机与油冷却器采用集成一体化技术，采用轴流风机冷却系统，风机采用 4/8 级变级风机；油泵将热油从油箱送入冷却系统，经油冷却器冷却后流回油箱，依此循环。变压器冷却系统从车体一侧吸风，进入油冷却器，风带走油冷却器的热量后，热风向车体另一侧排出。

6.1.2　设备配置清单（见表 6-1）

表 6-1　牵引变压器配置清单

名称	单位	数量/辆				数量/列
		T1	M1	M2	T2	
牵引变压器	个	1	0	0	1	2

6.1.3　变压器保护功能设置

变压器设有温度保护、压力保护、液位保护与油流保护功能。

（1）温度保护：监控变压器油温，达到警戒值时报警，以保证变压器的运行安全。

（2）压力保护：当变压器内部压强超过压力释放阀设定值时，压力释放阀释放压力，保证变压器的安全。

（3）液位保护：监控变压器油位液位。

（4）油流保护：油流继电器监控变压器油流状态。

6.1.4　变压器重要零部件

6.1.4.1　油流继电器

油流继电器的作用是检测油循环是否正常。油流作用于油流继电器的叶片上，从而使油流继电器的微动开关动作，显示油循环正常。在变压器投入运行时，如果油流停止，或油流反向，油流继电器的微动开关不会动作，此时，车上的计算机检测系统判断变压器油流异常。

6.1.4.2　温度继电器

温度继电器的作用是为了监测变压器的油温。当变压器油温超出系统设定值时，设置在车辆上的指示灯点亮。

6.1.4.3　油　泵

油泵的作用是为牵引变压器绝缘液循环冷却提供动力。

6.1.4.4　温度传感器

温度传感器的作用是检测绝缘冷却液的温度，温度传感器是基于（PT100）金属铂电阻值随温度变化而变化的特性，通过检测 PT100 的阻值换算出温度值。

温度传感器与控制系统连接。根据温度传感器检测到的变压器油温来判断变压器工作是否正常。

6.1.4.5　液位继电器

液位继电器的作用是检测变压器的油位。保证变压器内部的正常油循环冷却和电气性能。

6.1.4.6　低压牵引端子

低压牵引端子是变压器的二次输出端，作为牵引变流器输入端连接的电气安装接口。

6.1.4.7 高压 A 端子

高压 A 端子的作用是将 25 kV 网压接入变压器，其一端处于外部空气中，另一端浸入油箱内的变压器油中。高压 A 端子采用浇注树脂。

6.1.4.8 吸湿器

吸湿器的作用是使变压器油保持干燥，吸湿器里装有硅胶颗粒。吸湿器内部的变色硅胶受潮时颜色将发生变化。

硅胶干燥时为橘黄色，如果变色硅胶半数以上变为浅墨绿色，则需及时更换吸湿器硅胶。

6.1.4.9 压力释放阀

压力释放阀的作用是当变压器油箱内部因某种故障而使压力急剧增大、其压力达到标定值时，压力释放阀能迅速开启释放内部压力。从压力释放阀排除的气体和油流排到车下，当恢复正常时，阀口关闭。压力释放阀动作时信号杆将弹起且不复位。

6.1.4.10 油冷却器

油冷却器有一个进油口和一个出油口，热油从进油口进入油冷却器，在油冷却器中通过与冷空气的热交换后，冷油从出油口流出，进入变压器。

油冷却器采用全铝制的铝制散热片，散热翅片间隙较小，为了保持其冷却能力，需要定期检查和清扫。

6.1.4.11 电动送风机

电动送风机为三相鼠笼式感应电动机与送风机的直连结构。采用防振橡胶悬挂于变压器。电动送风机为 4 级双叶轮轴流式。

 ## 6.2 牵引变流器

市域动车组采用主辅一体化牵引变流器。牵引变流器分别装载有脉冲整流器、逆变器模块，中间回路连接辅助逆变器装置进行辅助供电。运行时除实施牵引电机电力供应和再生制动电流反馈外，还具备保护功能。牵引变流器是列车关键部件之一，安装在列车动车底部，其主要功能是转换直流制和交流制间的电能量，通过调压调频控制实现对交流牵引电动机起动、制动、调速控制（见图 6-4）。

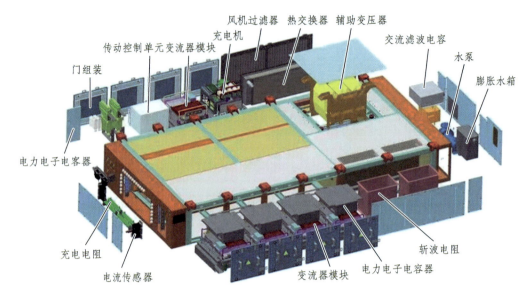

图 6-4　牵引变流器

牵引变流器车上总体布置如表 6-2 所示。

表 6-2　牵引变流器车上总体布置

名称	单位	数量/辆				数量/列
		T1	M1	M2	T2	
牵引变流器	个	0	1	1	0	2

6.2.1　牵引变流器组成

6.2.1.1　牵引变流器主电路组成

四象限整流器用于将牵引变压器输入的交流电压整流成直流电压存储在中间直流回路，将中间直流电压稳定在 DC 1 800 V 左右，为牵引逆变器和辅助逆变器提供电源（见图 6-5）。

6.2.1.2　牵引逆变器

牵引逆变器从中间直流回路取电，通过 VVVF 变压变频，控制牵引电机按照司机操作指令运行。

6.2.1.3　二次滤波电抗器

二次滤波电抗器用于滤除四象限电流输入中间直流回路的二次谐波电流。

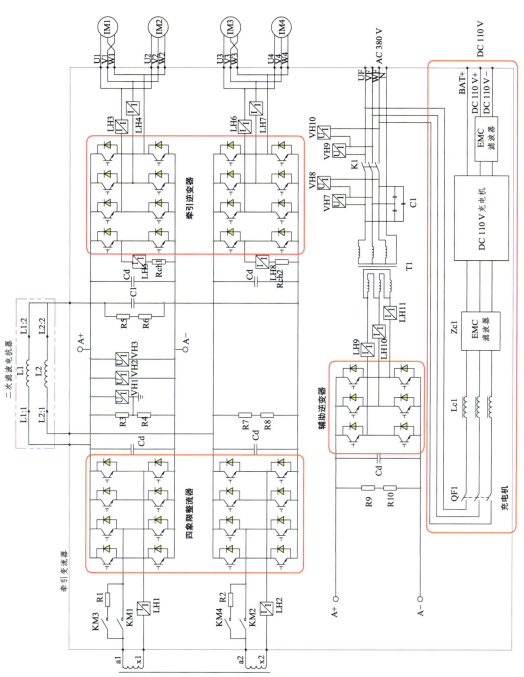

图 6-5　牵引系统主电路

6.2.2　牵引变流器主要功能

6.2.2.1　输入电路

预充电电路主要由短接接触器、预充电电路构成。其主要功能是在系统上电时，完成对中间支撑电容的预充电，避免上电时强大的冲击电流损坏功率模块，KM3 闭合充电电压达到约 1 200 V 后，充电完成、KM1 闭合（见图 6-6）。

6.2.2.2　整流电路

将来自主变压器的单相交流输入电压转换为直流电压（见图 6-7），为中间直流电路提供电能；在再生制动工况时，通过中间直流电路进行直-交变换，将电能回馈给电网。在静止工况下，只启动一重四象限，当车速达到 10 km/h 后启动两重四象限。

6.2.2.3　中间直流电路

中间直流电路主要由支撑电容和固定放电电阻构成（见图 6-8）。

支撑电容：能量存储单元，对直流支撑回路的电压进行滤波。

固定放电电阻：分压电阻，故障时快速放电，R3、R4 为主电路接地检测。

6.2.2.4　输出电路

牵引逆变器输出：将中间直流电压逆变为三相交流压电源，提供给牵引电机，输出电流传感器对电流进行实时监控（见图 6-9）。

斩波电路由过压斩波电阻、电流传感器及斩波管组成。用于直流回路的过电压抑制及停机后的快速放电。

6.2.2.5　辅助电路

辅助供电电路由辅助逆变模块、辅助变压器、三相滤波电容、三相接触器、电流和电压传感器组成（见图 6-10）。它将中间直流电压经过逆变、降压、滤波处理后输出三相 AC 380 V 交流电压，整车辅变输出采用并联供电模式。

6.2.2.6　充电机电路

充电机电路主要由三相电抗器、EMC 滤波器、DC 110 V 充电机模块组成（见图 6-11）。充电电路电源来自辅助逆变器输出 AC 380 V，经过充电机模块后输出两路 DC 110 V 电源，一路给蓄电池充电，一路供给 110 V 母线作为列车控制电源。

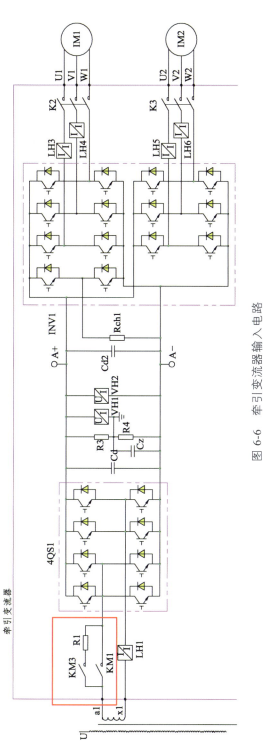

图 6-6 牵引变流器输入电路

图 6-7 牵引变流器整流电路

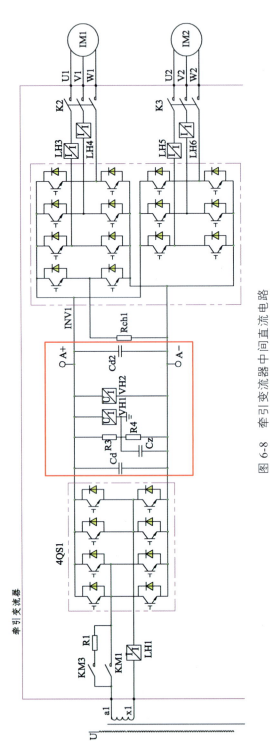

图 6-8 牵引变流器中间直流电路

图 6-9 输出电路

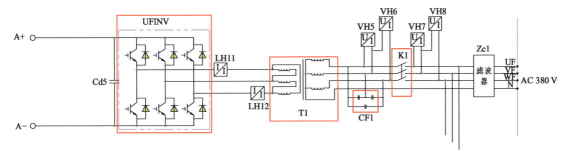

图 6-10　辅助电路

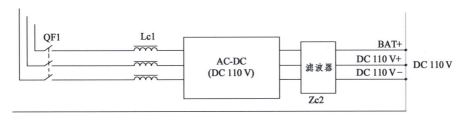

图 6-11　充电机电路

6.2.2.7　牵引变流器冷却系统原理

牵引变流器采用强迫水循环冷却方式。功率元件的热损耗通过冷却液传递到热交换器与外部空气换热；风道内的辅助变压器和斩波电阻通过冷却风机进行冷却。控制单元采集进、出主水管上安装的温度、压力传感器信号，对冷却系统进行实时监控及保护。冷却系统原理如图 6-12 所示。

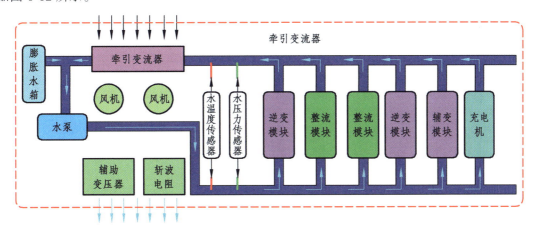

图 6-12　冷却系统原理图

牵引变流器内部集成主水管、水泵、水箱、热交换器和连接软管等水路部件。水泵顶部水管为模块进水管，功率模块及充电机快速接头通过橡胶软管连接到进出主水管。冷却液流向为水泵出水口→进水管→模块及充电机→出水管→热交换器→水泵进水管→水泵进水口。水箱具有调节液位和水路排气功能,通过两根金属软管连接到水路。冷却系统布局图如图 6-13所示。

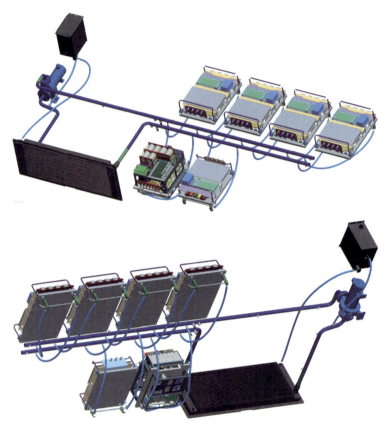

图 6-13　冷却系统布局图

6.3　牵引电机

目前，轨道交通车辆的动力主要来自牵引电机，牵引电机主要为整车提供牵引动力，电机通入三相电后，电机产生电磁力，通过联轴节与齿轮箱将力传递到车轮，电机旋转带动车轮旋转，从而使得整车向前运行。

随着"交-直-交"牵引传动技术的广泛应用，交流牵引电机成为主流。常用的交流牵引电机有同步牵引电机和异步牵引电机等。从电机工作原理来看，同步牵引电机与异步牵引电机不同。在结构上来说，同步电机与异步电机的最大区别在于转子结构。

牵引电机车上总体布置如表 6-3 所示。

表 6-3　牵引电机车上总体布置

名称	单位	数量/辆				数量/列
		T1	M1	M2	T2	
牵引电机	个	0	4	4	0	8

6.3.1　异步电机

6.3.1.1　异步电机工作原理

电机定子通上三相交流电后，在气隙中产生旋转的主磁场，该磁场切割转子导条后在转子导条中产生感应电流，带电的转子导条处于气隙旋转磁场中产生电动力，使转子朝定子旋转磁场的同一方向旋转。由于转子导条中的电流是因转子导条切割由定子绕组产生的气隙磁场感应产生的，转子的转速只能低于气隙旋转磁场的转速，永远不可能与其同步。因此，将以这种原理运行的电机称为异步电动机。

6.3.1.2　异步电机工作特性（见表6-4）

表 6-4　电机特性与列车特性特征点对应

	特性点	电机转速 /（r/min）	列车速度 /（km/h）	电机转矩 /（N·m）	列车牵引力 /kN
牵引	起动点	0	0	2 340	213.3
	恒功开始点	1 304	41	2 340	213.3
	恒功结束点	4 454	140	685	62.5
制动	恒转矩结束点	261	8	2 049	207
	恒功结束点	1 861	58.5	2 049	207
	恒功起始点	4 454	140	849	86

电机的牵引特性曲线、制动特性曲线如图6-14、图6-15所示，特性曲线均按绕组参考温度为150 ℃时绘制。

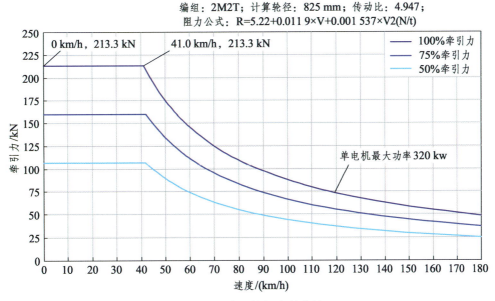

图 6-14　牵引特性参数曲线

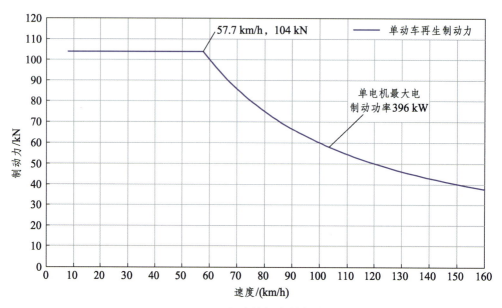

图 6-15　制动特性参数曲线

6.3.1.3　异步电机结构

1. 异步电机组成图

异步电机及其内部结构如图 6-16～图 6-18 所示。

图 6-16　异步电机

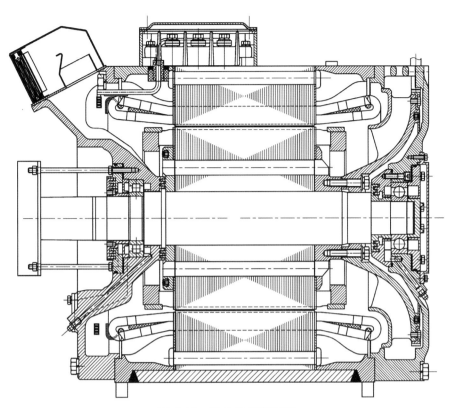

图 6-17　异步电机断面图

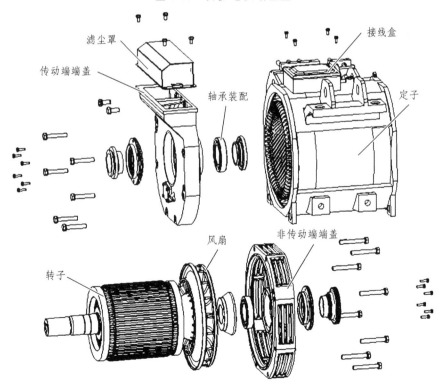

图 6-18　异步电机爆炸图

2．定子

定子绕组为双层成型绕组，成型的定子线圈嵌进定子槽中（见图 6-19）。为了得到足够的机械强度、良好的电气性能与优良的热稳定性，定子绕组端部用端箍以及绑扎绳固定，定子绕组及其引线能防霉、防虫、防啮齿类动物等损害。

硅钢片采用高导磁率、低损耗的冷轧电工钢片或更优材料冲制。

电机的绝缘等级为 200 级，匝间采用耐电晕的绝缘结构，提高了电机定子匝间整体抗电晕能力；线圈主绝缘采用云母带、聚酰亚胺薄膜混包结构，采用统一绝缘规范有效保证电机绝缘整体电气强度，成品完成后采用统一的试验规范；定子采用整体 VPI 和旋转烘焙技术，保证绝缘处理效果和定子整体绝缘质量。

图 6-19　异步电机定子

3．异步电机转子

转子铁心硅钢片采用高导磁率、低损耗的冷轧电工钢片或更优材料冲制，转子铁心由冷轧硅钢板叠压而成，两端用压圈压紧。转子冲片和压圈上开有通风孔（见图 6-20）。

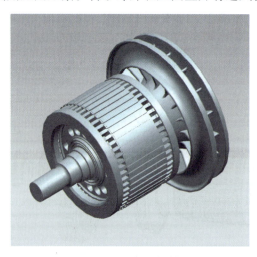

图 6-20　异步电机转子

转轴采用高强度的合金钢加工而成。

转子导条和端环采用纯铜材料。转子导条插入槽中后，通过冲紧将导条固定在槽中，以克服导条在电机运行中因磁拉力和离心力作用而产生的径向振动和位移。

4．异步电机轴承

轴承的密封采用非接触式迷宫式密封，所采用的这种密封结构在各类牵引电动机中已广泛应用。在两个端盖上均设有加油嘴，可以定期补充润滑脂。

由于电机本身的漏磁影响，加上逆变器中的谐波分量，会在定子、端盖、轴承、转轴之间构成回路，形成轴电压和轴电流，在轴承上产生电腐蚀，对轴承造成损害。为了消除这种影响，本电机两端都采用进口陶瓷绝缘轴承。

5．异步电机过滤器

电机采用隔离网式除尘结构，电机采用上部进风模式，风源质量较好。相关说明如下：

（1）结构：隔离网式除尘结构由粗滤网和 6 目的钢网构成。

（2）特点：该结构简单；过滤网孔径（1.7 mm × 1.7 mm），孔径小对沙粒、纸张、柳絮等过滤作用明显；对空气中的粉尘、水汽、油垢滤除作用弱；钢网易堵塞，采用周转滤网的形式进行维护。

（3）上部进风：电机采用上部进风，风源质量较轴向进风好。冷却风在电机内部走向示意如图 6-21 所示。

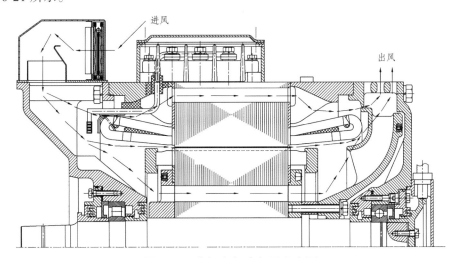

图 6-21　电机内部冷却风走向图

6.3.2　同步电机（永磁）

6.3.2.1　永磁同步电机工作原理

同步电机转子采用永磁体或直流励磁绕组产生磁场，市域动车组所用同步电机主要为永磁同步电机。电机定子通上三相交流电后，三相对称电流合成的旋转磁场与转子所产生的主磁场相互作用产生转矩，拖动转子同步旋转，从而使电能转化为机械能。以这种原理运行的电机为同步电机。

通过位置传感器实时读取转子永磁体位置，变换成电信号控制逆变器功率器件开关，调节电流频率和相位，使定子和转子磁势保持稳定的位置关系，产生恒定的转矩，定子绕组中的电流大小由负载决定。

6.3.2.2　永磁同步电机结构

1．永磁同步电机定子

永磁同步电机定子结构与异步电机大体一致。

2．永磁同步电机转子

转子由转轴、转子冲片、压圈等部件组成，采用内置式磁路结构，永磁体嵌装在转子槽内，能承受运行过程中产生的离心力以及电机振动所产生的影响。

永磁体材料采用耐温高，磁性能强、可靠性高的钐钴永磁体，钐钴耐受温度可达 300 ℃，温度稳定性、耐腐蚀性能方面表现良好，永磁体嵌装在转子铁心中。转子进行动平衡测试，达到 ISO1940 的 "G2.5" 级标准或更高的标准。

3．永磁电机轴承

轴承采用进口 SKF 铁路专用绝缘轴承，传动端选用圆柱滚子轴承，非传动端选用深沟球轴承。该轴承类型在轨道交通车辆牵引电机上已成熟大量运用，运行稳定、质量可靠。

轴承润滑选用润滑脂，具有良好的润滑和耐低温能力。同时在两端端盖上设置有注油嘴和排油室，能够定期为电机两端轴承补充润滑脂，以保证轴承润滑良好。在正常运行和维护的情况下，在 800 000 km 的运行里程内牵引电机不必进行解体维修。

4．永磁电机风扇

电机采用同轴风扇冷却，选用铸铝结构，并经过 T6 热处理，具有良好的机械性能和可铸造性。

风扇经过专业设计，确保在最高转速下能满足噪声要求，同时能满足温升要求。

6.3.3　接线盒装配

U、V、W 三相引出线与接线盒内部的接线座相连。

三相电缆采用低烟无卤阻燃带屏蔽电缆。电缆上及电机上均由 U、V、W 标识。

电源电缆与牵引电机绕组的连接采用螺丝紧固，不同相的电缆用不同颜色的标志区分。

6.3.4 温度、转速的测量

在电机的非传动端安装有非接触式、高精度的速度传感器。为了监测电机的温度并给控制系统提供电机的温度保护信号，在定子铁心内装有 PT100 温度传感器。

在电机内安装有旋转变压器进行转子位置和转速的测量。

6.4　牵引系统型式试验

6.4.1 牵引变压器型式试验（见表 6-5）

表 6-5　牵引变压器型式试验项目

序号	试验项目	例行试验	型式试验
1	外观检查	√	√
2	极性试验	√	√
3	绕组电阻测量	√	√
4	电压比测量	√	√
5	网侧空载电流和损耗测量	√	√
6	阻抗电压及负载损耗测量	√	√
7	总损耗测量	—	√
8	温升试验	—	√
9	绝缘电阻测量	√	√
10	耐受工频电压试验	√	√
11	耐受感应电压试验	√	√
12	耐受全波冲击电压试验	—	√
13	油密试验	√	√
14	重量测量	—	√
15	辅机输入电流及输入功率测量	√	√
16	冲击和振动试验	—	√

6.4.2 牵引变流器型式试验（见表 6-6）

表 6-6　牵引变流器型式试验项目

序号	试验项目	型式试验	例行试验
1	外观检查	√	√
2	验证尺寸和公差	√	√
3	称重	√	—

序号	试验项目	型式试验	例行试验
4	标志检查	√	√
5	机械、电气保护和测量设备的试验	√	√
6	防护等级试验	√	—
7	触发设备试验	√	√
8	冷却系统性能试验	√	—
9	绝缘电阻试验	√	√
10	介电试验	√	√
11	轻载试验	√	√
12	温升试验	√	—
13	换流试验	√	—
14	噪声测量	√	—
15	功率损耗测定	√	—
16	冲击和振动	√	—
17	电磁兼容性	√	—
18	负载突变	√	—
19	吊座无损检测探伤	—	√
20	局部放电试验	√	—
21	过电压供电和瞬时能量	√	—
22	网压波动试验	√	—
23	供电短时中断试验	√	—
24	综合试验	√	—

6.4.3　牵引电机型式试验（见表6-7）

表6-7　牵引电机型式试验项目

序号	试验项目	型式试验	例行试验
1	外观结构检查	√	—
2	绕组冷态直流电阻测量	√	—
3	绝缘电阻测量	√	—
4	速度传感器输出试验	√	—
5	空载试验	√	—
6	堵转试验	√	—
7	噪声试验	√	—
8	振动试验	√	—
9	超速试验	√	—
10	绝缘性能试验	√	—
11	称重试验	√	—

6.5 牵引系统修程

牵引系统修程如表 6-8 所示。

表 6-8　牵引系统修程

系统	编号	项目	技术要求	备注
一		接车/送车		
牵引	QY02	牵引变压器接送车检查	无异音	
牵引	QY01	牵引变流器接送车检查	无异音	
四		车底检修作业		
牵引	QY02	牵引电机外观检查	1. 检查牵引变压器整体、油泵、油冷系统连接可见处无漏油； 2. 牵引变压器箱体外观正常，检查紧固件无松动，防松标记清晰可见无错位； 3. 检查吸湿器硅胶有无变色，硅胶有半数以上变成了浅墨绿色，则整个硅胶必须使用新的橘黄色的硅胶替换； 4. 检查油位 0～18 cm，如果超过 18 cm，则油缺失，需进行加油，如果出现泄漏，则必须找出泄漏处并修复缺少的 Mide17131 脂油油必须再次填注； 5. 检查过滤器、冷却器无堵塞； 6. 变压器温度表计量未过期，如遇过期则检查指示温度与实际温度相差不超过 ±3 ℃(计量周期为 12 个月)； 7. 检查接地线连接紧固、无松动，出现断股，必须更换	
	QY04	牵引变压器外观检查	1. 牵引变压器箱体外观正常，无破损。紧固件无松动，防松标记无错位； 2. 检查吸湿器硅胶颜色正常； 3. 检查储油柜的油位正常； 4. 检查过滤器、冷却器无堵塞； 5. 检查牵引变压器整体、油泵、油冷系统连接可见处无漏油； 6. 变压器温度表计量未过期（计量周期为 12 个） 7. 盖板、侧盖板及底盖板安装状态良好； 8. 盖板方孔锁胶帽外观良好，防护锁位置正常； 9. 连接器及线缆外观良好，无损伤； 10. 接地线连接紧固、无松动，无断股； 11. 进风口滤网无杂物堵塞； 12. 滤波电抗器箱外观良好，连接器及线缆外观良好，无破损、松动； 13. 检查水箱液位为 6～12 L； 14. 检查接地线连接紧固、无松动，出现断股，必须更换	

系统	编号	项目	技术要求	备注
牵引	QY05	牵引变流器外观检查	1. 箱体外观正常；悬挂紧固件无松动，防松标记无错位； 2. 盖板、侧盖板及底盖板安装状态良好； 3. 盖板方孔锁胶帽外观良好，防护锁位置正常； 4. 连接器及线缆外观良好，无损伤； 5. 接地线连接紧固、无松动，无断股； 6. 进风口滤网无杂物堵塞； 7. 滤波电抗器箱外观良好，连接器及线缆外观良好，无破损、松动； 8. 检查水箱液位为 6～12 L	
30 天（3 万 km）包：一级修基础上增加的项目				
牵引	QY08	牵引变压器清洁	1. 清洁变压器箱体及部件； 2. 清洁变压器高压设备连接处（原边绕组高压端出线端子），清洁时必须小心，防止损坏漆层； 3. 清洁变压器滤网； 4. 变压器温度表功能正常，安装牢固	
	QY09	牵引变流器滤网清洁	拆卸变流器进风口热交换器前端滤网，用高压风枪对滤网和过滤器进行清理，同时用吸尘器及风枪对热交换进行清理	
90 天（9 万 km）包：30 天包基础上增加的项目				
转向架	ZXJ12	牵引电机滤网清洁	1. 松开牵引电机进风口滤网紧固栓，取出滤网注意抽出过程中不要将滤网上的垃圾刮落到风道； 2. 用硬质尼龙刷清扫滤网，用水冲洗干净； 3. 检查密封胶条无破损、老化，安装滤网； 4. 检查滤网安装到位，螺栓力矩（扭力值 42 N·m）符合要求	

6.6 课后习题

（1）简述电能在市域动车组牵引系统的转换过程。

（2）简述市域动车组牵引系统的设备组成。

（3）牵引变压器有哪些重要零部件？

（4）牵引变流器电路由哪几部分组成？

（5）简述异步电机的工作原理。

（6）简述永磁同步电机的工作原理。

第七章

辅助供电系统

市域动车组全列设置 2 台辅助变流器、2 台充电机、2 组蓄电池（见图 7-1），辅助系统从变流器中间直流环节取电，不但实现轻量化，而且过分相时不断电。

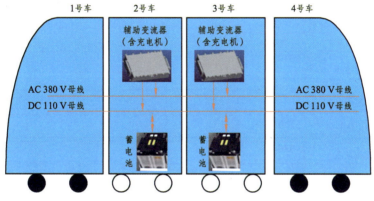

图 7-1 辅助供电系统

温州 S1 线市域动车组的辅助逆变器和充电机集成在牵引变流器内，与牵引变流器共用相同型号，车上总体布置如图 7-2 所示。

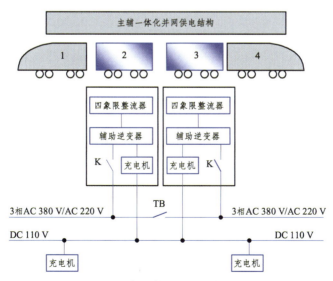

图 7-2 车上辅助系统整体布置

7.1 辅助逆变器

辅助变流器集成在牵引变流器箱体内部，从牵引变流器中间直流回路取电，经过逆变、降压和滤波后输出三相 AC 380 V/50 Hz，两个辅助变流器并网后为空调系统、主空压机、牵引系统冷却风机等设备供电。

7.1.1 辅助逆变器并网供电

首先启动作为主机的辅助逆变器，输出正常的三相交流电，闭合辅助接触器使供电母线得电，接着固定负载作为第一批设备立即投入；再启动另一台辅助逆变器并网。启动时序如图 7-3 所示。

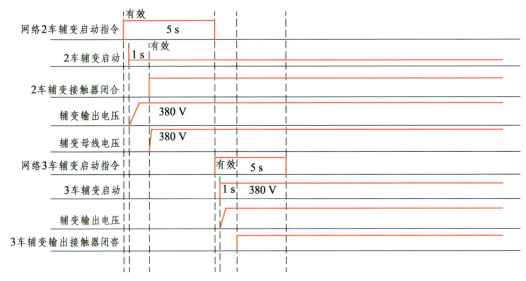

图 7-3 辅助供电系统启动时序

2 车辅助逆变器收到网络 2 车辅变启动指令后，马上启动输出 380 V 电压，1 s 后闭合辅变输出接触器，输出母线电压 380 V，2 车辅变启动指令持续 5 s 后消失，紧接着网络下发 3 车辅变启动指令，3 车辅助逆变器马上启动并输出 380 V 电压，1 s 后闭合辅变输出接触器，向母线输出 380 V 电压。辅助逆变器并联完成后，以车为单位，逐车投入客室空调。

正常情况下，2 台辅助逆变器同时向全列交流负载供电，并留有一定的冗余。当某一台辅助逆变器发生故障时，通过切断故障辅助逆变器的输出接触器 K 将其隔离，另一台正常的辅助逆变器向全列负载供电，此时全列空调半载运行，且可启动一台空气压缩机，其他负载正常工作。

AC 380 V 母线上在 2、3 号车之间设置隔离接触器 TB，当任一台辅助逆变器输出端 3 相 380 V 交流母线发生接地短路等故障时，司机可通过 TCMS 显示器远程控制 TB 的分断，将故障单元的 3 相 380 V 母线隔离，避免故障进一步扩大。

辅助逆变器从牵引变流器中间直流回路取电，经过逆变、降压和滤波后输出三相 AC 380 V/50 Hz，为空调系统、主空压机、牵引系统冷却风机等设备供电。

7.1.2　辅助逆变器启停控制规范

为启动辅助逆变器，应同时具备下列条件：
（1）中间直流电压高于 1 650 V。
（2）牵引变流器控制单元得电。
（3）接收到辅变启动指令。

7.1.2.1　辅助逆变器启动时序

（1）VCB 闭合后，充电接触器闭合给中间直流回路充电。
（2）充电电压达到额定中间电压的 50% 后，接通短接接触器。
（3）四象限开始整流，中间直流电压达到 1 800 V。
（4）网络系统给出辅助逆变器启动指令，牵引变流器的辅助逆变器启动。
（5）辅助逆变器输出电压达到 380 V 后，接通辅变输出接触器，给辅助系统 AC 380 V 母线供电。

7.1.2.2　停止条件

以下条件任一个发生时，将无故障停止辅助逆变器：
（1）断开牵引变流器控制单元电源。
（2）接收到辅助逆变器切除指令。
（3）发生封锁辅变逆变器的故障。

7.2　充电机

充电机集成在牵引变流器箱体内部，充电机从辅助逆变器输出的 3 相 AC 380 V 取电，经过整流、降压和滤波后输出 DC 110 V，为控制系统、照明、影视广播等设备供电，同时给蓄电池充电（见图 7-4）。

充电机从辅助逆变器输出的 3 相 AC 380 V 取电，经过整流、降压和滤波后输出 DC 110 V，为控制系统、照明、影视广播等设备供电。

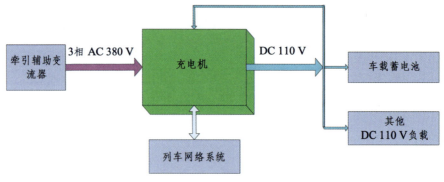

图 7-4 充电机关联图

7.2.1 充电机控制功能

（1）通过输出电压传感器采集实时输出电压反馈至控制回路，由电压控制环进行限幅闭环控制。

（2）通过充电电流传感器采集实时充电电流反馈至控制回路，由充电电流控制环进行限幅闭环控制。

（3）通过输出总电流传感器采集实时输出总电流反馈至控制回路，由输出总电流控制环进行限幅闭环控制。

（4）电压控制环、充电电流环、输出总电流环输出值进行实时比较，取合适输出值进行脉冲输出，以保证每个输出量均能控制稳定，平稳过渡。

7.2.2 蓄电池充电

蓄电池车载充电分为限流阶段、恒压阶段 I、恒压阶段 II（以 20 ℃ 为例）（见图 7-5、图 7-6）。

7.2.2.1 限流阶段

充电限流值 $I_{bat} = 28 \times (1 \pm 5\%)$ A 时，电流充电，以充电限流充电，此时蓄电池电压会慢慢升高，当接近 120.9V±2%，跳转恒压阶段 I。

7.2.2.2 恒压阶段 I

以恒压 120.9 V、不超过限流值 $[I_{bat} = 28 \times (1 \pm 5\%)]$ 充电，此阶段充电机电压与蓄电池电压压差形成的电流不会超过 28 A，充电机处于恒压阶段，蓄电池充电电流是逐渐减小的过程。当蓄电池基本满充量时，蓄电池电流会小于 8 A ± 2 A，跳转入恒压阶段 II。

7.2.2.3 恒压阶段Ⅱ

以恒压 113.1 V、处于浮充电流充电。在该阶段以恒压 113.1 V，长期浮充，以小电流继续充电确保蓄电池的电气性能得到最大程度的恢复。

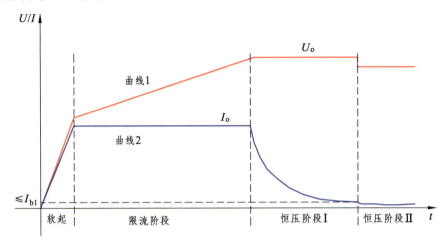

图 7-5　蓄电池充电示意图

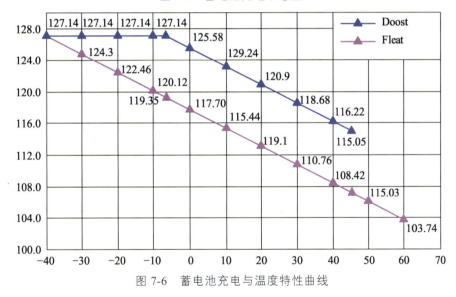

图 7-6　蓄电池充电与温度特性曲线

 7.3 　地面电源连接器

地面电源连接器应用于车辆在车库、地面检修中等工况下高压电路断电后的低压供电，以保障车辆的保养、检修等工作顺利进行（见图 7-7）。在两头车，高压侧各配置一台车间电源插座。当车间电源接入时仅给全车辅助系统供电。

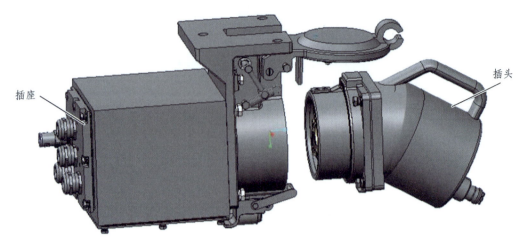

图 7-7　地面电源连接器

　　车间电源供电与受电弓供电之间有连锁关系，当车间电源插座被操作时，VCB 自动断开、受电弓自动降下，并在 TCMS 显示器上显示车间电源被操作的状态，以提醒司机操作。车间电源插座间有互锁，当两个车间电源插座盖都打开时，车辆交流母线接触器 TB 断开，车间电源分单元独立供电。

　　地面电源连接器获取钥匙的方式如图 7-8 所示。

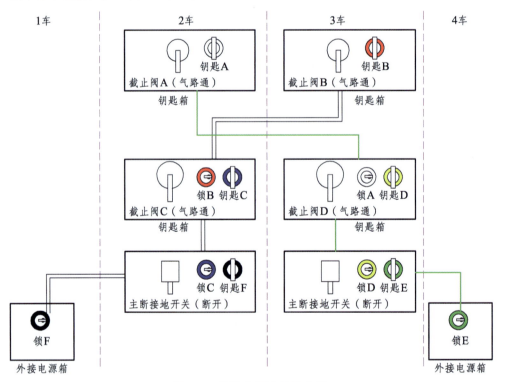

图 7-8　外接电源连接器互锁

　　（1）确保断开主断路器，降下受电弓。

　　（2）在 2 车（3 车）断开截止阀 A（B），拿到钥匙 A（B）.

（3）到 3 车（2 车）通过钥匙 A（B），断开截止阀 D（C），取出钥匙 C。

（4）通过钥匙 C，操作保护接地开关手柄，闭合保护接地开关，确保车顶高压设备接地。

（5）待保护接地开关闭合后，方可以拿到外接电源开关钥匙 E（F）。

（6）通过操作钥匙 E（F）打开外接电源锁盖，方可让外接电源连接器连接外接电源。

7.4 蓄电池

蓄电池系统由 78 块 LPM140A 蓄电池组构成的 DC 110 V 蓄电池组及其承载的箱体、电气系统等组成。蓄电池箱包括电池箱与电气控制箱（见图 7-9），电池箱内部有承载蓄电池组的电池台车；蓄电池电气系统主要由蓄电池电气安装板、接线端子、电缆等组成。当列车无网压时，系统能够使列车内部事故照明、外部照明、紧急通风、车载安全设备、广播、通信系统等辅助设备在停车计划规定的时间内保持运行。

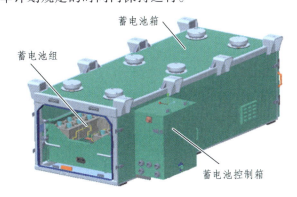

图 7-9　蓄电池

7.4.1　蓄电池零部件

蓄电池系统由 78 块 LPM140A 蓄电池组通过跨接板及电缆连接成的 DC 110 V 蓄电池组及其承载的箱体、电气系统等组成。

7.4.1.1　单体电池

LPM140A 蓄电池是标称电压 1.2 V 的单块电池。下面对这种蓄电池（排气式碱性蓄电池）进行详细描述。

单块电池由正极板、负极板、分离器、整块电解槽及电槽盖、液口栓盖、电池套、电解液、极柱、垫圈、螺栓构成，将电能转化为化学能之后在其内部存储，使用时提供直流电流。蓄电池外观如图 7-10 所示。

图 7-10　蓄电池

7.4.1.2　正极板

正极板是将镍粉末用高温烧结为多孔性的导电板。氢氧化镍 $[Ni(OH)_2]$ 作为这个导电板的活性物质。

7.4.1.3　负极板

负极板将以氢氧化镉为活性物质，与用加强筋制造的膏涂敷多孔性的导电板。

7.4.1.4　隔板

隔板将正极板与负极板隔离，而且防止短路。这个隔板用耐碱性合成树脂纤维与合成树脂薄膜组成，为多层构造。

7.4.1.5　整块电池槽以及盖子

整块电池槽以及盖子用质量良好的合成树脂制作，具有较高的机械强度以保证使用。通过热封焊接合。

7.4.1.6　液口栓盖

安装液口栓盖，可将充电时产生的液体排出，而且防止异物从外边进入。充水时，将液口栓盖插入电槽盖的排气筒，按规定液面充水。

7.4.1.7　电解液

电解液是以氢氧化钾为主体的水溶液。这个电解液的标准比重为 1.15 ~ 1.30（20 ℃）。

7.4.1.8　蓄电池盖套

蓄电池盖套用来保护蓄电池接头部与通电部不会附着尘埃，而且有绝缘作用。

7.4.1.9　其他配件

其他配件包括蓄电池极柱、螺栓、垫圈、碟形弹簧等，为镀镍的钢铁制品或不锈钢制品。

7.4.2　蓄电池箱

蓄电池箱包括蓄电池箱体、箱门、台车、蓄电池控制箱等。

7.4.2.1　蓄电池箱体

蓄电池箱体包括主框架、导轨、蒙板、吊座及通气帽等部分。主框架、底蒙板及导轨均由不锈钢焊接而成。左右蒙板和上蒙板为铝板，通过铆钉铆接在框架上。箱体顶端安装通气帽，保障蓄电池工作时的通风，通气帽内装有钢丝过滤网，可防止有害灰尘进入箱体。

7.4.2.2　蓄电池箱门

电池箱箱门采用不锈钢板焊接而成，设计使用四角锁和搭扣锁紧固，可保证箱门安全稳固地锁紧。箱体框架上装有密封胶条，箱门锁紧状态下，密封胶条被压缩形成密封面，可保证箱门和箱体结合面不出现漏水。箱门打开时先开启四角锁，再开启搭扣锁。

7.4.2.3　蓄电池台车

电池台车由不锈钢板焊接而成。两侧设计 C 型导轨，使台车可以方便进出箱体，台车可以从箱体两侧拉出。台车两端设有安装插销的座孔，台车拉出箱体时须先拔出插销，台车推入箱体时须插上插销，以保证台车在箱体内安全稳固地夹紧。台车底部焊接有防止台车拉出时超行程的固定挡块，当台车拉出底部固定挡块到达箱体上的止动挡块位置时，台车到达最大行程位置。拆卸台车时需先拆除箱体上的止动挡块。

7.4.2.4　蓄电池控制箱

蓄电池控制箱包括箱体、箱盖、电气安装板、电气组件及其接线等。
蓄电池箱体例行试验和型式试验项目如表 7-1 所示。

表 7-1　蓄电池箱体试验项目

序号	试验项目	例行试验	型式试验
1	机械性能试验	√	√
1.1	箱体外观、尺寸、焊缝性能检查	√	√
1.2	称重试验	√	√
2	电路接线检查	√	√
3	安全措施及安全设备检查	√	√
4	电气性能试验	√	√
4.1	绝缘电阻测试	√	√
4.2	工频耐压试验	√	√
4.3	元器件功能测试	√	√
5	绝缘漆的绝缘性能检测	√	√
6	振动、冲击试验	—	√
7	外壳防护等级试验	—	√

蓄电池试验项目如表 7-2 所示。

表 7-2　蓄电池试验项目

序号	试验项目	例行试验	型式试验
1	外观	√	√
2	尺寸和重量检查	√	√
3	完全充电状态下开路电压试验	√	√
4	常温放电性能试验	√	√
5	5 ℃放电性能试验	—	√
6	−18 ℃放电性能试验	—	√
7	大电流放电试验	—	√
8	恒压充电接受能力试验	—	√
9	电解液保持能力试验	—	√
10	荷电保持能力试验	—	√
11	循环寿命试验	—	√
12	蓄电池机械性能试验	—	√

7.5 过分相控制

过分相指的是在交流牵引电气化区段的两个供电分区之间的接触网无电区（见图 7-11）。因为接触网-受电弓-列车-钢轨形成一个完整的电流回路，而相邻的供电分区之间的电流方向是相反的，一个是 A 相电，一个是 B 相电，如果此时机车车辆的受电弓同时跨接了两个供电分区，就相当于相间短路，很容易造成变电所跳闸，机车变压器击穿甚至接触网塌架等严重事故。所以《机车操作规程》（以下简称《操程》）规定，严禁在分相区双弓运行，在分相区必须断开主断路器。

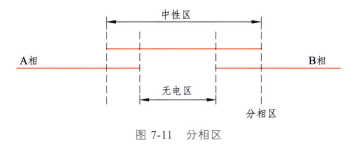

图 7-11　分相区

过分相分为车载自动过分相装置过分相和手动过分相。

7.5.1　车载自动过分相

车载自动过分相装置由车载感应器（简称车感器）、自动过分相信号处理器和信号指示三部分，以及地面感应器（磁钢）组成（见图 7-12）。

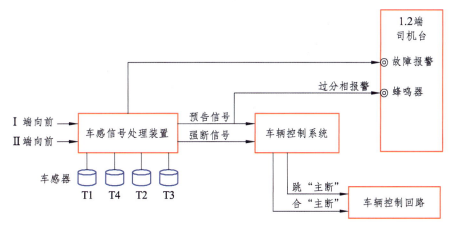

图 7-12　车载自动过分相装置

车辆通过感应地面定位信号确定车辆与分相点的相对位置，地面定位和车辆感应信号分别采用斜对称埋设和备份接收，以保证自动过分相的安全和可靠。

当车辆通过分相区时，系统根据当时车辆速度、位置自动发出过分相信号，封锁牵引指令，随后自动分断主断路器；通过分相区后，自动闭合主断路器、启动牵引，从而自动实现车辆通过分相区，大大的减轻了司机的工作强度。系统采用了高可靠的控制单元、免维护的地面定位方式，实现精确控制车辆通过分相区（见图7-13）。

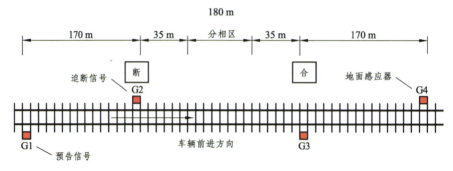

图 7-13　自动过分相

7.5.2　手动过分相

当过分相装置故障时，司机通过地面标志确认车辆需要进行过分相。通过操作 HMI 设置界面中【手动过分相】按钮，实现手工过分相，当车辆检测网压中断后，待网压恢复后自动闭合 VCB（见图 7-14）。

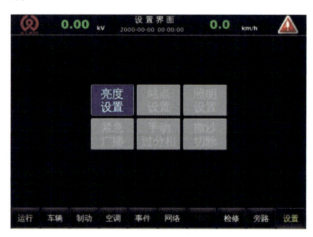

图 7-14　HMI 界面

 型式试验

7.6.1　辅助逆变器和充电机型式试验

由于辅助逆变器和充电机集成于牵引变流器柜内，故型式试验与例行试验与牵引变流器共同进行，试验项目如表 7-3 所示。

表 7-3 变流器试验项目

序号	试验项目	型式试验	例行试验
1	外观检查	√	√
2	验证尺寸和公差	√	√
3	称重	√	—
4	标志检查	√	√
5	机械、电气保护和测量设备的试验	√	√
6	防护等级试验	√	-
7	触发设备试验	√	√
8	冷却系统性能试验	√	—
9	绝缘电阻试验	√	√
10	介电试验	√	√
11	轻载试验	√	√
12	温升试验	√	—
13	换流试验	√	—
14	噪声测量	√	—
15	功率损耗测定	√	—
16	冲击和振动	√	—
17	电磁兼容性	√	—
18	负载突变	√	—
19	吊座无损检测探伤	—	√
20	局部放电试验	√	—
21	过电压供电和瞬时能量	√	—
22	网压波动试验	√	—
23	供电短时中断试验	√	—
24	综合试验	√	—

7.6.2 地面连接器型式试验（见表 7-4）

表 7-4 地面连接器试验项目

序号	试验项目	型式试验	例行试验
1	外观	√	√
2	接触电阻	√	√
3	绝缘电阻	√	√

序号	试验项目	型式试验	例行试验
4	介电强度	√	√
5	温升	√	—
6	高温	√	—
7	低温	√	—
8	温度变化	√	—
9	恒定湿热	√	—
10	防护性能	√	—
11	碰撞	√	—
12	耐冲击、振动	√	—
13	机械寿命	√	—
14	接线强度	√	—
15	盐雾腐蚀	√	—
16	交变湿热	√	

7.6.3 蓄电池箱体型式试验（见表7-5）

表 7-5 蓄电池箱体型式试验项目

序号	试验项目	型式试验	例行试验
1	外观	√	√
2	接触电阻	√	√
3	绝缘电阻	√	√
4	介电强度	√	√
5	温升	√	—
6	高温	√	—
7	低温	√	—
8	温度变化	√	—
9	恒定湿热	√	—
10	防护性能	√	—
11	碰撞	√	—
12	耐冲击、振动	√	—
13	机械寿命	√	—
14	接线强度	√	—
15	盐雾腐蚀	√	—
16	交变湿热	√	—

7.6.4 蓄电池型式试验（见表7-6）

表7-6 蓄电池型式试验项目

序号	试验项目	例行试验	型式试验
1	外观	√	√
2	尺寸和重量检查	√	√
3	完全充电状态下开路电压试验	√	√
4	常温放电性能试验	√	√
5	5℃放电性能试验	—	√
6	−18℃放电性能试验	—	√
7	大电流放电试验	—	√
8	恒压充电接受能力试验	—	√
9	电解液保持能力试验	—	√
10	荷电保持能力试验	—	√
11	循环寿命试验	—	√
12	蓄电池机械性能试验	—	√

7.7 辅助供电系统修程

辅助供电系统修程如表7-7所示。

表7-7 辅助供电系统修程

系统	编号	项目	技术要求	备注
四		车底检修作业		
过分相装置	GFX01	车载感应器外观检查	1. 检查车载感应器（MP1、MP2两侧各2个）无丢失、损坏，连接电缆、护套无断裂破损； 2. 检查转换插座连接紧固无丢失、损坏现象，3芯插座接触良好，紧固牢靠； 3. 检查各车载感应器及安装支架的紧固状况，各紧固件无松动、断裂	
	GFX02	信号处理器例行检查	检查信号处理器紧固状况，各紧固件安装螺栓不得松动、断裂；20芯航空插头、插座的连接状况良好，接触良好	
牵引	QY03	地面电源连接器外观检查	检查地面电源连接器盖外观正常，锁闭紧固	
	QY06	蓄电池箱外观检查	1. 箱体外观正常；悬挂紧固件无松动，防松标记无错位； 2. 盖板方孔锁处于锁闭位二次防护锁位置正常； 3. 线缆外观良好，连接器密封无损伤松动	

系统	编号	项目	技术要求	备注
30 天（3 万 km）包：一级修基础上增加的项目				
牵引	QY07	地面电源连接器器盖内外观检查	地面电源连接器盖锁芯无锈迹、变形	
	QY10	蓄电池单体清洁、液面高度检查	须先清洁蓄电池箱内部，然后检查蓄电池液面在最高、最低液面线范围内。低于最低液面线（LOWER LEVEL）的情况下，将纯水添加到（UPPER LEVEL）的液面线。（建议当液面到达 LOWER LEVEL 以上 20 mm 位置时开始补液），当蓄电池不单独拆卸时，可根据台车前部可见蓄电池的液面情况判断整组蓄电池的液面情况。如需观察中间部位蓄电池液面高度，可使用带有刻度的玻璃管测量单体电池液面高度。目视检查液面高度时，可使用手电筒照射壳体侧壁进行辅助观察	
90 天（9 万 km）包：30 天包基础上增加的项目				
牵引	QY11	蓄电池组清洁、电压测量	1. 通气帽过滤网无灰尘堵塞网口，如有堵塞请使用压缩空气清洁过滤网； 2. 蓄电池组表面无过多灰尘积聚，如有请用湿布清洁电池表面，并用压缩空气吹干注意，清洁时不得打开电池液口栓盖不得使用干布； 3. 使用电压表直流电压挡位测量蓄电池组正、负极端开路电压（应为 99～107.6 V），电压若有出入，查看外电路是否断开，浮充电压是否异常，电池是否长时间未充电，电池间的连接是否正常，并进行相应调整。如上述检查未发现异常，测量每只电池电压，并替换电压明显异常的电池	
180 天（18 万 km）包：90 天包基础上增加的项目				
过分相装置	GFX02	车载感应器高度测量	检查各车载感应器安装情况，应满足的标准：车载感应器的底面中心位置距离钢轨面高度小于（110＋20）mm，距离钢轨中心（300±10）mm	
	GFX03	过分相功能试验	试验：系统通电自检；试验按钮试验；划磁铁试验	
360 天（36 万 km）包：180 天包基础上增加的项目				
过分相装置	GFX04	信号处理器检查、阻值测量	1. 检查信号处理器紧固状况，各紧固件无松动，断裂 20 芯航空插头、插座的连接状况良好，接触良好； 2. 将信号处理器的连接插头 X1 松开，用万用表分别测量其插孔 1 和 2，3 和 4，6 和 7 以及 19 和 20 之间的直流电阻，观测其电阻值是否在正常范围内（550～651 Ω）	
	GFX05	转换插座检查、阻值测量	1. 检查转换插座连接紧固无丢失、损坏现象，3 芯插座接触良好，紧固牢靠； 2. 转换插座中 3 芯插座绝缘电阻不得小于 2 MΩ	
	GFX06	20 芯航空插头检查、阻值测量	1. 检查 20 芯航空插头外观、紧固良好，接触体应无折损、熔损等不良现象，接触体安装牢固，无缩针现象； 2. 20 芯航空插头绝缘电阻不得小于 10 MΩ	

 **课后习题**

（1）简述辅助系统设备组成及各设备在车上的具体分布。

（2）简述辅助逆变器的功能。

（3）简述充电机的功能。

（4）车间电源供电与受电弓供电存在什么关系？

（5）简述蓄电池的作用。

第八章

网络控制系统

列车网络系统集列车控制系统、故障监视、故障诊断与通信系统于一体，以车载微机控制作为主要手段，通过控制总线实现系统、列车之间的数据信息交换，最终达到对车载设备的集中监视、控制以及管理的目的，实现列车控制的智能化、网络化与信息化，保证列车的行车安全。

TCMS（列车监控系统）采用分布式控制方式，其硬件包括列车控制单元、输入/输出采集模块、中继器、人机交互显示器以及总线连接器等，各个组成模块根据不同的功能分布于不同的车辆，通过控制总线连接到一起，共同完成对列车的控制。TCMS采用电子控制设备和串行数据通信来代替继电器、接触器和直接硬连线并且通过网络连接各个子系统的控制设备（如牵引控制、制动控制等），能够减少继电器、接触器、车辆/列车布线、端子排和连接器触点的使用。

总体技术参数：

（1）以太网传输速率：100 Mb/s。

（2）MVB 传输速率：1.5 Mb/s。

（3）供电电压：DC 110 V。

表 8-1 所示为本章术语的中英文对照。

表 8-1　网络控制系统中英文对照表

简称	中文全称	简称	中文全称
VCU	车辆控制单元	HVAC	空调控制系统
RIOM	远程输入输出模块	DCU	牵引控制单元
REP	中继器	TRU	无线通信系统
HMI	人机界面/司机显示器	PIDS	旅客信息显示系统
EDCU	门控器	CI	牵引变流器
EBCU	制动系统	BCU	制动控制单元
ATO	列车自动控制单元	MVB	多功能车辆总线
HSCB	高速断路器	TAU	列车无线合路器
CCU	中央控制单元	LCU	逻辑控制单元
ECN	以太网交换机	TDS	走行部监测系统
BCU	制动控制单元	BMS	蓄电池管理系统
ATC	信号系统	PCDS	弓网监测系统
ACU	辅变控制系统	TIS	轨道监测系统
FAS	烟火报警系统	DCM	数据集成采集主机
RS	无线系统	ATRP	雷达安全辅助防护系统

列车通信网络划分为两级：列车控制级和车辆控制级。列车控制级总线和车辆控制级总线均采用电气中距离介质（EMD）的多功能车辆总线 MVB 形式。每节车辆配置一个 REP 中继模块，既可以实现列车级总线与车辆级总线数据转发功能又可以对单车故障进行隔离，避免单车故障影响列车总线的数据传输。对于不能直接挂在总线网上的设备（信号系统等），通过网关进行协议转换，实现设备与总线的数据传输。

系统拓扑结构如图 8-1 所示。

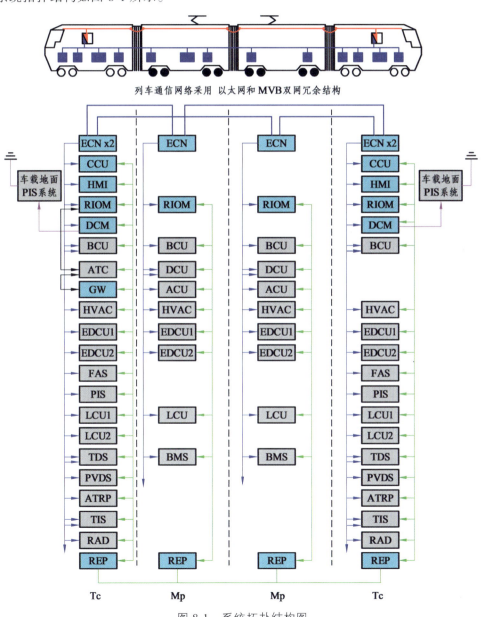

图 8-1　系统拓扑结构图

系统拓扑图中，深蓝线为以太网的 ECN 环网，天蓝线为子系统点对点的以太网，绿线为冗余 MVB，黄线为 RS485。列车各子系统将采集的数据通过以太网/MVB 发送数据到中继器，再通过以太网/MVB 对整车数据进行交互。环形以太网列车总线主要用于故障诊断及系统维护使用。RS485 主要用于单节车厢的主门控器和从门控器的数据交互通道。

以太网总线的车控制级总线采用千兆以太网通信，采用环网作为冗余，单点故障不影响列车级通信网络功能；车辆控制级总线采用百兆以太网通信，采用点对点连接方式实现网络交换机与子系统设备之间连接。

MVB 总线的列车控制级总线和车辆控制级总线均采用电气中距离介质（EMD），采用线路双通道冗余设计，当某一路通信线路出现故障时，系统可以自动切换到另一路通信线路。

正常情况下，两个互为冗余设计的 VCU 通过竞争机制自动选取一个作为总线管理强主控制器（简称强主），负责对列车总线的管理，另外一个控制单元作为热备的弱主控制器（简称弱主）。弱主实时监控强主的状态，当强主出现故障时，例如在一定周期内收不到强主的生命信号，备用车辆控制模块将接管主车辆控制模块的职责，行使所有的总线管理和控制功能。但是不论哪个车辆控制模块作为总线管理主控制器，在控制逻辑上都以司机钥匙激活端的控制指令为准，总线管理主权的交换不会导致控制指令来源的切换。

 # 8.2　网络系统硬件配置与图解

网络系统的硬件配置包括：电源模块（PSM）、MVB 模块、CPU 模块、数字量输入输出模块（DDT）、数字量输出模块（DOT）、模拟量采集模块（AIT），如表 8-2 所示。

表 8-2　硬件配置表

序号	设备名称	对应名称	TC1	MP1	MP2	TC2	总计
1	车辆控制单元	VCU	1			1	2
1.1	电源模块	PSM 833-TW	1			1	2
1.2	总线接口单元	MVB 831-T/EMD	1			1	2
1.3	中央控制单元	CPU 833-TG	1			1	2
2	远程输入输出模块	RIOM 远程 IO（TC1）	1				1
2.1	电源模块	PSM 831-TV	1				1
2.2	总线接口单元	MVB 831-T/EMD	1				1
2.3	中央控制单元	CPU 833-TG	1				1
2.4	数字量输入模块	DIT 732-TW	4				4
2.5	数字量输入输出模块	DDT 731-TW/1A	1				1
2.6	模拟量输入模块	AIT 731-TG/12B	1				1

序号	设备名称	对应名称	Tc1	Mp1	Mp2	Tc2	总计
2.7	温度传感器输入模块	AIT 732-T/PTC	1				1
3	远程输入输出模块	RIOM 远程 IO（其他车）		1	1	1	3
3.1	电源模块	PSM 731-TV		1	1	1	3
3.2	中央控制单元	CPU 733-TG/EMD		1	1	1	3
3.3	数字量输入模块	DIT 732-TW		2	2	4	8
3.4	数字量输入输出模块	DDT 731-TW/1A				1	1
3.5	数字量输出模块	DOT 732-TW		1	1		2
3.6	模拟量输入模块	AIT 731-TG/12B				1	1
3.7	温度传感器输入模块	AIT 732-T/PTC				1	1
4	交换机	ESM 832-T	1	1	1	1	4
5	中继器	D210	1	1	1	1	4

8.2.1 中央处理器模块和远程输入输出模块

8.2.1.1 中央处理器模块

中央处理器模块（VCU）为中央处理器模块，具体功能如下：

（1）管理功能：执行车辆和列车级网络的总线管理功能。

（2）列车控制功能：诸如牵引/制动控制、超速保护和空调顺序启动等一系列控制功能。

（3）列车监视功能：实时监视车辆各设备的状态，并结合各设备的状态执行准确的控制功能。

（4）故障诊断：对列车状态以及子系统状态进行实时的诊断，并将诊断结果通过显示器报告司机或检修人员。

（5）数据存储：实时记录车辆运行数据，通过 PTU 软件将数据上传至 PC。

（6）数据实时传输：对车辆某些关键性数据通过 PTU 实时上传至 PC，实现对列车的实时监控功能。

8.2.1.2 远程输入输出模块

远程输入输出模块（RIOM）主要功能为采集数字量、模拟量信息，并将该信号转换为 MVB 数据发送至 VCU，参与列车牵引制动等控制，同时该模块还可以接受来自主 VCU 的控制命令，对外进行相应的输出指令操作。本单元主要包括电源模块、CPU 模块、数字量采集模块、模拟量采集模块、温度传感器采集模块。

8.2.1.3　Tc1 车车辆控制器和远程输入/输出模块 1

Tc1 车的 VCU 和 RIOM1 的结构如图 8-2 所示，其硬件配置如表 8-3 所示。

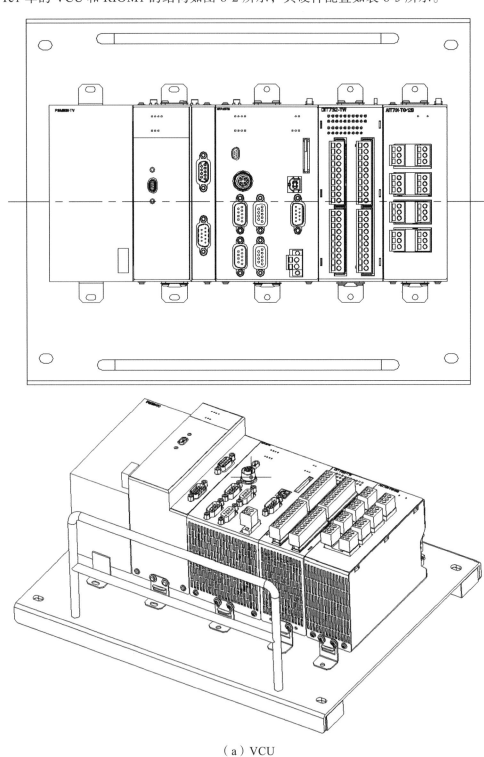

（a）VCU

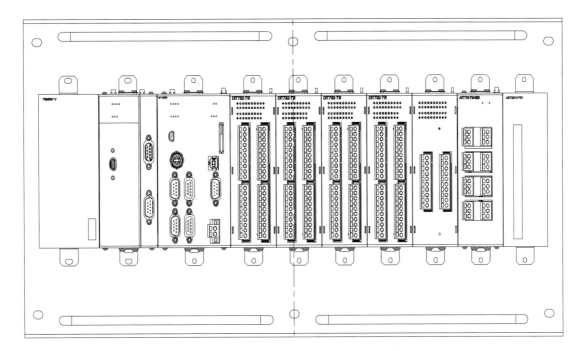

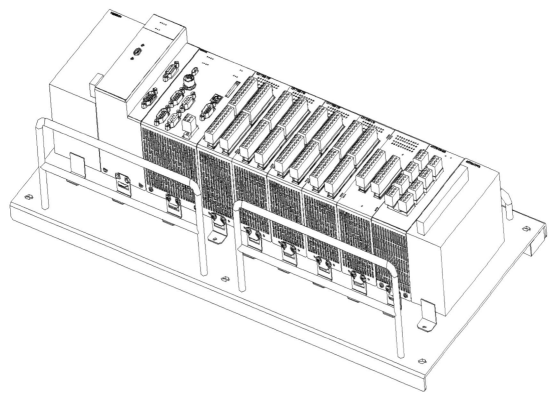

（b）RIOM1

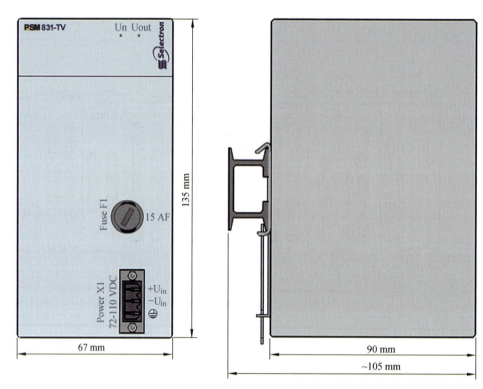

（c）RIOM1 的电源模块

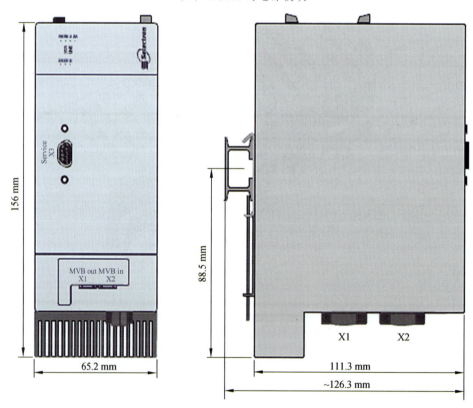

（d）RIOM1 的 MVB 通信模块

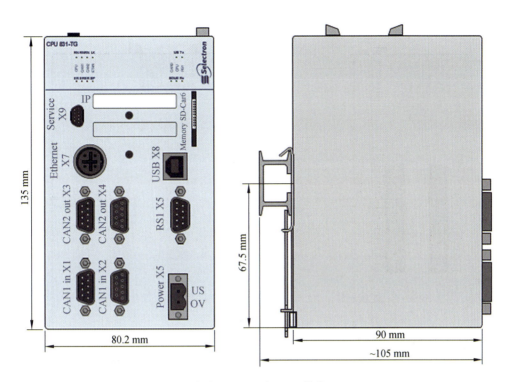

（e）RIOM1 的 CPU 模块

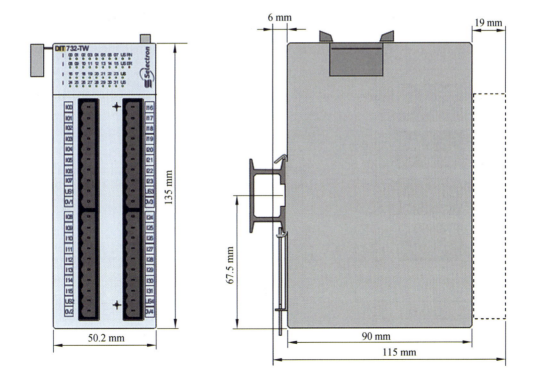

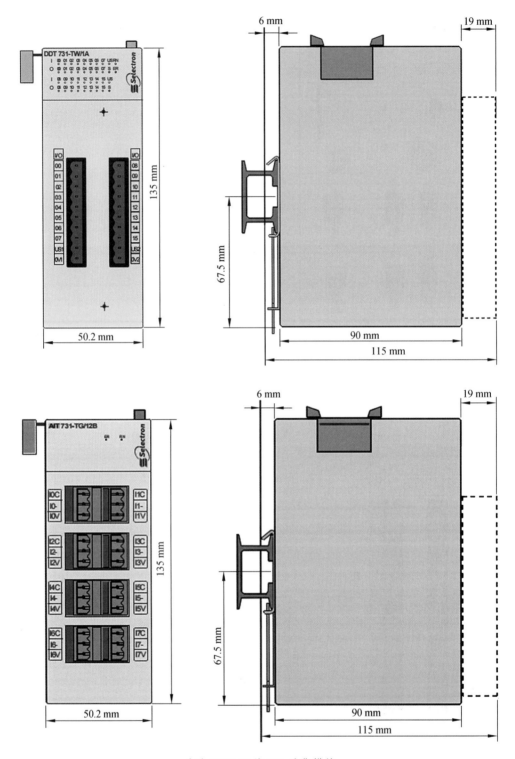

（f）RIOM1 的 I/O 采集模块

图 8-2　Tc1 车的 VCU 和 RIOM1 结构图

表 8-3　Tc 车 VCU&RIOM 硬件配置表

序号	名称	规格
1	车厢控制器（VCU）	VCU&RIOM 1
①	安装板	
②	VCU 电源模块	PSM 833-TW
③	VCU MVB 通信模块	MVB 831-T/EMD
④	VCU CPU 模块	CPU 833-TG
⑤	RIOM 电源模块	PSM 831-TV
⑥	RIOM MVB 通信模块	MVB 831-T/EMD
⑦	RIOM CPU 模块	CPU 833-TG
⑧	数字量输入模块	DIT 732-TW
⑨	数字量输入输出模块	DDT 731-TW/1A
⑩	模拟量输入模块	AIT 731-TG/12B
⑪	模拟量输入模块	AIT 732-T/PTC

8.2.1.4　Mp 车远程输入输出模块 2（RIOM2）

Mp 车的 RIOM2 的结构如图 8-3 所示，其硬件配置如表 8-4 所示。

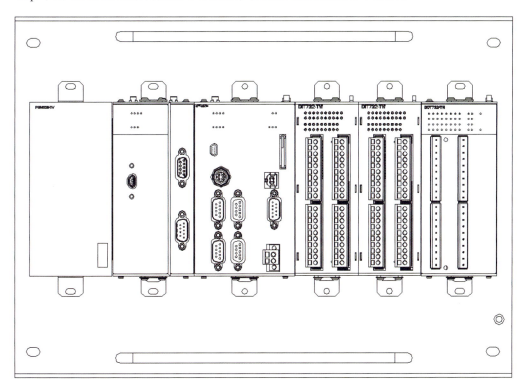

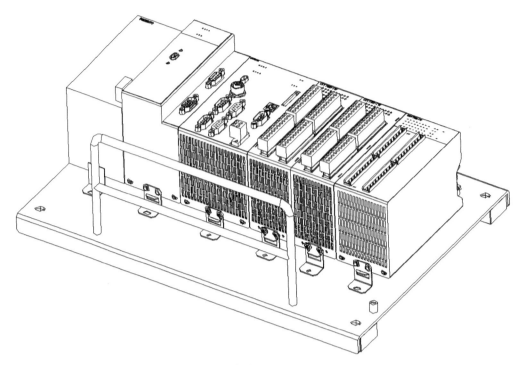

（a）RIOM2

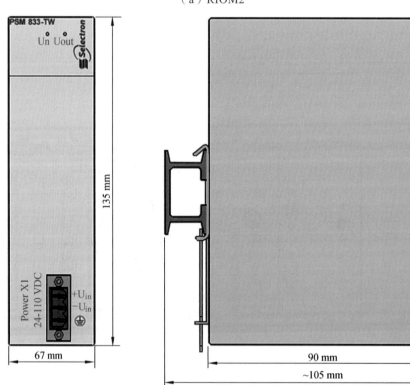

（b）RIOM2 的电源模块

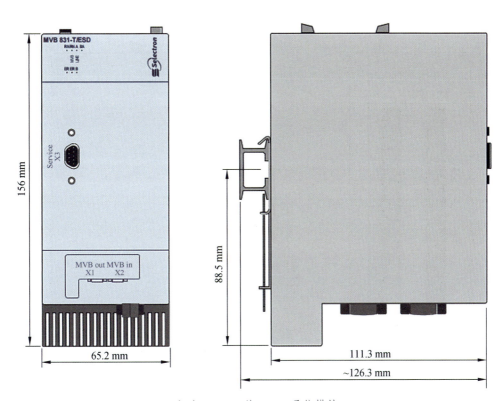

（c）RIOM2 的 MVB 通信模块

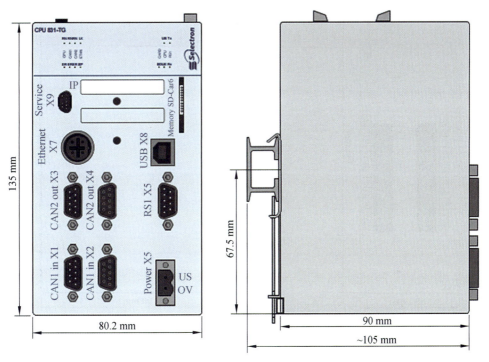

（d）RIOM2 的 CPU 模块

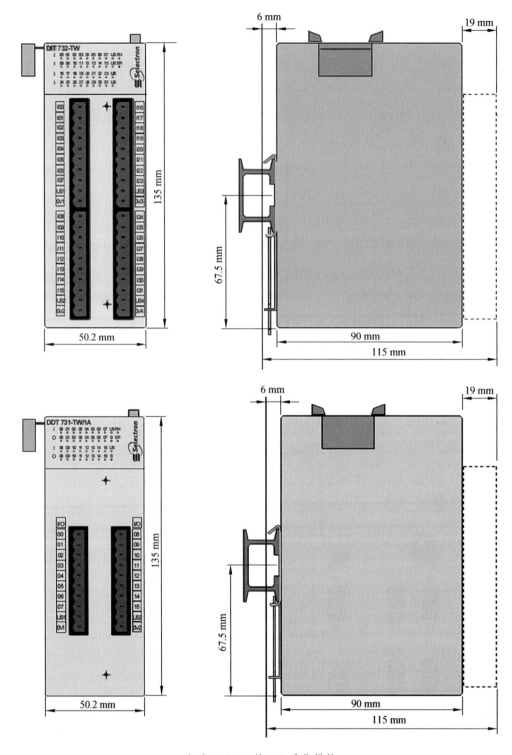

（e）RIOM2 的 I/O 采集模块

图 8-3 Mp 车的 RIOM2 结构图

表 8-4　Mp 车 RIOM2 硬件配置表

序号	名称	规格
1	远程输入输出模块 RIOM2	RIOM
①	远程输入输出模块_安装板	
②	电源模块	PSM 731-TV
③	CPU 模块	CPU 733-TG/EMD
④	数字量输入模块	DIT 732-TW
⑤	模拟量输出模块	DOT 732-TW

8.2.1.5　Tc2 车车辆控制器（VCU）和远程输入输出模块 3（RIOM3）

Tc2 车的 VCU 和 RIOM3 结构如图 8-4 所示。

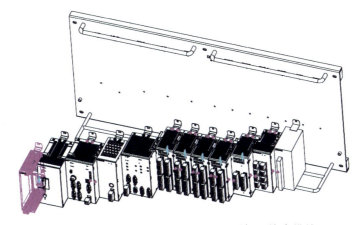

图 8-4　Tc2 车车辆控制器（VCU）和远程输入/输出模块 RIOM3

图 8-5 所示的 MVB 831-T/EMD 模块是多功能车辆总线的接口单元，支持冗余总线通过集成电路的总线接口和链路层协议实现 TCN 实时协议。其参数指标如表 8-5 所示。

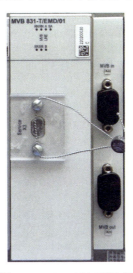

图 8-5　MVB 831-T/EMD

143

表 8-5　MVB 831-T/EMD 通用数据、指示灯含义及通信状态

通用数据		
工作温度/℃	$-40\sim+70$	
储存温度/℃	$-40\sim+85$	
尺寸/mm	$65.2\times156\times111.3$	
质量/g	760 g	
防护等级	IP20 Front face IP 30	
指示灯	LED 颜色	功能
RN	绿色	模块状态
ER	红色	状态错误
通信状态		
RN（MVB）	绿色	通信状态
ER（MVB）	红色	通信状态错误
A（LINE）	黄色	线 A 干扰
B（LINE）	黄色	线 B 干扰
BA	绿色	总线管理状态

8.2.2　电源模块（Tc1 车）

电源模块 PSM 831-TV 提供 VCU 模块的电源接入口，具有多种电压输入（见图 8-6）。其参数如表 8-6 所示。

图 8-6　PSM 831-TV

表 8-6 PSM 831-TV 通用数据、指示灯含义

通用数据		
输入电压/V	72/96/110（DC）	
输出电压/V	12（DC）	
输入电流/A	0.9/0.8/0.7	
输出电流/A	4.2	
功率/W	50	
工作温度/°C	−40～+70	
储存温度/°C	−40～+85	
尺寸/mm	67×135×90	
质量/g	870	
防护等级	IP20 前面板 IP30	
指示灯	LED 颜色	功能
①Uin	绿色	电压输入正常
②Uout	绿色	电压输出正常

8.2.3 电源模块（其他车）

电源模块 PSM 731-TV 提供 VCU 模块的电源接入口，具有多种电压输入（见图 8-7）。其参数如表 8-7 所示。

图 8-7 PSM 731-TV

表 8-7　PSM 731-TV 通用数据、指示灯含义

通用数据		
输入电压/V	72/96/110（DC）	
输出电压/V	24（DC）	
输入电流/A	0.8/0.7/0.6	
输出电流/A	2.1	
功率/W	50	
工作温度/°C	−40 ～ ＋70	
储存温度/°C	−40 ～ ＋85	
尺寸/mm	55×135×90	
质量/g	645	
防护等级	IP30	
指示灯	LED 颜色	功能
①Uin	绿色	电压输入正常
②Uout	绿色	电压输出正常

8.2.4　中央控制模块（Tc1 车）

中央控制模块 CPU 833-TG 是列车的中央控制单元（见图 8-8），该模块从通信总线获取数据，按照预定的逻辑控制进行运算输出，控制车辆的其他系统，同时对与列车运行相关的信息进行记录，并能将总线的数据通过以太网实时上传至 PTU 以及接受来自 PTU 的控制指令。其参数如表 8-8 所示。

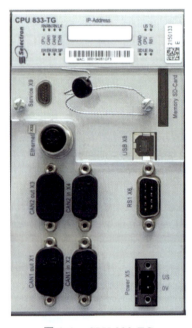

图 8-8　CPU 833-TG

表 8-8 CPU 833-TG 通用数据、指示灯含义及通信状态

通用数据		
供电电压/V	24/36（DC）	
工作温度/°C	$-40 \sim +70$	
储存温度/°C	$-40 \sim +85$	
尺寸/mm	$80.2 \times 135 \times 90$	
质量/g	1 050	
防护等级	IP20 Front face IP 30	
指示灯	LED 颜色	功能
系统状态		
US（CPU）	绿色	供电电源（US）的电压正常
UE（CPU）	绿色	监控扩展供电电源（C_BUS）的电压
RN（CPU）	绿色	CPU 状态正常
ER（CPU）	红色	CPU 状态错误
通信状态		
RN（CAN1/2）	绿色	CAN 1/2 总线状态正常
ER（CAN1/2）	红色	CAN 1/2 总线状态错误
LK（ETHN）	绿色	以太网状态
SP（ETHN）	黄色	以太网传输速度状态
TX（RS1）	绿色	发送通信
RX（RS1）	黄色	接收通信
SD（CARD）	绿色	SD 卡连接状态

8.2.5　中央控制模块（其他车）

中央控制模块 CPU 733 模块集成在 Tc2 和 Mp 车 RIOM 单元中，提供 MVB 接口，实现 RIOM 的 MVB 通信（见图 8-9），其通过内部总线与其他 I/O 模块进行连接，大大减少了各模块间的连接器的数量，降低了设备的故障率。其参数如表 8-9 所示。

图 8-9　CPU 733-TG/EMD

表 8-9　CPU 733-TG/EMD 通用数据、指示灯含义与通信状态

通用数据		
供电电压/V	24/36（DC）	
工作温度/℃	−40～＋70	
储存温度/℃	−40～＋85	
尺寸/mm	82×135×90	
质量/g	950	
防护等级	IP20 Front face IP 30	
指示灯	LED 颜色	功能
系统状态		
US（CPU）	绿色	供电电源（US）的电压正常
LB（CPU）	红色	电池状态监测
RN（CPU）	绿色	CPU 状态正常
ER（CPU）	红色	CPU 状态错误
通信状态		
RN（CAN1）	绿色	CAN 1 总线状态正常
ER（CAN1）	红色	CAN 1/2 总线状态错误
RN（MVB）	绿色	MVB 状态正常
ER（MVB）	红色	MVB 状态错误
A（RCV）	绿色	MVB Line A 上收到报文
B（RCV）	绿色	MVB Line B 上收到报文
TRM	绿色	MVB 报文通过 Line A 或 Line B 发送

8.2.6　数字量输入模块

数字量输入模块 DIT 732-TW 实现对列车开关量信息的采集处理（见图 8-10），其参数如表 8-10 所示。

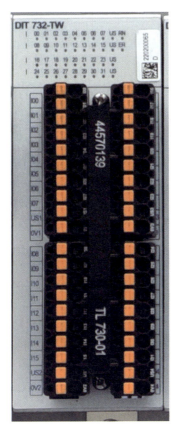

图 8-10　DIT 732-TW

表 8-10　DIT 732-TW 通用数据、指示灯含义

通用数据		
工作温度/℃	−40～＋70	
储存温度/℃	−40～＋85	
尺寸/mm	50.2×135×90	
质量/g	600	
防护等级	IP20 Front face IP 30	
指示灯	LED 颜色	功能
US	绿色	供电电源（US）的电压正常
RN	绿色	运行状态
ER	红色	错误状态
I00～I31	绿色	输入激活

8.2.7　数字量输入/输出模块

数字量输入/输出模块 DDT 731-TW/1A 实现对列车开关量状态信息的采集处理及输出控制（见图 8-11）。该模块的主要功能如下.

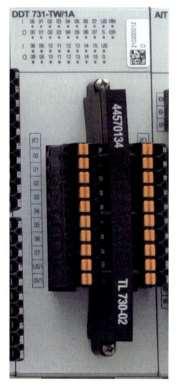

图 8-11　DDT 731-TW/1A

（1）输入信号采集：采集输入电信号经 MVB 总线传送至 VCU，作为列车控制的输入信号，完成各种控制功能。

（2）控制信号输出：接收来自 CPU 的控制信号命令，并将该命令转换为电气信号输出，控制车辆指示灯、继电器等设备。

DDT 731-TW/1A 的参数如表 8-11 所示。

表 8-11　DDT 731-TW/1A 通用数据、指示灯含义

通用数据	
供电电压/V	24～110（DC）
工作温度/℃	−40～＋70
储存温度/℃	−40～＋85
尺寸/mm	50.2×135×90
质量/g	570
防护等级	IP20 Front face IP 30

通用数据		
指示灯	LED 颜色	功能
US	绿色	供电电源（US）的电压正常
RN	绿色	运行状态
S	红色	短路
ER	红色	错误状态
I00-I15	绿色	输入激活
O00-015	黄色	输出激活

8.2.8　数字量输出模块

数字量输出模块 DOT 732-TW 控制车辆指示灯、继电器等设备（见图 8-12），其参数如表 8-12 所示。

图 8-12　DOT 732-TW

表 8-12　DOT 732-TW 通用数据、指示灯含义

通用数据		
供电电压/V	24～110（DC）	
工作温度/℃	−40～＋70	
储存温度/℃	−40～＋85	
尺寸/mm	61.8×135×90mm	
质量/g	670	
防护等级	IP20 Front face IP 30	
指示灯	LED 颜色	功能
US	绿色	供电电源（US）的电压正常
RN	绿色	运行状态
S1-S4	红色	短路
ER	红色	错误状态
000-031	黄色	输出激活

8.2.9　模拟量输入模块

模拟量输入模块 AIT 731-TG/12B 实现模拟量信号的采集输入（见图 8-13），其参数如表 8-13 所示。

图 8-13　AIT 731-TG/12B

表 8-13　AIT 731-TG/12B 通用数据、指示灯含义

通用数据		
供电电压/V	24/36（DC）	
工作温度/°C	$-40 \sim +70$	
储存温度/°C	$-40 \sim +85$	
尺寸/mm	$50.2 \times 135 \times 90$	
质量/g	505	
防护等级	IP20 Front face IP 30	
指示灯	LED 颜色	功能
RN	绿色	运行模式
ER	红色	故障状态

8.2.10　温度传感器输入模块

温度传感器输入模块 AIT 732-T/PTC 接收 PT100 温度输入，作为控制、显示使用（见图 8-14），其参数如表 8-14 所示。

图 8-14　AIT 732-T/PTC

表 8-14　AIT 732-T/PTC 通用数据、指示灯含义

通用数据		
温度测量范围/℃	$-50 \sim +600$	
工作温度/℃	$-40 \sim +70$	
储存温度/℃	$-40 \sim +85$	
尺寸/mm	$50.2 \times 135 \times 90$	
质量/g	503	
防护等级	IP20 Front face IP 30	
指示灯	LED 颜色	功能
RN	绿色	运行模式
ER	红色	故障状态

8.2.11　交换机 ESM 832-T

每列车装有 4 个交换机，每节车配备一个交换机设备（ESM 832-T，见图 8-15），组成列车维护网，列车网络设备、牵引、制动、充电机、车门、空调都直接连接到交换机，每个交换机都预留维护端口，维护人员可以在列车任意一个交换机接口对全列设备进行维护。ESM 832-7 的参数如表 8-15 所示。

图 8-15　ESM 832-T

表 8-15　ESM 832-T 通用数据、指示灯含义

通用数据		
供电电压/V	110（DC）	
工作温度/℃	− 40～ ＋ 70	
储存温度/℃	-40～ ＋ 85	
尺寸/mm	207×184×73	
质量/g	2 500	
防护等级	IP40	
指示灯	LED 颜色	功能
PER	绿色	电源状态
1-6	绿色	运行通信状态

8.2.12　中继器 REP D210

中继器 REP 可以实现信号的中继放大，以及传输通道的隔离，将故障点造成的影响降到最低。每节车的所有设备通过 MVB 总线互连成车辆级通信网络并通过 REP 与列车级网络进行互联互通。

REP 选采用双通道冗余设计（见图 8-16），有两路独立的电源和独立网络传输通道。中继器 REP 全列车共 4 个，每辆车一个（D210，见图 8-17），其参数如表 8-16 所示。

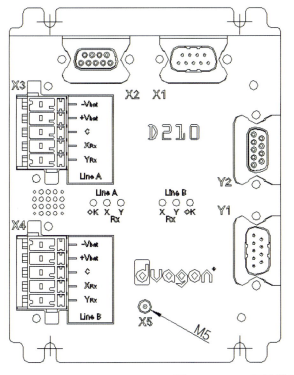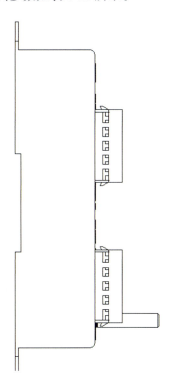

图 8-16　REP 双通道冗余设计

155

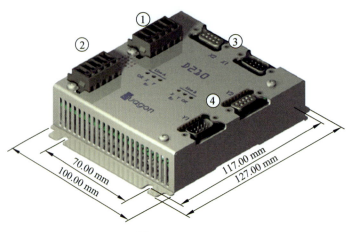

图 8-17　D210

表 8-16　D210 通用数据、指示灯含义

通用数据		
尺寸/mm	$100 \times 117 \times 40$	
质量/g	300	
输入电压/V	$77 \sim 137.5$	
工作温度范围/℃	$-40 \sim +85$	
MVB 接口	$2M + 2F$	
指示灯	LED 颜色	功能
OK（LineA）	绿色	A 路电源状态
X（LineA）	橙色	X 口 A 路通信状态
Y（LineA）	橙色	Y 口 A 路通信状态
OK（LineB）	绿色	B 路电源状态
X（LineB）	橙色	X、B 路通信状态
Y（LineB）	橙色	Y、B 路通信状态

8.2.13　人机交互显示器 HMI

　　HMI 安装于每个司机室，通过设备的 MVB 接口与多功能车辆总线直接连接。HMI 可以通过多功能车辆总线获取列车各系统的信息以及将控制命令输出至相应的设备。HMI 根据从总线上的获取的数据对车辆所有设备状态进行监视，同时可以根据画面的控制功能实现对子系统的控制，如空调、PIDS、牵引的复位等。HMI 可以为司机或检修人员提供故障帮助以及操作提示等信息。

　　HMI 屏为具有触摸式输入屏的彩色 LCD 液晶显示器（见图 8-18），其操作系统采用实时操作系统 LINUX。HMI 的硬件由显示子系统、CPU 子系统、存储子系统、MVB 子系统、接口子系统和电源子系统组成。HMI 全列车共 2 个，Tc1 车、Tc2 车各一个，位于司机室操控台上方。HMI 通用多数如表 8-17 所示。

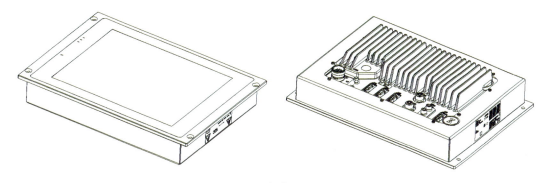

（a）

（b）

图 8-18　HMI 屏

表 8-17　HMI 通用参数

显示器	
显示器型号	HT-EPC-7012
显示器类型/尺寸	彩色 TFT/12.1″
分辨率/颜色密度	1024×768，18bit
显示器背光	LED
背光清晰度	0 ~ 700 cd/m²
PC	
CPU/计时器频率	Intel®Atom™双核处理器 1.6 GHz
内存（RAM）	2G
CF 卡	4GB
显存	256M

接口	
以太网	2 个 M12D 的 10/100 BaseT 以太网接口
USB	2 个 USB2.0（M8 插头）需提供专用 USB 连接器转接口
LED 状态	1 个 LED 指示灯
蜂鸣器	有
环境光传感器	在前面
输入	触摸屏，电阻式，抗划伤（无键盘）
常规电气数据	
电源	76～110 V DC（±30%）
功率	最高 25 W
机械/结构	
前尺寸（B×H）/mm	349×245
安装尺寸（B×H×T）/mm	334×200×70
保护等级 前/后	IP 65/IP54
其他参数	
工作温度范围/℃	−25～70
存储温度范围/℃	−35～85

8.3 网络系统主要功能

8.3.1 显示器功能

HMI 显示包括"运行、车辆、制动、空调、时间、网络、帮助、检修、旁路、设置"10 大界面，模式分为运行模式与维护模式。运行模式主要用于帮助司机快速了解车辆的状态；维护模式主要面对检修技术人员。运行模式切换至检修模式需输入密码。图 8-19 为 HMI 界面登录流程图。

列车激活后系统上电初始化，初始化过程中对网络上连接的各个模块进行自检，并与网络连接的各个设备进行握手通信。VCU1、VCU2 同时上电，上电后总有一个主控 VCU 和一个从控 VCU。主控 VCU 控制全车，而从控 VCU 仅仅是监控主控 VCU，以便在主控 VCU 故障时可以取代主控 VCU 的功能。

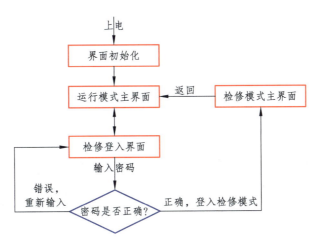

图 8-19　HMI 界面流程图

系统启动完成后，首先在 HMI 的网络拓扑界面中检查各个设备和子系统的通信状况，应该都显示为绿色，蓝色表示该设备通信正常且为主。同时检查各节车厢制动系统停放制动装置的工作状况，应该都显示为停放制动缓解。将一端司机室钥匙激活后，推动牵引手柄和方向手柄，显示器上应该正确显示当前的司机操作。在静态情况下进行列车的开关门实验，显示器上应该正确显示车门的各种实际状态。

图 8-20 为"运行"界面，也称为主界面。主界面包含网压、时间、车辆运行模式与速度、站点信息、车门状态、制动状态等信息。

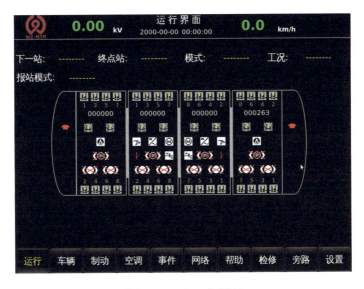

图 8-20　HMI 主界面

列车正常运行过程中，司机首先会在显示器上正确设置 PIDS 报站线路，并观察运行界面各系统状态、各参数显示、当前模式、运行时间等是否正常，是否存在未消除的故障。列车运行过程中，在显示器上应能正确显示司机的各项操作状态。并且应对显示器上的各种事件弹出框保持关注，根据指示进行操作。

运行界面的图标含义说明参见帮助界面，按"返回"键可返回上一界面。

以客室车门状态为例，红色、黄色、绿色分别代表车门严重故障、轻微故障、关闭锁好，粉色为车门打开，红色的"×"为切除该车门，中间有个"？"为车门状态未知无法接收到该车门的生命信号，此时可能为车门与网络的通信问题。在开关门障碍检测激活和显示故障时，首先需要司机再进行一次开关门操作，如果还是存在问题，则进行手动关门后，进行隔离切除操作，此时在HMI中会呈现该车门已被切除的图标（见图8-21）。

图 8-21　帮助-车门图标

以受电弓状态为例，红色表示故障，绿色表示正常，且图标分为升弓和未升弓状态。也可显示无网压、降到位图标，以及状态未知无法接收到该受电弓的生命信号的图标（见图8-22）。

图 8-22　帮助-受电弓图标

系统用不同的图标和颜色对各系统/部件显示进行区分，且统一颜色（绿色正常、红色故障）和统一形式（未知图标）。这样能够很容易了解车辆系统信息，如若发生故障，能够较快地执行相应的故障处理（见图8-23 ~ 图8-25）。

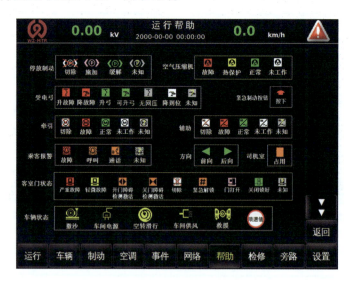

图 8-23　运行帮助界面 1

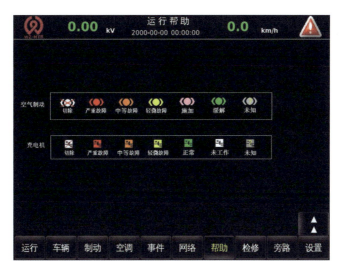

图 8-24　运行帮助界面 2

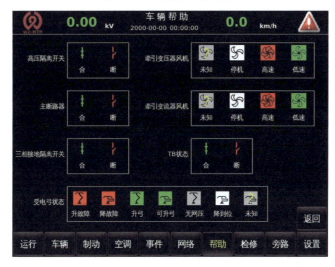

图 8-25　车辆帮助界面 3

在检修登录界面（见图 8-26）通过密码进行登录后，可以进入检修界面（见图 8-27），具体按键作用如下：

（1）电制动切除：切除车辆的电制动，此功能在退出检修界面后自行恢复电制动。

（2）密码：进入密码设置界面，只能对当前等级的密码进行设置。

（3）时间：进入时间设置界面，设置过程中，当输入日期或时间溢出时，自动修正为相应的最大值。只有当年、月、日、时、分、秒全部输入完成且输入值有效时，"确认"键可用。

（4）轮径：进入轮径设置界面，轮径设置值有效范围为 790～860。

（5）车号：进入车号设置界面。

（6）加速度测试：进入加速度测试界面。起始速度和目标速度的有效值范围均为 0～160，当输入值超过 160 时，自动调整为 160。退出加速度测试界面时，界面号与加速度开始位全都清零

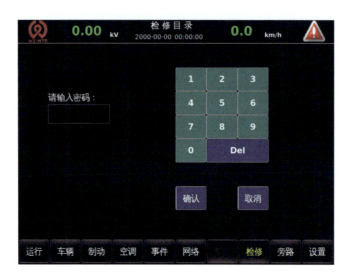

图 8-26　HMI 检修登录界面

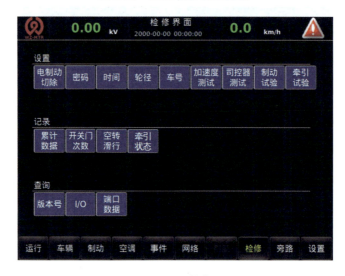

图 8-27　HMI 检修界面

（7）司控器测试：进入司控器测试界面，测试司控器即位对应的输出电压值是否正常。

（8）制动试验：进入制动试验界面，此功能在退出检修界面后自行恢复原来状态。

（9）牵引试验：进入牵引试验界面，此功能在退出检修界面后自行恢复原来状态。

（10）累计数据：进入累计数据界面，读取"总里程""牵引能耗"等信息。

（11）开关门次数：进入开关门次数界面，读取每个车门的开关门次数。

（12）空转滑行：进入空转滑行界面，读取每一根轴的制动滑行次数，每一个动架的牵引滑行次数。

（13）版本：进入版本号界面，查看每个系统的软件版本。

（14）I/O：进入 I/O 界面，查看输入/输出口是否正常。

（15）端口数据：进入端口数据界面，查看每个端口是都正常。

8.3.2　功能与运算逻辑

列车控制和诊断系统通过列车总线与车载系统进行信息交互，实现对列车的控制，列车控制和诊断系统的主要功能如下：

（1）列车总线管理功能。

（2）总线管理器以及列车控制单元的冗余切换功能。

（3）系统自诊断功能。

（4）辅助逆变器控制功能。

（5）运行数据记录功能。

（6）列车加速性能测试功能。

（7）乘车率、累计数据的计算、记录、显示功能。

（8）故障诊断、检测和记录存储。

（9）检修作业支持功能。

（10）实时轨迹跟踪（波形）数据的显示、记录、分析功能。

（11）历史数据的显示、分析功能。

8.3.2.1　司机室激活端选择

司机室激活信号通过 RIOM 进行采集。采集对象为激活端继电器触点。根据两端采集的结果来判断当前激活端。激活端的选取采用先投为主的策略，与硬线控制策略相一致。若出现两端同时检测到激活端或钥匙投入信号，则报警提示司机。

8.3.2.2　方向控制

列车在零速状态时，方向按照激活端的方向进行相应的更改，方向包括前向、后向以及零位。在非零速时，默认上一次方向。同时接收到"前向"和"后向"指令信号，输出"方向错误"信号给 HMI（见表 8-18）。

表 8-18　方向控制

激活端	司控器	发给 Mp1 牵引	发给 Mp2 牵引
Tc1	前向	前向	后向
Tc1	后向	后向	前向
Tc2	前向	后向	前向
Tc2	后向	前向	后向

8.3.2.3　司控器牵引制动力大小

司控器电位器输出理论值如表 8-19 所示。

表 8-19　司控器电压值

制动工况	电压值/V
快速制动 FB	FB：0.5
常用制动 B	Bmax：1.3 Bmin：4.5
"0" 位 N	N：5.4
牵引工况 P	P_{min}：6.3 P_{max}：9.5
备注：误差 ±0.15 V	

所有输入信号选用激活端所在司机室信号。

无司控器牵引位、司控器制动位、快速制动位输入信号：牵引力大小、制动力大小为零。滤波算法取 5 次有效值，排序后，去掉最大值，最小值，算平均数。

有司控器牵引位指令无司控器制动位（常用制动或快速制动或紧急制动）指令：牵引力大小按照 0～100% 对应 6.45 V（含）～9.35V（含）进行计算输出，其中 6.15～6.45 V 对应牵引力大小 0%，9.35～9.65 V 对应牵引力大小 100%，此时制动力大小为 0%。

有司控器制动位指令，常用制动：制动力大小按照 0～100% 对应 4.35 V（含）～1.45 V（含）进行计算输出，输出正常制动力大小；当输入电压为 1.15～1.45 V 时，制动力大小均为 100%；为 4.35～4.65 V 时，制动力大小均为 0%；常用制动时，牵引力大小为 0；紧急制动\快速制动时，牵引力为 0，制动力为 100%。

P/B 请求信号范围为 DC 0～10 V（暂定，包含 2 V/9 V）时，P/B 指令有效；其他范围无效，连续 5 次采集到无效信号，输出"牵引/制动力大小无效"故障给 HMI。故障以后，牵引制动力大小输出值清零。

8.3.2.4　运行模式

所有信号均来自激活端，若无激活端则数字输入信号默认为零（见表 8-20）。

表 8-20　运行模式列表

处理序号	模式	条件
1	应急运行模式	当应急运行模式开关打到 ON 位且方向非零位信号时，输出应急运行模式
2	ATO 模式	当 ATO 激活有效，TCMS 输出 ATO 模式
3	零位模式	当非前向非后向时，TCMS 输出零位模式
4	ATP 模式	当以下条件同时满足，TCMS 输出 ATP 模式： 1）激活端有效； 2）模式开关 1 在 IATP 模式位； 3）模式开关 2 在 NOR 位

处理序号	模式	条件
5	ATP＋模式	当以下条件同时满足，TCMS 输出 ATP＋模式： 1）激活端有效； 2）模式开关 1 在 IATP＋模式位； 3）模式开关 2 在 NOR 位
6	洗车模式	当以下条件同时满足，TCMS 输出洗车模式： 1）方向非零位； 2）激活端有效； 3）洗车按钮处于 ON 位
7	RM 模式	当以下条件同时满足，TCMS 输出 RM 模式： 1）激活端有效； 2）模式开关 1 在 RM 位； 3）模式开关 2 在 NOR 位
8	人工驾驶模式	当以下条件同时满足，TCMS 输出人工驾驶模式： 1）激活端有效； 2）模式开关 2 在 NRM 位
9	救援模式	当满足以下条件时，TCMS 输出救援模式： 1）任意一端的车钩连挂有效； 2）救援模式开关处于 ON 位

备注：所有给 HMI 的模式的优先级按照处理 1 到处理 9 顺序执行

8.3.2.5 速度计算

（1）首先计算每辆车的速度，速度为拖车用制动速度，动车用牵引速度，计算方法如表 8-21 所示。

表 8-21 速度计算列表

牵引时本节车速度	所有有效轴速中第二低轴速值
制动时本节车速度	所有有效轴速中第二高轴速值
惰行时按照上次列车牵引、制动状态执行计算	

（2）取 4 节车辆速度的最高值作为整车速度。

注：有效轴定义：如果任何测得 BCU 发送的速度有效位为无效或 BCU 与 TCMS 通信故障时的轴速都视为无效，所有无效轴速排除在列车速度计算之外。

8.3.2.6 牵引封锁控制

TCMS 向 CI/M、BCU 传送通信牵引指令，以下情况将封锁牵引：

（1）无激活端有效指令，封锁牵引。

（2）方向错误指令有效，封锁牵引。

（3）制动不缓解有效时，封锁牵引。

（4）门全关信号（左右门同时关闭）或门关旁路信号必须至少一个有效，否则封锁牵引。

（5）整车停放制动旁路信号与整车停放制动反馈信号至少有一个有效，否则封锁牵引。

（6）零速状态下，任意一个总风压力低于 600 kPa 则输出总风压力低信号封锁牵引，高于 700 kPa 则解除牵引封锁；非零速状态下，当任意一个总风压力小于 600 kPa 时，封锁牵引，否则解除封锁。

（7）紧急制动信号有效，否则封锁牵引。

（8）列车超速封锁牵引（列车速度大于限速值时且时间持续大于 150 ms）。

（9）切除 4 个以上转向架封锁牵引。

8.3.2.7 超速保护

所有信号均来自激活端，若无激活端则数字输入信号默认为零。TCMS 通过逻辑判断，给牵引系统输出限速值，具体限速值如表 8-22 所示。

（1）TCMS 根据列车速度，对列车作超速保护操作。

（2）ATB 模式下取消后退限速。

当连续 150 ms 采集到列车速度超过 117 km/h（人工模式下 78 km/h）时，触发蜂鸣器，并将超速故障位置 1，通过显示器提醒司机，速度低于 113 km/h（人工模式下 75 km/h）时，接触超速报警。

列车在牵引状态下速度超过限定值后会通过显示器全屏提示司机列车超速。

表 8-22 速度限速表

模式	限速值/(km/h)	执行系统
后退	10	牵引系统限速情形 1
洗车模式	3	牵引系统限速情形 2
挂钩	5	牵引系统限速情形 3
车场模式	25	牵引系统限速情形 4
紧急旁路	30	牵引系统限速情形 5
切除一个转向架	120	牵引系统限速情形 6
切除两个转向架	100	牵引系统限速情形 7
切除三个转向架	80	牵引系统限速情形 8
切除四个转向架	70	牵引系统限速情形 9
切除五个以上转向架	封锁牵引	

8.3.2.8 时间设置、时间同步

满足下面任意条件，TCMS 输出设定时间指令：

（1）在非 ATO 模式下，TCMS 检测到激活端侧显示器时间设置界面设置位高电平时，将设置命令（2 s 脉冲）以及设定值发送给所有系统。

（2）TCMS 上电 1 min 后自动发出时间设置命令（2 s 脉冲）以及系统时间值。

（3）ATO 模式时（上升沿 2 s 后），激活端 TCMS 自动发出时间设置命令（2 s 脉冲）以及 ATO 时间值。

（4）ATO 模式时，整车采用 ATO 时间值，非 ATO 模式时，整车采用 TCMS 时间值。

8.3.2.9 通信状态判断

任一子系统所有的端口在连续 8 次通信周期内生命信号都没有变化则输出该系统与 TCMS 通信故障。连续 3 次生命信号有变化输出通信正常信号。

某个设备只要有一个端口通信故障，就认定为该设备通信故障，该设备所有端口通信正常，才认定该设备通信正常。

TCMS 发送给子系统的生命信号从 0 到 65 535，其每次增加计数值的周期为端口的轮询周期。

8.3.2.10 警惕按钮报警

列车在非 ATO、非零速、且没有警惕旁路情况下，警惕按钮松开 3 s 后，发给显示器，由显示器触发蜂鸣器报警。

8.3.2.11 显示器功能

1．轮径设置

设置轮径时必须保证两端控制器通信正常，且设置端为激活端。

控制器根据来自显示器的轮径设置值以及设置车号更新轮径值，并将设定值、设定命令（2 s 脉冲）发送给子系统（见表 8-23）。

表 8-23 轮径设置列表

信号名称	子系统
Mp1 车第 3 根轴	BCU /TCU
Mp2 车第 3 根轴	BCU /TCU

2．加减速度测试

激活端 VCU 接收到来自 HMI 的加速度测试开始命令后，以列车处于牵引状态且非零

速时为起始，以到达目标速度为终止，若中间过程中手柄处于非牵引状态则自动结束此次测试。

激活端 VCU 接收到来自 HMI 的减速度测试开始命令后，以列车处于制动状态且非零速时为起始，以到零速为终止，若中间过程中手柄处于非制动状态则自动结束此次测试。

执行完计算后将计算的结果发送给 HMI。

3．空转滑行累计次数

当 TCMS 接收到牵引系统发送过来的某架空转或者滑行信号时，该架牵引空转滑行累计次数加 1，对两节动车 4 个转向架单独计数；

当 TCMS 接收到制动系统发送过来的某轴滑行信号时，该轴制动滑行累计次数加 1，对整列车 16 根轴单独计数。

8.3.2.12　保持制动缓解控制

以下条件只要有一条满足则输出保持制动缓解（1 = 缓解）：

（1）牵引状态有效，且有效牵引力大小大于 $A = 88 \text{ kN} \times$ 载荷修正系数。

（2）牵引状态有效，列车为非零速信号（低电平），则保持制动缓解指令输出。

（3）牵引状态有效，且列车速度高于 1 km/h，则保持制动缓解指令输出。

8.3.2.13　保持制动施加

ATO 模式时，TCMS 转发 ATO 发送的保持制动施加信号至 BCU。

非 ATO 模式由制动系统施加。

干燥器设定为干燥时间 60 s，再生时间 48 s，串平时间 12 s，当信号出现以下任一情况时，则判断为干燥器故障：

（1）两个干燥塔同时工作的交叠时间超过 30 s。

（2）其中任何一个干燥塔的累积工作时间超过 120 s。

（3）风源启动后，干燥塔工作信号输出滞后超过 20 s。

8.3.2.14　总风压力状态监测

任意一个总风压力低于 600 kPa 时，输出总风压力低故障；高于 700 kPa 则解除总风压力低故障。

任意一端零速有效时，任意一个总风压力低于 600 kPa 时，则输出总风压力低信号封锁牵引；高于 700 kPa 则解除牵引封锁。

8.3.2.15 受电弓故障

TCMS 接收到降弓指令 60 s 后，若此时未检测到降弓到位信号，则输出受电弓降弓故障。

TCMS 接收到升弓指令 60 s 后，若此时未检测到非降弓到位信号，则输出受电弓升弓故障。

8.3.2.16 救援模式

检测到救援模式时，将该状态发送给牵引系统。

8.3.2.17 变压器温度保护

每次采集 20 点，然后排序后去掉 5 个最大值，去掉 5 个最小值，剩下 10 个点取平均。

油温温度上升至 85 ℃ 时经 2 s 延时后，发送状态给本单元牵引系统，牵引降功 50%（总功率减半运行）。

油温温度上升至 90 ℃ 时，经 2 s 延时后，切除本单元牵引，仅辅助供电。

油温温度上升至 95 ℃ 时，经 2 s 延时后，切除本单元牵引和辅助。

油温温度降至 80 ℃ 时，经 2 s 延时后，本单元恢复正常运行。

8.3.2.18 风机、油泵、水泵控制

任意一个辅变启动完成或有外接电源时，分批投入牵引变压器、变流器风机、油泵、水泵，单元 1 先投入，500 ms 后投入单元 2。

8.3.2.19 过分相

1．过分相控制

当 TCMS 检测到"过分相预告信号"脉冲信号时，将该信号传送到 CI，CI 封锁整流模块，并执行再生制动，再过 1 s 后 TCMS 断开 VCB（"过分相断合 VCB"）。

当 TCMS 检测到"过分相强制信号"脉冲信号时，将该信号传送到 CI，CI 封锁整流模块，并执行再生制动，再过 500 ms 后 TCMS 断开 VCB；如果之前已检测到"过分相预告信号"，则忽略"过分相强制信号"。

过分相过程中，当 TCMS 检测到"过分相预告信号"脉冲信号时，TCMS 立即闭合 VCB。

过分相过程中，TCMS 不检测"过分相强制信号"脉冲信号，如果"过分相预告信号"丢失，手动闭合 VCB，结束过分相。

GFX 过分相控制框图如图 8-28 所示。

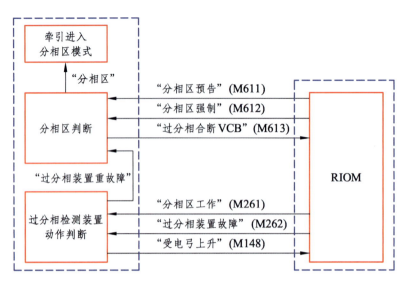

图 8-28　GFX 过分相控制框图

2．过分相故障

TCMS 检测到"过分相装置工作"为低电平"受电弓降弓"为低电平、网压大于 15 000 V"时，输出"分相区重故障"信号。

8.3.2.20　远程切除控制

TCMS 系统能在显示器上进行设备的远程切除和控制，主要控制对象为：TB 断开、TB 闭合、受电弓上升、受电弓下降、牵引切除、牵引切除复位、VCB 断开、VCB 闭合、充电机切除、充电机切除复位、辅助变流器切除、辅助变流器切除复位，所有显示器的切除和复位指令为 4 s 脉冲（见表 8-24）。

表 8-24　远程控制切除列表

序号	按钮	内部逻辑步骤
1	TB 断开	TB 切除的远程控制的基本步骤为： 1）在激活端的显示器的远程切除页面上进行单元选择，并输出 TB 断开的远程控制指令 4 s 脉冲； 2）对应单元的接收到 TB 切除的远程控制指令后，输出 DO 信号"TB 断开"，完成 TB 断开
2	TB 闭合	TB 切除复位的远程控制的基本步骤为： 1）在激活端的显示器的远程切除页面上进行单元选择，并输出 TB 闭合的远程控制指令； 2）对应单元的接收到 TB 闭合的远程控制指令后，输出 DO 信号"TB 闭合"，完成 TB 切除复位

序号	按钮	内部逻辑步骤
3	受电弓上升和高压隔离开关闭合	受电弓上升远程控制的基本步骤为: 1)在激活端的显示器的远程切除页面上进行单元选择,并输出受电弓上升的远程控制指令; 2)VCM 接收到受电弓上升远程控制指令后,判断全车 VCB 有没有断开,并且有没有接地保护; 3)如果全车 VCB 断开,并且没有接地保护,则输出受电弓上升远程控制指令。否则不输出指令; 4)对应单元的接收到受电弓上升的远程控制指令后,输出 DO 信号"受电弓上升",对 PANCOR-R 继电器励磁,该继电器的触点串入受电弓控制电路中,控制受电弓上升
4	受电弓下降和高压隔离开关断开	受电弓下降远程控制的基本步骤为: 1)在激活端的显示器的远程切除页面上进行单元选择,并输出受电弓下降的远程控制指令; 2)VCM 接收到受电弓下降远程控制指令后,输出受电弓下降信号,该信号串入 VCB 控制电路,用来确保在降弓前断开 VCB; 3)VCU 检测全车 VCB 状态,如果全车 VCB 断开则输出受电弓下降远程控制指令;否则不输出指令; 4)对应单元的接收到受电弓下降的远程控制指令后,输出 DO 信号"受电弓下降",对 PANCOR 继电器励磁,该继电器的触点串入受电弓控制电路中,控制受电弓下降
5	牵引切除	牵引切除的基本步骤为: 1)在激活端的显示器的远程切除页面上进行单元选择,并输出牵引切除的远程切除指令; 2)对应单元的接收到 Mp1 车切除或 Mp2 车的远程切除指令后,输出 DO 信号"牵引切除",对 MMCOR 继电器励磁,该继电器的触点传送至 CI,控制牵引电机的切除; 3)TCMS 根据"CI 反馈牵引切除"信号显示牵引切除状态
6	牵引切除复位	牵引切除复位是对已经被切除 M 车复位,也就对是被切除的牵引电机复位,由 CI 装置最终实现。牵引切除复位的基本步骤为: 1)在激活端的显示器的远程切除页面上进行单元选择,并输出牵引切除复位的远程控制指令; 2)对应单元的未接收到牵引切除复位的远程控制指令后,输出 DO 信号"牵引切除复位",对 MMCOR-R 继电器励磁,该继电器的触点传送至 CI,控制牵引电机的切除
7	VCB 断开	VCB 断开的远程控制的基本步骤为: 1)在激活端的显示器的远程切除页面上进行单元选择,并输出 VCB 断开的远程控制指令; 2)对应单元的接收到 VCB 断开的远程控制指令后,输出 DO 信号"VCB 断开",对 VCBCOR 继电器励磁,该继电器的触点串入 VCB 控制电路,控制 VCB 闭合

序号	按钮	内部逻辑步骤
8	VCB 闭合	VCB 闭合的远程控制的基本步骤为: 1)在激活端的显示器的远程切除页面上进行单元选择,并输出 VCB 闭合的远程控制指令; 2)对应单元的接收到 VCB 闭合的远程控制指令后,输出 DO 信号 "VCB 闭合",对 VCBCOR-R 继电器励磁,该继电器的触点串入 VCB 控制电路,控制 VCB 断开
9	充电机切除	充电机切除的远程控制的基本步骤为: 1)在激活端的显示器的远程切除页面上进行单元选择,并输出充电机切除的远程控制指令; 2)对应单元的接收到充电机切除的远程控制指令后,输出 DO 信号 "充电机切除",完成充电机切除; 3)TCMS 根据 "CI 反馈充电机切除" 信号充电机显示切除状态
10	充电机切除复位	充电机切除复位的远程控制的基本步骤为: 1)在激活端的显示器的远程切除页面上进行单元选择,并输出充电机切除复位的远程控制指令; 2)对应单元的接收到充电机切除复位的远程控制指令后,输出 DO 信号 "充电机切除复位",完成充电机切除复位
11	辅助逆变器切除	辅助变流器切除的远程控制的基本步骤为: 1)在激活端的显示器的远程切除页面上进行单元选择,并输出辅助变流器切除的远程控制指令; 2)对应单元接收到辅助变流器切除的远程控制指令后,输出 DO 信号 "辅助变流器切除",完成辅助变流器切除; 3)TCMS 根据 "CI 反馈辅逆切除" 信号显示辅逆牵引切除状态
12	辅助逆变器切除复位	辅助变流器切除复位的远程控制的基本步骤为: 1)在激活端的显示器的远程切除页面上进行单元选择,并输出辅助变流器切除复位的远程控制指令; 2)对应单元 M 接收到辅助变流器切除复位的远程控制指令后,输出 DO 信号 "辅助变流器切除复位",完成辅助变流器切除复位; 3)TCMS 系统主要进行以下判断,条件满足后将启动试验指令发给牵引变流器,时间为 5 s

8.3.2.21 启动试验

当启动开关有效,且快速制动有效、牵引无效、列车零速时,TCMS 向 CI 发送启动试验指令,CI 执行固定的牵引力。

8.3.2.22 辅助系统

并网供电:TCMS 将辅助启动信号转发给相应辅助系统。

8.3.2.23 信号系统

1. ATO 牵引制动力大小

ATO 牵引制动力大小通过总线传输至 TCMS，对应关系为：0～1023 对应 0～100%。

2. 列车牵引制动信号取值

ATO 控车时（包含 ATO 模式和 ATB 模式），牵引制动指令选取 ATO 输出；在非 ATO 控车时，牵引制动指令选取司控器的信号输出（见表 8-25）。

表 8-25

Motor 牵引	Brake 制动	Vehicle Response 车辆反应
0	0	Coast 惰行
1	0	Propulsion 牵引
0	1	Brake 制动
1	1	Brake 制动

8.3.2.24 空调系统

空调启动：任一辅变启动成功延时 10 s 后，且激活端有效时，TCMS 依次给 4 辆车的空调系统循环发送启动指令脉冲。所发送启动指令的脉冲宽度为 1.5 s，脉冲之间的间隔为 1 s。

8.3.2.25 PIDS 系统

1. 站点设置（显示器配合）

PA 自动报站：TCMS 通过显示器设定起始站、终点站、下一站信息后，PIDS 系统进行自动报站，并将起始站、当前站、终点站灯信息发送给 TCMS，TCMS 的显示器显示上述信息。

PA、ATC、TCMS 联合报站：ATC 系统提供目的站、下一站、开门侧、目标距离、起始距离等信息给 TCMS，TCMS 转发 ATC 系统的信息给 PIDS 系统进行报站。

2. 紧急广播（显示器配合）

PA 手动紧急广播：TCMS 通过显示器选择紧急广播条目后，通过显示器的播放命令进行播报。

3. 临时越站（显示器配合）

显示器设置临时越站的站名，控制器直接进行转发。

4．线路信息（显示器配合）

显示器设置上下行线路信息，控制器直接进行转发。

5．手动广播（显示器配合）

显示器进入手动广播界面自动读取当前站信息，并将预报站、报站信息发送给控制器，控制器将预报站、报站命令转发至 PIDS 系统（脉冲信号维持 2 s）。

8.3.2.26　车门系统

网络系统不参与车门系统的控制，仅作为状态、故障显示。具体显示参见显示器画面说明文件。

8.3.2.27　输出指令

（1）过分相故障指示灯：当 Mp1 车 Mp2 车中任意一个检测到过分相故障时，点亮两个司机室操控台的过分相故障指示灯。

（2）停放状态施加、停放状态缓解指示灯：当所有车均满足停放制动缓解或停放旁路时，点亮两个司机室操控台的停放状态缓解指示灯，否则，点亮两个司机室操控台的停放状态施加指示灯。

（3）左门允许开、右门允许开指示灯：当列车处于零速状态时，点亮两个司机室操控台的左门允许开、右门允许开指示灯。

（4）制动施加（送信号系统）：4 个及以上转向架保持制动施加时，输出高电平；否则输出低电平。

8.3.2.28　TCMS 系统实时数据与故障条目

下列数据以温州轨道交通 S1 线市域动车组为例。

1．TCMS 系统实时数据

TCMS 系统实时数据记录周期为 200 ms，单次记录长度为 1 200 字节。目前数据记录地址（字节号）1 024 个，且预留 1 026～1 199，接口地址包含列车各个子系统。

2．TCMS 系统故障条目

在 TCMS 系统中，故障分为 3 个等级：

（1）故障等级 3：允许列车完成运行图规定的全天运行交路后，返回车辆段。

（2）故障等级 2：允许列车维持完成运行图规定的本次交路后，返回车辆段。

（3）故障等级 1：列车必须在最近一站停靠、疏散乘客，空车返回车辆段。

TCMS 系统故障清单中，共有故障条目 1 845 条。按照故障等级划分，1 级故障 9 条，

2 级故障 1197 条，3 级故障 639 条；按照系统划分，网络及硬线故障 187 条，牵引故障 340 条，充电机故障 30 条，制动故障 236 条，车门故障 740 条，空调故障 252 条，PIDS 故障 60 条。

8.4 TCMS 系统型式试验

TCMS 系统型式试验项目如表 8-26 所示

表 8-26　TCMS 系统型式试验项点

序号	试验项目	型式试验	例行试验
1	外观试验	√	√
2	性能试验	√	√
3	低温试验	√	—
4	高温试验	√	—
5	交变温热试验	√	—
6	电源过电压、浪涌和静电放电试验	√	—
7	电快速瞬变脉冲群抗扰度试验	√	—
8	射频干扰试验	√	—
9	绝缘试验	√	√
10	振动、冲击试验	√	—
11	低温存放试验	√	—
12	列车网络系统通信试验	√	√
13	列车网络冗余性试验	√	√
14	列车网络控制功能试验	√	√
15	列车网络显示器显示试验	√	√
16	列车网络故障诊断试验	√	√
17	列车网络数据记录试验	√	—

8.5 TCMS 系统检修修程

TCMS 系统主要功能是各子系统的数据接收和传输，因此没有特定针对 TCMS 系统的检修，在其他系统的检修修程中可见到使用 TCMS 远程查看对应的数据。

（1）简述以太网总线和 MVB 总线各自的特点。

（2）简述弱主控的作用。

（3）简述 Tc2 车 VCU&RIOM 硬件配置。

（4）简述中继器的作用。

第九章

低压电气系统

 9.1   逻辑控制单元

列车采用逻辑控制单元（LCU）代替传统继电器，实现列车逻辑控制、故障诊断及综合保护等功能，降低列车制造、运营维护成本；保留关键回路的硬线和继电器控制，如牵引电路、制动安全环路、高压过流检测电路、蓄电池投入电路、车门安全环路、信号系统关联电路等，以保证在 LCU 失效时车辆仍应急运行。

9.1.1   设计思路

采用 TCMS、LCU 的双架构的控制策略（见图 9-1），以 LCU + 关键继电器实现系统防护、网络实现动作触发的方式，实现在列车级的系统控制功能；LCU 的直接控制对象均为继电器，采用继电器隔离的方式实现传统电路与 LCU 控制电路的融合；基于 LCU 对全电路状态的采集、监控（融合高响应速率的继电器、接触器状态采集），以实现故障情况下的故障点快速定位，指导司机操作及应急处置流程。

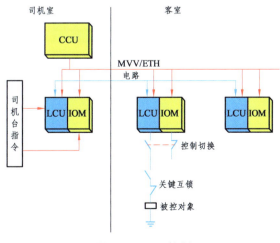

图 9-1   LCU 控制

以"VCB 合指令有效"为例：该功能继电器逻辑回路已被 LCU 取代，当司机操作进行 VCB 合指令时，LCU 接收信号，执行输出，控制 VCB 闭合（见图 9-2）。

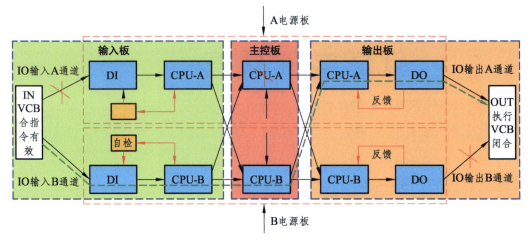

图 9-2　LCU 控制"VCB 合"指令

以"VCB 断指令有效"为例：在上述电路的基础上，输出电路可采用两路冗余板卡控制，以保证 VCB 可靠断开（见图 9-3）。

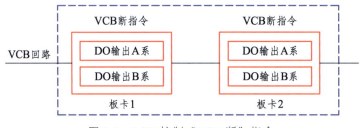

图 9-3　LCU 控制"VCB 断"指令

9.1.2　车辆控制功能系统方案

LCU 参与车辆逻辑电路控制初步系统方案如表 9-1 所示，可根据使用情况，结合各子系统接口、各功能需求等指标，更新车辆控制功能实现方式。

表 9-1　LCU 参与车辆控制电路实现方案

序号	功能组	功能块	功能实现方案	实施方式			备注
				继电器	LCU	旁路开关	
1	高压控制系统	司机台受电弓控制指令	采用 LCU 采集司机台指令，并实现指令控制		√		
		受电弓执行电路	采用继电器 + LCU 电路搭建逻辑控制电路，实现受电弓控制	√	√		
		VCB 使能电路	采用纯继电器电路搭建逻辑控制电路	√			

序号	功能组	功能块	功能实现方案	实施方式			备注
				继电器	LCU	旁路开关	
1	高压控制系统	司机台 VCB 控制指令	采用 LCU 采集司机台指令，并实现指令控制		√		
		VCB 执行电路	采用继电器+LCU 电路搭建逻辑控制电路，实现 VCB 控制	√	√		
		高压隔离开关控制	采用 LCU 驱动双稳态继电器的方式实现高压隔离开关控制	√	√		
		保护接地开关控制	此逻辑控制电路仅涉及开关控制，不涉及逻辑电路	—	—	—	
		自动过分相控制	采用 LCU 传递车辆方向指令，并实现装置的选择工作控制		√		
		紧急断电电路	采用纯继电器电路搭建逻辑控制电路	√			
		过流检测电路	采用纯继电器电路搭建逻辑控制电路，同时 LCU 增加冗余控制电路	√	√		
		应急升弓电路	此逻辑控制电路仅涉及开关控制，不涉及逻辑电路	—	—	—	
		高压部件状态反馈	采用继电器+LCU 电路搭建逻辑控制电路，实现高压部件状态反馈	—	—	—	紧急断电、VCB 使能电路采用继电器
2	逻辑系统控制	司机台激活	采用继电器+LCU 电路搭建逻辑控制电路，未替代电路采用继电器激活信息	√	√		关键电路激活信号采用继电器
		方向指令控制	采用纯继电器电路搭建逻辑控制电路	√			
		手柄级位控制	采用 LCU 采集司机台手柄级位信息，并实现指令控制		√		与 TCMS 系统冗余采集
		列车完整性	采用纯继电器电路搭建逻辑控制电路	√			
		司机台警惕	采用网络系统实现逻辑控制，LCU 执行组合电路		√		
3	牵引系统控制	牵引使能电路	采用纯继电器电路搭建逻辑控制电路，并设置必要旁路开关	√		√	
		紧急牵引回路	采用纯继电器电路搭建逻辑控制电路	√			
		牵引变流器接口电路	除涉及安全指令用继电器实现外，均为 LCU 系统实现	√	√		紧急制动采用继电器
		牵引变压器接口电路	采用 LCU 采集，逻辑运算后 LCU 启动继电器	√	√		

序号	功能组	功能块	功能实现方案	实施方式			备注
				继电器	LCU	旁路开关	
4	制动系统控制	保持制动控制	采用 LCU 实现指令控制		√		
		停放制动控制	采用 LCU 实现指令控制		√		
		快速制动控制	采用继电器＋LCU 电路混合搭建逻辑电路	√	√		
		制动指令控制	采用 LCU 实现指令控制		√		
		制动不缓解控制	采用纯继电器电路搭建逻辑控制电路	√			
		紧急制动环路	采用纯继电器电路搭建逻辑控制电路	√			
		乘客紧急拉手回路	采用纯继电器电路搭建逻辑控制电路	√			
		撒砂控制	采用 LCU 实现指令控制		√		预留接口
		主空压机控制	采用 LCU 实现指令控制		√		
		辅助空压机控制	采用纯继电器电路搭建逻辑控制电路	√			
		制动系统接口电路	除涉及安全指令用继电器实现外，均为 LCU 系统实现	√	√		紧急制动相关采用继电器
5	直流供电系统	蓄电池控制	采用纯继电器电路搭建逻辑控制电路	√			
6	交流供电系统	母线接触器控制	采用 LCU 实现指令控制		√		
		外接电源控制	采用 LCU 实现指令控制	√	√		紧急断电电路采用继电器
		交流绝缘监测控制	采用 LCU 实现指令控制		√		
7	冷却系统控制	变压器冷却风机控制	采用 LCU 实现指令控制		√		
		变流器冷却风机控制	采用 LCU 实现指令控制		√		
8	车门控制系统	车门控制指令	采用 LCU 实现指令控制		√		
		车门安全回路	采用纯继电器电路搭建逻辑控制电路	√			
		单车车门控制	采用 LCU 实现指令控制		√		
		速度信号贯穿回路	采用 LCU 实现指令控制		√	√	
9	照明系统	外部照明	采用纯继电器电路搭建逻辑控制电路	√			
		内部照明	不涉及逻辑电路	—	—	—	

序号	功能组	功能块	功能实现方案	实施方式			备注
				继电器	LCU	旁路开关	
10	司机台设备	刮雨器	不涉及逻辑电路	—	—	—	
		汽笛	不涉及逻辑电路	—	—	—	
		遮阳帘	不涉及逻辑电路	—	—	—	
		玻璃加热	不涉及逻辑电路	—	—	—	
11	信号系统		信号系统接口不替代，不涉及逻辑电路	—	—	—	
12	网络系统		不涉及逻辑电路	—	—	—	
13	旅服系统		不涉及逻辑电路	—	—	—	
14	火灾报警系统		不涉及逻辑电路	—	—	—	
15	空调系统		不涉及逻辑电路	—	—	—	

9.1.3　系统组成及功能特性

采用 LCU 软逻辑代替部分继电器控制以及网络 IOM 机箱部分功能，与关键继电器组成逻辑控制电路；其系统拓扑结构如图 9-4 所示，全列共设置 6 台 LCU，其中在司机室设置 1 台 LCU，全列客室各设置 1 台 LCU。功能单板主要包括：电源板、主控板、通信板、输入输出板、背板、接线板。

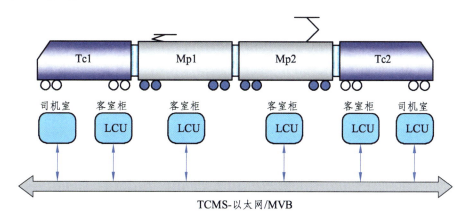

图 9-4　LCU 布置

9.1.3.1 功能特性

LCU 具备单组冗余及单板冗余能力，相关特性如下：

（1）单组冗余：LCU 包含两组功能完全相同且可互换的系统，两组冗余系统具备故障时自动切换的功能，一组出现故障时不影响另一组的正常工作。

（2）单板冗余：系统功能板卡通过双路及以上 CAN 总线进行数据的交互，电源板、主控板和 I/O 板均为两两一对互为冗余备份方式。主控板正常，当 I/O 单板故障时，可以单独隔离故障板卡，由原工作主控板控制故障板卡的备用板卡继续工作。当主控板故障，I/O 单板正常时，可以切换主控板，继续由原正常 I/O 板工作（见图 9-5）。

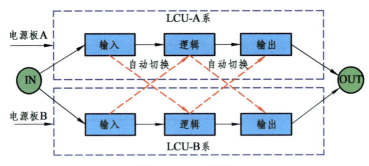

图 9-5　LCU 冗余

例如，在正常工作时，主控板 A、I/O 板 An 以及通信 A 投入工作，主控板 B、I/O 板 Bn 以及通信 B 待机。如果其中一块插件故障，如 I/O 板 A1 故障，则由 I/O 板 B1 接替，仍由主控板 A 控制系统工作。如果主控板 A 故障，则由主控板 B 接替工作，其余插件状态不变，原先处于待机的插件仍然处于待机，工作插件继续工作。

1．切换策略

单板故障时可自动切换，故障切换时不影响系统的正常工作，支持人工强制切换功能。自动切换控制采用合理的主备逻辑切换机制和状态诊断逻辑，避免出现循环切换或者主备竞争情况。自动切换后工作组故障依然存在时，取消自动切换，但保留手动切换的可操作性。

单组自动切换：按照单组冗余进行切换，正常时，一组板卡工作，另一组板卡热备。当某组板卡故障时，热备组即投入工作。

单板自动切换：按照单板冗余进行切换，当某插件故障时，自动切除并投入相应的备份插件，其他正常的插件仍处于工作状态不受影响。

切换方式：

（1）输入切换为：直接信任热备组或板卡信号。

（2）输出切换为：关断故障板卡输出总开关。

主控板切换为：一组做主，控制输出，另一组热备，封锁输出。主系故障（如生命信号丢失等）时，备系接管。

切换时间：切换时间小于 10 ms。

2．故障自诊断

可通过上电自诊断、在线自诊断、双系统实时同步比对等检测实现系统自诊断，诊断点主要有输入、输出、电源、通信工作状态等，其中输入诊断涉及输入通道的自检，电源主要为通断检测、过压欠压、过温等检测诊断，输出包括反馈检测、过压过流检测诊断等，故障信息会在各面板上显示，同时上传 TCMS。当自检测出故障时，则利用热备冗余技术自动进行主备无缝切换，隔离故障源保障系统的正常运行。

3．故障保护

电源过压及欠压保护：当外部电源过压或欠压时，设备切断外部电源输入。电源模块在识别电源故障 1 ms 后通告 CPU，以便采取可能的自保护措施。

过温保护功能：当设备温度过高时，为避免 LCU 内部器件烧损，切断对外输出。

输出通道过流及短路保护：当负载出现短路或过流时，LCU 能够自动断开该路输出，并显示故障。当短路或过流消失后，再次触发能够恢复输出。在一定时间内若故障无法恢复，则锁定该故障，同时维持切断输出状态直至手动复位。

输入通道滤波采样：滤波周期内采样不一致，则不信任此输入状态，避免逻辑执行不一致。

输入通道具有浪涌吸收保护功能：当出现浪涌冲击时，能通过压敏电阻等器件，将浪涌吸收以保护设备后端电路。

4．振动冲击

LCU 设备能承受使用时的振动和冲击而无损坏或故障。符合 GB/T 21563—2018 轨道交通机车车辆设备冲击和振动试验中 1 类 B 级冲击和振动条件。

9.2 照明系统

9.2.1 系统概述

列车照明系统分为外部照明、司机室照明、客室照明。其中，外部照明分为前照灯、标志灯和尾灯；司机室照明分为阅读灯和司机灯；客室照明分为两侧灯和中顶装饰灯。

9.2.2 外部照明

外部照明分为前照灯、标志灯和尾灯。图 9-6 所示为温州轨道 S1 线市域动车组照明。

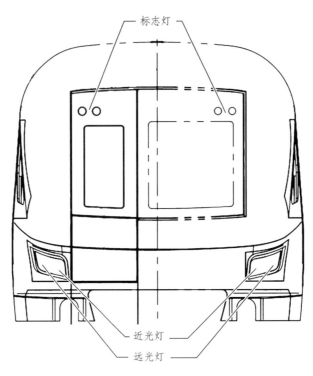

标志灯

近光灯

远光灯

图 9-6　车辆外部照明

9.2.2.1　前照灯

前照灯设在司机室前端墙下方，两侧对称布置，分别装在带有嵌装玻璃可调的灯具中，该灯具允许进行水平和垂直方向的适当调节。

前照灯由 DC 110 V 或蓄电池供电，采用氙气灯。

前照灯通过操作台前照灯开关（自保持）（见图 9-7），控制前照灯，进行近光、远光调节。

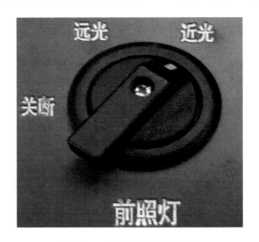

图 9-7　司机室前照灯旋钮

防护灯控制是电路自动完成的，其逻辑如表 9-2 所示。

表 9-2　防护灯控制

蓄电池合上	司机室激活	司控器有方向	插入钥匙的司机室	未插钥匙的司机室
1	0/1	0	尾灯和红灯标志灯亮	尾灯和红灯标志灯亮
1	1	1	尾灯和红灯标志灯灭，白色标志灯亮	尾灯和红灯标志灯亮
1	1	向前	前照灯和白色标志灯亮	尾灯和红色标志灯亮
1	1	向后	前照灯和白色标志灯亮，尾灯和红色标志灯亮	前照灯和白色标志灯亮，尾灯和红色标志灯亮

9.2.2.2　标志灯

标志灯设在列车两端部，有白色灯和红色灯组成，晴天、黑夜在紧急制动距离处能清楚地看见列车标志灯。

标志灯由 110 V 直流或蓄电池供电，采用 LED 灯。

9.2.2.3　尾灯

尾灯装在司机室前端墙下方，两侧对称布置，与头灯的位置相邻。尾灯与前照灯成对出现。晴天在紧急制动距离处能清楚地看见尾灯。

尾灯由 DC 110 V 或蓄电池供电，采用 LED 光源红色灯。

9.2.3　司机室照明

9.2.3.1　阅读灯

阅读灯设置在操作台帽檐上。 给司机提供阅读照明，通过右侧按钮开启或者关闭阅读灯（见图 9-8）。

按钮

图 9-8　司机室阅读灯

9.2.3.2　司机室灯

司机室灯通过操作台"司机室灯"（自保持）开关进行操作（见图 9-9）。

图 9-9　司机室灯旋钮

9.2.4　客室照明

客室照明采用 LED 平面光源，按照布局分为筒灯、客室隐形灯带、中顶装饰灯（见图 9-10）。

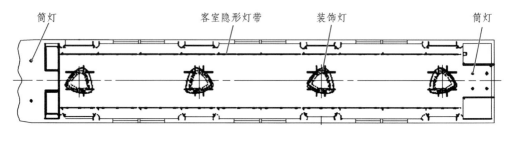

图 9-10　客室照明布局图

性能指标如下：

（1）客室内照明采用 LED 光源，元件工作寿命不小于 50 000 h。

（2）照度：距离地板面 800 mm 处测得的照度≥250 Lx，门区应急灯照度≥80 Lx。

（3）灯具光线均匀，不会有妨碍视觉的眩光或闪烁。

（4）灯具发光色温：5 500～6 000 K，显色指数大于 70%。

（5）灯具方便清洁，能从正面更换发光体和电源模块。

（6）在 DC 77～137.5 V 灯具正常工作。

（7）灯体采用铝型材，尽量轻量化。

（8）在额定电压下，距灯具 0.3 m 处，噪音不超过 48 dB。

（9）灯体表面有防腐蚀保护。

（10）灯具的外壳防护 IP 等级符合 IP30。

另外，内部照明有两路正常照明电路和一路紧急照明电路。正常照明电路和紧急照明电路的灯源是交叉排列的。如果一条电路故障，贯穿全车厢的其他电路的照明均匀分布。门区及客室端部设置应急照明。每路有独立的小型断路器保护。

正常照明可以通过 TCMS 进行关断（见图 9-11），紧急照明只要车辆蓄电池投入即点亮。

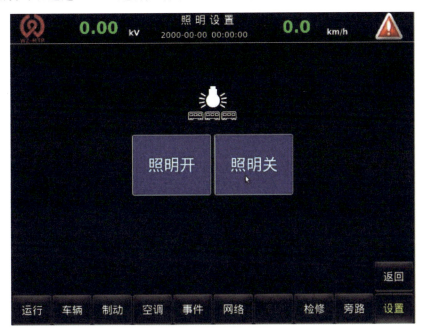

图 9-11　TCMS 中控制正常照明

 9.3　型式试验

照明系统型式试验项目如表 9-3 所示。

表 9-3　照明系统型式试验项目

序号	试验项目	型式试验	例行试验
1	基本功能试验	√	
2	冗余功能试验	√	
3	逻辑控制试验	√	
4	故障诊断系统试验	√	√
5	旅客信息系统试验	√	√
6	辅助电气设备和辅助电源试验	√	√
7	蓄电池充电试验	√	√
8	安全设备的检查	√	√

序号	试验项目	型式试验	例行试验
9	安全措施的检查	√	√
10	电气系统的各种保护试验	√	—
11	网侧谐波试验	√	—
12	雷电过电压试验	√	—
13	绝缘试验	√	√
14	前照灯试验	√	—
15	过分相试验	√	—
16	典型运行图检查	√	—
17	能量消耗试验	—	—
18	操作（内部）过电压试验	—	—
19	火灾报警系统试验	√	—
20	车底设备通风冷却系统试验	√	—
21	弓网监测系统试验	√	—
22	雷达辅助防护系统试验	√	—

 9.4 低压电气系统检修修程

低压电气系统检修修程如表9-4所示。

表 9-4 低压电气系统检修修程

一级修（200 km/2 天）			
系统	编号	项目	技术要求
司机室	SJS02	司机室基础功能检查	1. 检查前照灯、司机室阅读灯、司机室照明功能正常； 2. 检查标志灯功能正常
客室	KS01	客室内装外观检查	检查客室灯照明、波纹灯外观照明功能正常
可编程逻辑控制单元（LCU）	LCU01	可编程逻辑控制单元功能检查	检测 LCU 设备外观正常，无破损裂纹

课后习题

（1）简述 LCU 的故障自诊断功能项点。

（2）LCU 的使用能够带来哪些好处？

（3）列车照明系统可分为哪几个部分？

（4）请简述在蓄电池合上且司机室激活的条件下，司控器方向为向前以及司控器方向为向后时，插入钥匙司机室的前照灯、标志灯、尾灯显示的情况。

（5）请简述正常照明和紧急照明的关系。

第十章

制动和风源系统

空气制动系统由风源系统、制动控制系统、基础制动装置等组成，包括指令装置、电气及空气控制装置、执行操作装置、自诊断装置等。制动系统采用微机控制的直通式电空混合制动系统，具有常用制动、快速制动、紧急制动、停放制动、保持制动、防滑保护、载荷补偿等功能，具有自诊断和故障记录功能，能在司机控制器、信号系统的控制下对列车进行制动与缓解。

10.1 空气制动系统组成及原理

空气制动系统主要由风源系统（A 组）、制动控制系统（B 组）、基础制动（D 组）、防滑系统（G 组）、空气悬挂系统（L 组）、轮缘润滑系统（Y 组）、风笛（可选）、解钩系统（P 组）、联挂系统（W 组）等部分组成。

10.1.1 风源系统（A 组）

整列车有两套风源装置。风源系统包括空气压缩机（A1.01）、空压机安全阀（A1.02）、干燥器（A1.03）、单向阀（A1.04）、总风管安全阀（A1.05）、截断塞门（A1.06）、压力测点（A1.07）、压力开关（A1.08）、带电触点塞门（A1.09）和车间气源接头（A1.10）。风源系统原理如图 10-1 所示。

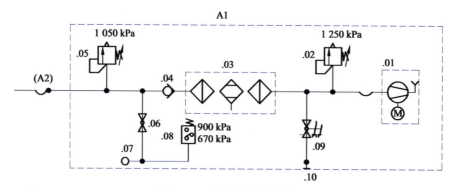

图 10-1　风源系统原理图

10.1.1.1　AGTU-0.9 型螺杆空气压缩机组

AGTU-0.9 型螺杆空气净化机组是专为城轨、市域车辆设计的电动空气压缩设备，主要用途是为车辆制动系统提供洁净的压缩空气。

风源系统由五大主要部件构成（见图 10-2）：整体吊架（3）、空压机组（1）、空气干燥装置（2）、电控单元（4）和管路组件（5）。

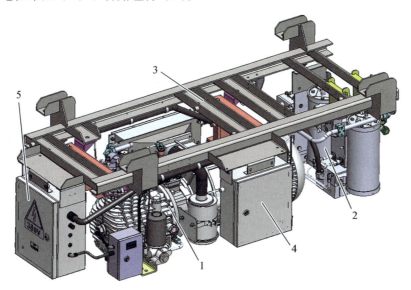

图 10-2　AGTU-0.9 型螺杆空气压缩机组组成图

10.1.1.2　干燥器

干燥器的工作原理为无热再生变压吸附原理。由于前置过滤器的作用，进入干燥系统的空气中的液态水的含量已经大幅减少，但是气态水的含量仍然处在饱和状态。空气经过干燥系统之后气态水的含量将会降低到出口空气的露点值以下。

两个干燥塔的干燥与再生是由一个时间卡来控制的。在一个循环开始时，空气进入一个干燥塔，同时另一个干燥塔的泄放阀打开并且进行再生。

10.1.1.3　空气压缩机工作流程

空气系统流程包括空气滤清器、进气阀、油气筒、油细分离器、压力维持阀、冷却器、安全阀和压力开关。

如图 10-3 所示，开机时空气由空气滤清器吸入，经进气阀进入压缩机；压缩后的油、水、气混合气体经润滑油冷却后排入油气室，这种含油空气在油气室内经撞击进行第一次气、液粗分；再经由油细分离器进行第二次气、液细分；当油气室压力达到压力维持阀的开启压力后，压缩的空气通过压力维持阀进入下游冷却器，然后进入空气干燥装置。

停机时，最小压力阀关闭，切断后部高压气路，阻止高压气返回主机系统。同时进气阀中的进气止回阀关闭，油气室内的高压气体返至低压腔，迫使进气阀中的泄压阀动作，将系统压缩空气与进气阀出口连通，经由空气滤清器放入大气，对压缩机进行卸荷。

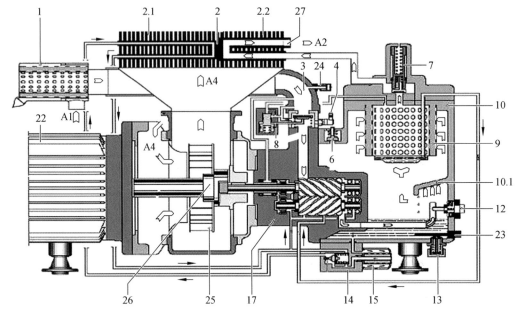

1—空气滤清器；2—冷却器；2.1—油冷却器；2.2—空气冷却器；3—进气阀；4—压力开关；6—安全阀；7—压力维持阀；8—卸荷阀；9—油细分离器；10—油气筒；10.1—隔板；12—温度开关；13—放油阀；14—温控阀；15—油过滤器；17—机头；22—电动机；23—加热器（根据项目选配）；24—真空指示器；25—离心式风扇；26—联轴器；27—冷却器压缩空气出口；A1—空滤器入口；A2—压缩空气出口；A4—冷却空气入口。

图 10-3　螺杆空气压缩机组工作流程图

10.1.1.4　空压机油路系统工作流程

润滑油系统由温控阀、油冷却器、油细分离器、回油单向阀、油过滤器和油气筒组成，包含主回路与辅助回路两个回路。润滑油是利用压差原理进行循环，无油泵。

主回路：空压机启动时，在最小压力阀作用下，优先建立起润滑油循环所需的压力，当油温达到 87 ℃ 时，温控阀开启，润滑油压入温控阀，经油冷却器冷却和油过滤器过滤，通过空气压缩腔处的喷油口射入机体内，然后随压缩空气排到油气室进行粗分，分出的润滑油流回油气筒。

辅助回路：含油压缩空气经油气筒粗分后，进入油细分离器进行细分，聚集在其底部的少许润滑油经回油管流回机体，经排气端轴承后继而返回油气筒。

10.1.1.5　干燥器工作流程

空气干燥装置主要包括前置过滤器（含气水分离和凝聚过滤器）、双塔干燥器、灰尘过滤器、气动排污阀等。

（1）进入本单元的压缩空气首先通过气水分离器分离压缩空气中的液态水、油和部分固体粒子，分离出来的液态水、油和固体粒子等污染物通过气动排污阀自动排出。

（2）经气水分离器初步分离净化的压缩空气进入凝聚过滤器进行过滤净化，过滤凝聚的水（雾）、油（雾）及各种粒子等污染物通过气动排污阀自动排出。

（3）经凝聚过滤器过滤后的压缩空气进入吸附式干燥器进行干燥净化以去除压缩空气中的水汽；经干燥后的压缩空气进入灰尘过滤器过滤净化以去干燥剂在吸附过程中产生的粉尘；经灰尘过滤器过滤后的压缩空气进入主风管路。

10.1.2　制动控制系统（B组）

制动控制系统包括制动控制单元、制动网关单元和辅助控制模块。每辆车分别配有1个制动控制单元（S）、1个制动网关单元（G）和1个辅助控制模块。

制动控制单元（S）和制动网关单元（G）由电气控制模块（EBCU）、空重车调整模块、远程缓解模块、制动控制模块、连通模块、压力传感器和压力测点组成。

辅助控制模块由风缸模块和辅助控制装置组成。风缸模块集成1个125 L总风缸和1个125 L制动风缸。辅助控制装置包括减压阀、双脉冲电磁阀、双向止回阀、压力开关、溢流阀等部件。制动控制装置及辅助控制模块气路原理如图10-4所示。

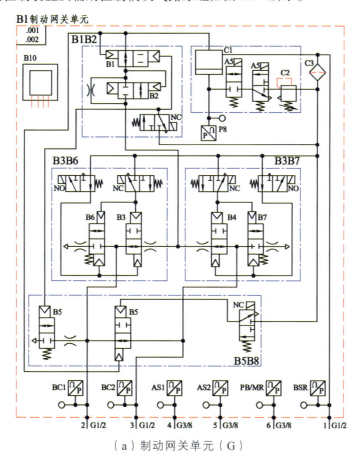

（a）制动网关单元（G）

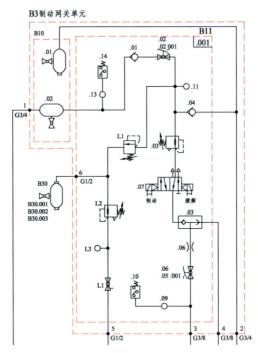

（b）辅助控制模块

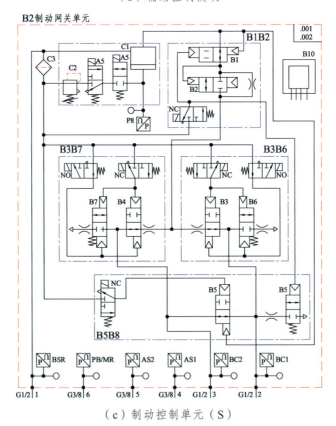

（c）制动控制单元（S）

图 10-4　制动控制装置及辅助控制模块气路原理图

气动控制单元（PBCU）是根据电子控制单元（EBCU）的指令施加或缓解制动的制动控制执行机构，由滤清器（C3）、空重车调整模块（C1、C2、A5、A6、P8）、远程缓解模块（B1B2）、制动控制模块（B3B6、B4B7）、连通模块（B5B8）和压力传感器/测点模块（BSR、BC1、BC2、AS1、AS2、PB/MR、P8）组成。气动控制单元如图 10-5 所示。

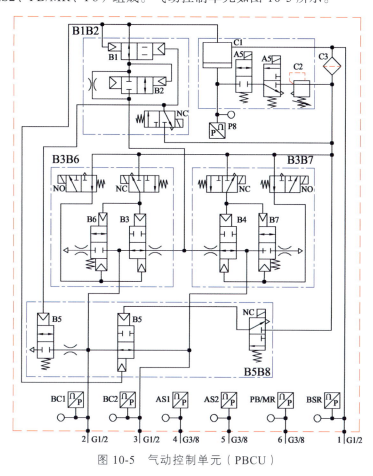

图 10-5　气动控制单元（PBCU）

10.1.2.1　紧急制动气动控制原理

　　只要紧急制动环路断开，EBCU 就根据空簧压力传感器（AS1/AS2）的载荷信号，控制电子称重阀 A5 和 A6 输出对应于当前载荷状态的紧急制动预控压力。经过主调节阀（C1）放大流量后，压缩空气依次进入远程缓解模块（B1B2）、制动控制模块（B3B6 和 B4B7）。

　　制动控制模块（B3B6）控制制动缸压力时，制动控制模块（B4B7）作为备用使用。紧急制动是由紧急安全环路列车线直接控制的一种直通式电空制动模式，采用纯空气制动，因此制动控制模块（B3B6 或 B4B7）不调整紧急制动压力。

10.1.2.2　常用制动气动控制原理

　　EBCU 就根据空簧压力传感器（AS1/AS2）的载荷信号，控制电子称重阀 A5 和 A6 输出对应于当前载荷状态的紧急制动预控压力。经过主调节阀（C1）放大流量后，压缩空气依次进入远程缓解模块（B1B2）、制动控制模块（B3B6 和 B4B7）。

制动控制模块（B3B6）控制制动缸压力时，制动控制模块（B4B7）作为备用使用。EBCU控制电磁阀 B3B6.NC 和 B3B6.NO（或 B4B7.NC 和 B4B7.NO），使制动控制模块（B3B6 或 B4B7）输出常用制动压力。

充风时，电磁阀（B3B6.NC/B4B7.NC）和电磁阀（B3B6.NO/B4B7.NO）同时失电，使气控阀（B3B6.B6/B4B7.B6）处于关闭状态，气控阀（B3B6.B3/B4B7.B3）处于接通状态，因此向制动缸充风。

排风时，电磁阀（B3B6.NC/B4B7.NC）和电磁阀（B3B6.NO/B4B7.NO）同时得电，使气控阀（B3B6.B6/B4B7.B6）处于接通状态，气控阀（B3B6.B3/B4B7.B3）处于关闭状态，因此制动缸的压缩空气经过气控阀（B3B6.B6/B4B7.B6）排出。

保压时，电磁阀（B3B6.NC/B4B7.NC）得电，电磁阀（B3B6.NO/B4B7.NO）失电。由于气控阀（B3B6.B3）上端的预控面积大于下端的预控面积，气控阀（B3B6.B3）处于关闭状态。相反，气控阀（B3B6.B6）上端的预控面积小于下端的预控面积，气控阀（B3B6.B6）也处于关闭状态，因此制动缸处于保压状态。

10.1.2.3　连通模块原理

紧急制动或常用制动时，连通模块（B5B8）内的电磁阀（B5B8.NC）处于失电状态，使气控阀（B5）处于连通状态，因此压缩空气同时进入同一转向架的两根轴，实现架控方式。

防滑控制系统起作用时，连通模块（B5B8）内的电磁阀（B5B8.NC）处于得电状态，使气控阀（B5）处于关闭状态，因此对每根轴进行单独的制动缸压力控制。

10.1.2.4　远程缓解模块原理

施加制动时，远程缓解模块（B1B2）内的电磁阀（B1B2.NC）处于失电状态，因此连通模块（B5B8）内的气控阀（B8）处于截断状态，使控制单元处于制动或保压状态。

得到远程缓解指令时，远程缓解模块（B1B2）内的电磁阀（B1B2.NC）处于得电状态，因此压缩空气经过电磁阀（B1B2.NC）进入气控阀（B8）内，使气控阀（B8）处于接通状态，实现远程缓解制动的功能。

10.1.3　基础制动装置（D 组）

基础制动采用盘形制动装置。盘形制动装置包括制动盘、闸片和制动夹钳。基础制动装置组成如图 10-6 所示。

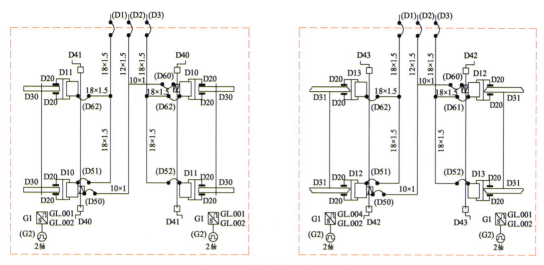

图 10-6　基础制动装置组成

10.1.4　空气悬挂系统（L组）

空气悬挂系统由高度阀、差压阀、空气弹簧、附加气室和压力测点组成。

每个转向架配有 2 个高度阀（L11）、1 个差压阀（L12）、2 个空气弹簧（L20）、2 个附加气室（L21）和 2 个压力测点（L22），如图 10-7 所示。

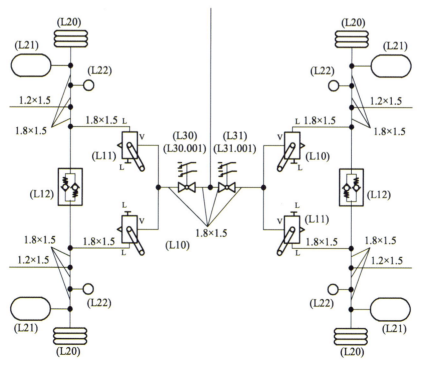

图 10-7　空气悬挂系统组成

10.1.5 轮缘润滑系统（Y 组）

每个 Tc 车的一轴配置一套轮缘润滑装置，总风管上的压力空气经 Tc 车上的隔离塞门（Y1）、过滤器（Y2）、减压阀（Y3）、测试点（Y4）、止回阀（Y5）、轮缘润滑控制装置（Y6）、软管（Y7）送至轮缘润滑泵，具体气路如图 10-8 所示。

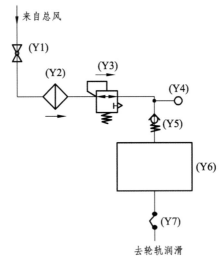

图 10-8　轮缘润滑系统组成

10.1.6 风笛、解钩控制装置（P 组）

风笛（P02）、解钩控制装置（P01）由截断塞门（P01.01、P01.05）、过滤减压阀（P01.02）和风笛电磁阀（P01.04）、解钩电磁阀（P01.03）等部件组成（见图 10-9）。由司机台上的"鸣笛"按钮通过控制风笛电磁阀来进行鸣笛操作。

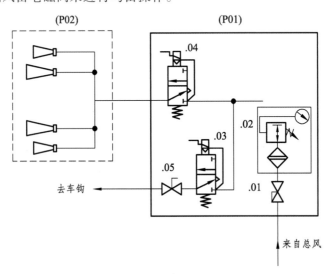

图 10-9　风笛、解钩控制装置组成

气动信号设备和启动连挂操纵设备中的部件都集成在风笛、车钩供风单元箱内，方便检修。

10.1.7　辅助升弓装置

每个 Mp 车配置一套辅助风源装置，如图 10-10 所示。

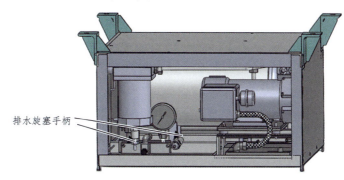

图 10-10　辅助风源装置组成

辅助压缩机装置集成了电动压缩机及相应的气路控制系统，主要是在总风管压力低下的情况下，为控制受电弓、VCB 和高压隔离开关正常动作而供给压力空气，能有效地进行风压补充，从而实现列车运行的可靠性要求。它包含了气源系统、气源处理系统、压力检测系统、管路和箱体系统。在气源系统上采用先进的无油润滑压缩机，结合水分离器、膜干燥器，从而为装置提供洁净、干燥的压缩空气，完全满足车辆的运行要求。其电气原理如图 10-11 所示。

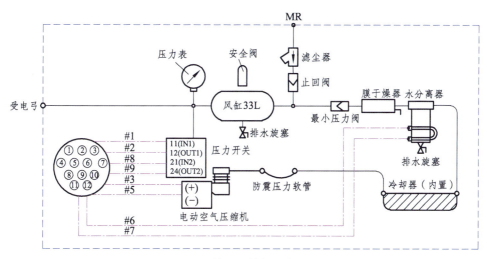

图 10-11　辅助压缩机电气原理图

10.1.7.1　辅助压缩机

辅助压缩机在总风压力低下时，进行风压补充，提高风压至需求的压力，从而满足车辆运行的可靠性要求；配有防震橡胶垫和防震压力软管，可有效地吸收空气压缩机运转时产生的振动，减少振动向其他部件的传播。

10.1.7.2　冷却器

为了防止辅助空压机出口的空气温度过高，系统内部设有冷却器。冷却器的安装方式采用内置式，安装于箱体式。

10.1.7.3　水分离器

水分离器分离除去压缩空气中的液态水和杂质，实现气、水、杂质的分离，达到气体干燥和滤出杂质的目的。它配有一个手动排水阀来排除缸内的冷凝水和杂质。阀门开通方向与流向平行，关闭方向与流行垂直，手把的操作方式为逆时针方式，塞门手柄的材料使用金属材料。同时为防止低温时，缸内液体冻结，配有 AC 220 V/70 W 的 I 型加热器，该加热器的启停由整车统一设置。

10.1.7.4　膜干燥器

为了进一步提高空气质量，降低压缩空气中的水蒸气含量，装置内配置膜干燥器，利用中空膜的渗透压作用，除去压缩空气中的水蒸气分子，达到气体进一步干燥的目的。

10.1.7.5　最小压力阀

为保证压缩气体在丝膜干燥器中充分干燥，压力阀开启值不大于 600 kPa。

10.1.7.6　止回阀

止回阀的作用是防止风缸中压缩空气的倒流。

10.1.7.7　滤尘器

滤尘器滤除 MR 管路压缩空气中的杂质，过滤精度为 60 μm。

10.1.7.8　风缸组成

为了防止风缸的腐蚀，风缸配有一个手动排水阀来排除风缸内的冷凝水和杂质。阀门开通方向与流向平行，关闭方向与流行垂直，手把的操作方式为逆时针方式，塞门手柄的材料使用金属材料。

10.1.7.9　安全阀

为防止系统内压力过高，在辅助风缸上设有安全阀，安全阀动作开启压力（960 ± 20）kPa，闭合压力 840 kPa 以上。

10.1.7.10　压力开关

压力开关检测装置风缸压力并进行信号反馈。当压力下降至 640 kPa 时，反馈压缩机启动、VCB 准备未完信号；当压力上升至 780 kPa 时，反馈压缩机停止、VCB 准备完成信号。

10.1.7.11　压力表

为保证在日常维护和检修中，可以直观地掌握风缸内的气体压力值，在辅助空气压缩机装置中设有压力表。压力表精度等级为 1.6 级，其他性能参数满足 GB/T 1226—2010 标准的相关技术要求。

10.1.7.12　辅助升弓气路

列车总风管压力低的情况下为受电弓、VCB 和高压隔离开关正常动作而供气。总风管上的压力空气经截断塞门（U03）、减压阀（U05）、测试点（U02）到达辅助空气压缩机，经过辅助空气压缩机后的压力空气通过一根软管（B43）、钥匙箱（U11）、钥匙箱（U12）后分为三路：一路经过截断塞门（U09）、升弓电磁阀（U10）、受电弓阀板（U13）后给受电弓供风；一路经过截断塞门（V3）给 VCB 供风；一路经过截断塞门（V1）给高压隔离开关供风。气路图如图 10-12 所示。

每个 Mp 车设有两个钥匙箱，分别为 YHSF-1ELA 钥匙箱和 YHSF-1ELB 钥匙箱，装在客室空调柜内。通过设置 YHSF-1ELA 钥匙箱及 YHSF-1ELB 钥匙箱为高压设备箱钥匙的取出和插入设置条件，从而最大限度地保护设备及人员的安全。

1．钥匙箱组成

YHSF-1ELA 型钥匙箱包含安装面板、电磁铁、按钮、KABA 锁及钥匙（1 套）、微型开关、连接器、截止阀和截止阀固定座等，关键部件有钥匙、微型开关、截止阀、电磁铁。

YHSF-1ELB 钥匙箱型钥匙箱包含安装面板、KABA 锁及钥匙、机械互锁机构、微型开关、连接器、截止阀和截止阀固定座等，关键部件有钥匙、微型开关、截止阀。

2．钥匙箱功能

如图 10-13 所示，气路联锁组成由 2 路组成，分别为 1 路（原理图中单线所示）和 2 路（原理图中双线所示）。

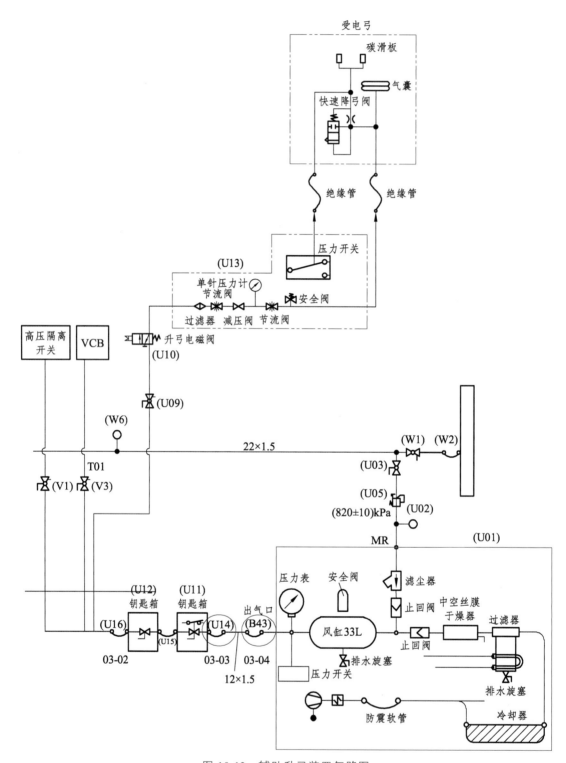

图 10-12　辅助升弓装置气路图

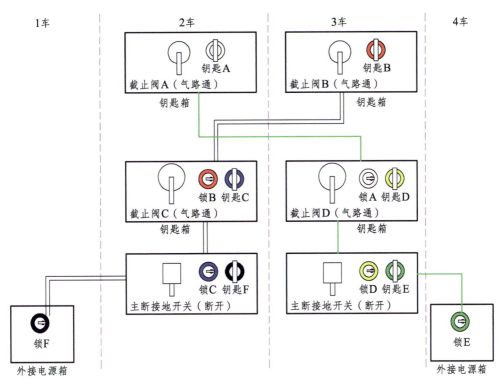

图 10-13　钥匙箱原理图

机械互锁逻辑：

（1）确保断开主断路器，降下受电弓。

（2）在 2 车（3 车）断开截止阀 A（B），拿到钥匙 A（B）。

（3）到 3 车（2 车）通过钥匙 A（B），断开截止阀 D（C），取出钥匙 C。

（4）通过钥匙 C，操作保护接地开关手柄，闭合保护接地开关，确保车顶高压设备接地。

（5）待保护接地开关闭合后，方可以拿到外接电源开关钥匙 E（F）。

（6）通过操作钥匙 E（F）打开外接电源锁盖，方可让外接电源连接器连接外接电源。

10.1.8　撒砂装置

DS-12 型撒砂装置采用压差式撒砂单元（见图 10-14），适用于轨道车辆中需要执行撒砂操作的车辆。在恶劣条件下，通过撒砂装置改善轮轨接触面的工作环境，改善黏着系数，提高运行品质。

10.1.8.1　技术特性

（1）撒砂装置可以使成比例的砂子通过砂管喷洒到铁轨上，撒砂量可根据要求调整。

（2）撒砂单元具有烘干功能，采用热空气烘干砂箱中保存的砂子。

（3）撒砂单元和撒砂口具备加热功能，防止低温时砂子和砂管冻结。

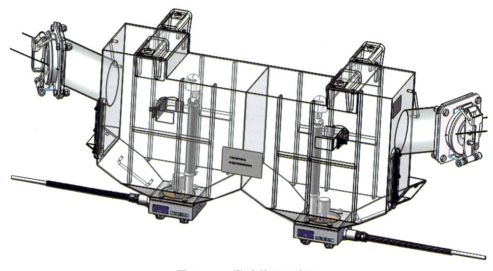

图 10-14 撒砂装置示意图

10.1.8.2 撒砂装置气路原理

撒砂控制箱主要包括：溢流阀、减压阀、撒砂电磁阀、干燥电磁阀等部件；与整车总风风源连接，为撒砂单元提供风源，同时提供干燥供风风源。其原理如图 10-15 所示。

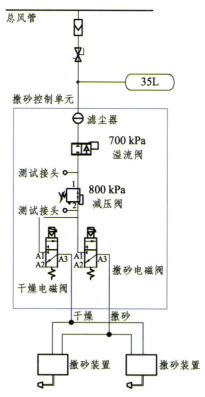

图 10-15 撒砂装置气路原理图

10.2 制动及风源系统的主要功能

制动系统采用微机控制电空直通式制动控制系统，制动力管理采用列车级管理模式，采用单管供风方式。全列车分为两个制动控制单元，每个控制单元内的主 G 阀接收到列车制动指令，进行制动力的管理和分配，并将分配后的制动力通过内部 CAN 网络传输到各个 EBCU。空气制动控制框图如图 10-16 所示。

空气制动系统由下列制动功能构成：常用制动（电制动和空气制动）、快速制动（电制动和空气制动）、紧急制动（只限空气制动）、停放制动和保持制动。动车的再生制动优先满足列车制动指令要求，不足的部分由空气制动补足。

常用制动、快速制动和紧急制动具有空重车调整功能，可根据乘客数量变化调节制动力大小。列车制动减速度（除紧急制动外）的变化受到制动冲击率的限制。

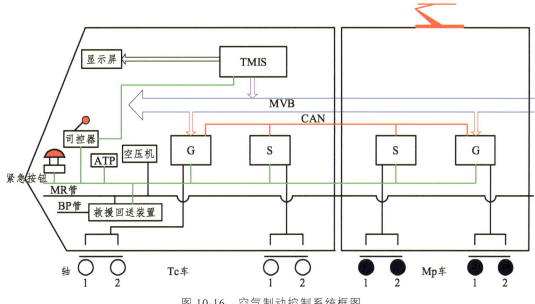

图 10-16　空气制动控制系统框图

10.2.1　常用制动

常用制动指令来自信号系统、司控器。制动施加装置根据常用制动指令实施常用制动。常用空气与电气制自动进行配合，电–空制动方式相互转换时，确保列车不超过冲击极限限制。实施再生制动的同时，为提高空气制动响应速度，制动闸片有一定的预压力。常用制动具有空重车调整功能。

空电混合制动时，按照以下原则进行制动力分配：

常用制动和快速制动采用电制动与空气制动实时协调配合、电制动优先、空气制动延时投入、电制动不足时在各转向架平均补充空气制动的混合制动方式，即按"等磨耗"方式进行制动控制。只要网络系统运行正常，制动系统就进行列车级的空电复合制动力分配。如果网络系统故障,只进行制动系统内的空气制动力分配。空电混合制动由 EBCU 进行完全管理,牵引系统控制单元 TCU 将电制动力最大可用值发送 EBCU, EBCU 根据最大可用电制动力进行制动力分配,并把电制动力需求值发送 TCU, TCU 实施电制动,并发送实际值给 EBCU, EBCU 根据电制力实际值决定是否补充空气制动。

制动系统在收到制动指令的 1.5 s 内,不施加空气制动。在制动级位由小变大时,制动系统比较电制力可能值和当前整车的制动力需求,若电制力可能值能够满足整车制动力需求,则制动系统在级位变化的 1.1 s 内,不补充空气制动。当列车中一个制动控制装置故障时,损失的制动力由列车其他制动控制装置进行空气制动力补偿。电制力故障的动车作为拖车来考虑。

为实现电制动向空气制动的平稳转换,在有电制动时,即使不需要施加空气制动的制动缸也要保留一定压力(30 kPa 左右),以补偿在电制动衰减时空气制动补充的滞后。

当列车制动在电制动即将衰退时,由 EBCU 控制电制力的退出,并按预定速率预补空气制动。

若在制动过程中出现电制动滑行造成制动力的损失,空气制动不进行补偿,以便于电制动的防滑控制。

10.2.2　快速制动

主控制器提供快速制动位,在此位将实施以紧急制动减速度减速率的电空混合制动,在电制动充分发挥作用的基础上,不足制动力由空气制动补偿;将主控手柄移回"0"位时,快速制动将缓解。

在快速制动作用过程中,列车具有防滑保护功能,且速度变化率受冲击极限限制。

快速制动同常用制动。

10.2.3　紧急制动

紧急制动的电路系统为独立的系统,并采用失电施加方式,一旦失电列车自动实施紧急制动。在正常工作时,常用制动、紧急制动不会同时施加。在常用制动时,一旦实施了紧急制动,常用制动被紧急制动代替。当紧急制动指令发出时,会实施紧急制动,此时电制动被自动切除,全部制动力仅由空气制动独立承担。当紧急制动实施时,列车监视系统记录并在 HMI 显示屏上显示。

紧急制动遵循故障导向安全原则,独立于常用制动。

紧急制动具有空重车调整功能,不受制动冲击率的限制。

10.2.3.1　引起车辆紧急制动的触发措施:

(1)触发司机室中的警惕装置。

（2）按下司机室控制台上的紧急制动按钮。

（3）连挂列车脱钩。

（4）总风欠压。

（5）紧急制动电气列车线环路中断或失电。

（6）DC 110 V 控制电源失电。

（7）信号系统发出紧急制动指令。

10.2.3.2　紧急制动实施

紧急制动指令发出后不能撤除，减速至列车停止为止。在整个紧急制动过程中，使所有制动控制列车导线失电。

10.2.4　停放制动

制动系统设有弹簧储能方式的停放制动装置，充风缓解、排风制动。司机通过停放制动按钮（施加/缓解）控制停放制动电磁阀动作，实现停放制动缸的排风（施加）或充风（缓解）。另外，通过压力开关检测停放制动缸压力，判断停放制动的作用/缓解。

每个带停放的基础制动单元设有两套手动缓解装置，通过手动缓解装置可以缓解该制动单元的停放制动。停放制动实施后，可手动缓解，且仅用手在轨道旁就可完成操作，而不必到车底去完成。一旦手动缓解了停放制动，停放制动失效，当总风压力恢复到正常范围时，进行一次制动操作，停放制动自动恢复。

停放制动能使 AW3 的列车停于最大坡道上不发生溜滑。

10.2.5　保持制动

列车停稳后，制动系统自动施加能确保超员情况最大坡道下保证列车不发生溜滑的制动力。保持制动力为 70% 最大常用制动力。

10.2.5.1　保持制动施加

制动控制单元检测到无牵引信号（硬线）且列车停稳（速度小于 1 km/h）时，自动施加保持制动；

10.2.5.2　保持制动缓解

（1）网络正常时，制动控制单元根据 TCMS 发出的缓解指令缓解保持制动。

（2）网络故障或紧急牵引模式下，制动控制单元检测到有硬线牵引指令、无硬线制动指令且列车速度大于 2 km/h 时，将自动缓解保持制动。

（3）制动控制单元检测到速度大于 5 km/h 且司控器手柄在牵引位时自动缓解保持制动。

10.2.6　空重车调整功能

空重车调整功能，即将空气簧压力的平均值通过制动控制单元转换后得到与车重相对应电信号，其输出范围应可从空车到超员连续输出。根据车辆载荷情况对列车制动力进行相应调整。

在空气簧破裂或制动控制单元内部转换电路故障导致输出小于空车的信号时则按空车车重的 100% 计算；当制动控制单元内部转换电路故障导致输出大于超员时的车重信号时，则按超员载荷的 100% 计算。另外，此载荷信号还传递给牵引控制装置，以控制牵引力和再生制动力的大小。

10.2.7　制动冲击限制功能

当制动控制单元接收到"阶跃式"的制动指令信号时，此功能使制动力的输出为"缓升式"，确保旅客乘车的舒适性。

10.2.8　防滑控制功能

车轮防滑保护系统具有滑行检测、滑行控制、轮径校验、故障导向安全控制等功能。

10.2.8.1　滑行检测

（1）对各轴减速度的评估，检测出各轴减速度大于某一限值的情况。
（2）各轴速度和列车参考速度的比较，检测出各轴速度差大于某一限值的情况。

10.2.8.2　滑行控制

（1）当按照减速度和速度差等判据判断滑行发生时，为了满足实际轮轨的制动黏着条件，通过控制防滑排风阀以减少制动力。
（2）当一个速度传感器出现故障时，该轴的防滑阀会利用本转向架的另一个速度传感器进行防滑控制，这在一定程度上减小了故障轴的制动抱死概率。

10.2.9　强迫缓解

按下司控台上的强迫缓解按钮，制动控制单元将自动吸合继电器触点，使强迫缓解电磁阀得电。强迫缓解电磁阀得电条件中串入紧急制动状态信号，因此紧急制动无法被强迫缓解。

10.2.10 空压机管理

两个 Tc 的网关阀（G 阀）对全列车空压机启动和停止进行统一控制管理。

10.2.10.1 网络系统正常

根据 TCMS 提供的日期信息，定期转换主辅关系。奇数天，Tc1 车空压机为主，Tc2 车空压机为辅；偶数天，Tc2 车空压机为主，Tc1 车空压机为辅。

（1）总风管压力值≤7.5 bar 时（1 bar = 100 kPa），启动主空压机。

（2）总风管压力值≤7.0 bar 时，两台空压机同时激活并错开启动。

（3）总风管压力值≥9.0 bar 时，所有空压机关闭。

10.2.10.2 网络系统或网关阀（G 阀）故障

当网关阀（G 阀）故障时，空压机可通过压力开关控制启动，保证空气制动系统安全、可靠。

- 总风管压力值≤6.7 bar 时，压力开关控制本端空压机启动。
- 总风管压力值≥9.0 bar 时，压力开关控制本端空压机停止。

 **型式试验**

制动系统型式试验项目如表 10-1 所示。

表 10-1　制动系统型式试验项目

序号	试验项目	型式试验	例行试验
	风源系统		
1	外观检查及称重	√	√
2	电气试验	√	√
3	性能试验	√	√
4	噪声测试	√	—
5	卸荷时间测试	√	√
6	超负荷运行测试	√	—
7	负载启动测试	√	—
8	频繁启动稳定性测试	√	—
9	功率、电流和功率因数测试	√	—
10	电源波动测试	√	—

序号	试验项目	型式试验	例行试验
11	压力监控器与安全阀测试	√	√
12	干燥器功能测试	√	√
13	干燥器电加热器功能测试	√	—
14	干燥器压力降测试	√	—
15	油消耗量测试压缩空气质量测试	√	—
16	高低温试验	√	—
17	防护等级试验	√	—
18	振动冲击试验	√	—
19	电磁兼容性试验	√	—
20	盐雾试验	√	√
21	500 h 额定工况性能试验	√	—
制动控制装置			
1	外观检查	√	√
2	重量检查	√	√
3	电气接口检查	√	√
4	性能试验	√	√
5	绝缘耐压试验	√	√
6	电源过电压、浪涌和静电放电试验	√	—
7	电快速瞬变脉冲群抗扰度试验	√	—
8	射频干扰试验	√	—
9	振动冲击试验	√	—
10	低温试验	√	—
11	低温存放试验	√	—
12	高温试验	√	—
13	交变湿热试验	√	—
14	盐雾试验	√	—
15	防护等级试验	√	—
辅助空压机			
1	外观检查	√	√
2	质量和重心测定	√	—
3	气密性试验	√	√
4	泄漏试验	√	√
5	绝缘电阻测试	√	√

序号	试验项目	型式试验	例行试验
6	耐压试验	√	√
7	加热器检测试验	√	√
8	压力开关动作试验	√	√
9	空气压缩机性能测试	√	√
10	打风时间测试	√	√
11	高低温测试	√	—
12	振动冲击试验	√	—
13	IP 防护等级测试	√	—
14	压缩空气质量试验	√	—
15	启动电流试验	√	—
16	噪声测试	√	—
17	频繁启动稳定性试验	√	—
18	功率测量	√	—
19	转速测量	√	—
20	交变湿热环境试验	√	—
撒砂控制箱			
1	外观检查	√	√
2	动作试验	√	√
3	泄露试验	√	√
4	气密试验	√	√
5	高低温试验	√	—
6	振动冲击试验	√	—
7	绝缘试验	√	√
8	耐压试验	√	√
9	耐久性试验	√	—
10	连续通电试验	√	—
11	防护等级试验	√	—
12	质量测定	√	√

10.4 制动系统检修修程

制动系统检修修程如表 10-2 所示。

表 10-2　制动系统修程

系统	编号	项目	技术要求	备注
制动		一级修（2 000 km/2 天）		
	ZD01	空压机接送车检查	无异音	
	ZXJ06	制动装置外观检查	1. 制动夹钳装置配件齐全，无漏油，各部件无机械损伤，空气管路 无泄露；螺栓紧固，防松标记无错位； 2. 闸片托本体、支撑框架、支撑销子的外观及安装状态良好，防尘橡胶波纹管无破损； 3. 闸片外观状态良好，无缺损，裂纹，厚度符合限度要求； 4. 停放制动装置外观状态良好，紧固件无松动，防松标记无错位； 5. 空气管路和车端总风软管无损伤、漏泄； 6. 制动夹钳手动缓解装置安装状态良好，控制线缆无破损	
	ZD02	空压机总体外观检查	1. 各紧固件无松动、防松标记无错位，接地线无损伤； 2. 零部件标识无遗失或破损； 3. 气路、油路有无泄漏； 4. 检查方孔锁处于锁闭位	
	ZD03	储风缸外观检查	1. 各紧固件无松动、防松标记无错位； 2. 风缸无划伤，风缸吊带无破损； 3. 排水旋塞处于锁闭位、无磕碰及异物	
	ZD04	辅助控制装置外观检查	1. 紧固件无松动，防松标记无错位； 2. 管路安装紧固，无泄漏，排水塞门处于截断状态； 3. 箱体表面无明显变形、裂痕，门锁锁闭正常，门把手（海泰）牢固无松动、变形； 4. 箱体连接器、接地线无松动	
	ZD05	制动控制装置外观检查	1. 制动控制装置箱体无损伤，气路板与箱体之间、连接器座与箱体之间的密封橡胶应无开裂，插座外壳正常； 2. 紧固件无松动，防松标记无错位； 3. 管路安装紧固，无泄漏； 4. 连接器、接地线无松动； 5. 测试接头安装牢固，无松动； 6. 检查箱盖锁闭正常	
	ZD06	撒砂控制箱外观检查	1. 检查箱体外观良好，锁闭到位； 2. 检查箱体各紧固件无松动，防松标记无错位	
	ZD07	撒砂装置外观检查	1. 砂箱、撒砂单元、砂箱盖和撒砂口外观正常，砂箱盖锁闭良好； 2. 箱体各紧固件无松动，防松标记无错位； 3. 砂位在上刻度线与下刻度线之间	

系统	编号	项目	技术要求	备注
		二级修（30天/3万km）包：一级修基础上增加的项目		
制动	ZD08	制动控制装置箱内外观检查	1. 打开箱盖，检查箱体内无异物； 2. 检查部件阀体无漏风、异常排风等现象； 3. 检查箱体内的各部件紧固螺栓防松标记； 4. 检查电缆固定座无松动脱落、电缆无破损； 5. 检查EBCU安装螺栓、前端连接器、插件板紧固螺钉和板卡连接器，无松动； 6. 箱体装置外观清洁	
	ZD09	辅助控制装置箱内外观检查	1. 检查测试接头安装牢固，无松动； 2. 检查及清洁消音器，确认无油污； 3. 检查箱体内无异物； 4. 检查部件阀体无漏风、异常排风等现象； 5. 检查装置内部各阀连接螺钉无松动； 6. 检查装置内部各电缆无破损和开裂； 7. 箱体表面进行清洁	
	ZD10	撒砂装置动作功能检查	进行动作试验（车辆通电后，检查撒砂口是否有干燥风。执行手动撒砂功能，检查撒砂口是否有砂子喷出）和加热试验（仅冬季来临时实施，即12月—次年2月进行，对撒砂单元加热器和撒砂口加热器进行通电，检查是否正常）	
		二级修（180天/18万km）包：90天包基础上增加的项目		
制动	ZD11	空压机温控开关测试、干燥装置测试	1. 打开总风缸排气启动空压机2 min后检查回油单向阀、滤网接头及其上下游管路，应有明显热度若温度较启机前无明显变化，应彻底检查管路上下游各部件，必要时更换单向阀、滤网接头； 2. 空气干燥装置动作检查： （1）启动风源装置，运行时间不小于2 min，听觉检查干燥器转换动作风源启动后，将手放置于干燥器消声器下方，应有间断性缓慢气流吹扫感，间隔周期12 s±2 s，持续时间48 s±3 s； （2）检查干燥器预过滤器排污周期，正常为（120±20）s	
	ZD12	辅助控制装置各压力开关值测试	1. 测试压力开关标准： （1）总风压力开关断开标准：（600±20）kPa； （2）总风压力开关闭合标准：（700±20）kPa； （3）停放制动压力开关闭合压力标准：（480±20）kPa； （4）停放制动压力开关断开压力标准：（380±20）kPa； （5）溢流阀压力标准：（650±20）kPa （6）停放减压阀压力标准：（700±20）kPa； （7）停放制动减压阀压力标准：（600±20）kPa（铁科），（650±20kPa）（海泰）； （8）截断总风隔离塞门，HMI屏辅助控制装置隔离对应车辆显红，辅停放制动标识显示打叉	
	ZD13	悬挂风缸排水	打开旋塞，排空悬挂风缸中的压缩空气，排尽污水与杂质	

系统	编号	项目	技术要求	备注
			二级修（360 天/36 万 km）包：180 天包基础上增加的项目	
制动	ZD14	空压机滤芯更换	空滤更换：扳开挂钩，拆下灰尘收集器，清洁灰尘收集器内表面，拆下空滤滤芯，吹洗预分离装置，安装新空滤滤芯，按相反顺序重新组装。 油滤更换： 1. 用 27×30 的梅花扳手旋松加油口盖 1～2 扣，释放桶内残留压缩空气压力； 2. 用小管钳拧下泄油阀阀帽旋上泄油管组成，顶开泄油阀，放油至视油镜下线以下，用洁净容器收集放出的润滑油，以防止拆换油过滤器时过多的润滑油外溢； 3. 旋下泄油管组成，清洁泄油阀帽，安装并紧固； 4. 皮带扳手拆卸油过滤器，逆时针方向旋转，拆下油过滤器如较难拆卸可增加一个皮带扳手，协作拆卸油过滤器； 5. 清洁油过滤器座与油过滤器连接部位表面； 6. 检查新品油过滤器，确认油过滤器外壳无明显磕碰变形清洁密封胶圈表面，涂适量润滑油，用手顺时针方向安装并旋紧油过滤器，必要时用皮带扳手校核油过滤器； 7. 用抹布擦拭油过滤器座表面及过滤器密封圈外围残留油渍必要时用洗洁精水擦洗，以彻底清除器件表面油膜； 8. 打开加油口盖，加入之前放出的润滑油，并根据放油前油位情况适当补充适量润滑油安装并拧紧加油口盖，力矩值：135 N·m； 9. 启机运行至额定工作压力，检查确认系统管路应无泄漏重点检查维保操作部位	
	ZD15	空压机单双启动试验	1. 空压机单双启动试验（网络控制）：单启动压力标准：（750±20）kPa；双启动压力标准：（700±20）kPa； 2. 空压机双启动试验（压力开关）：双启动压力标准：（670±20）kPa； 3. 总风缸安全阀压力测试：安全阀开启压力标准：1 018～1 155 kPa，安全阀关闭压力标准：≥892 kPa； 4. 更换润滑油，更换完毕后运行空压机，查看是否正常	
	ZD16	辅助控制装置	停放制动施加/缓解试验，同时现场确认闸片是否正常制动施加/缓解	
	ZD17	撒砂控制箱	打开控制箱盖，将数显风压表分别连接到控制箱内的 Z2.5 测点上，测量撒砂系统 Z2.5 处压力是否满足要求（Z2.5 压力：360～380 kPa）	
			专项修	
制动	ZD18	空压机油位启机检查	（15 天/1.5 万 km）检查启机 10 min 停机 15 min 后，油位是否正常，缺油时加油，油位应处于视油镜上、下限之间，润滑油无乳化、异常	
	ZD19	空压机油细分离器、凝聚过滤器滤芯、颗粒过滤器滤芯更换	（72 万 km/720 天）更换油细分离器、更换凝聚过滤器滤芯、更换颗粒过滤器滤芯，更换完毕后运行空压机，查看空压机是否正常	

课后习题

（1）简述空气制动系统的组成。

（2）简述空气悬挂系统（L 组）的组成。

（3）简述止回阀的作用。

（4）简述钥匙箱的互锁逻辑。

（5）简述空气制动的功能组成。

（6）引起车辆紧急制动的触发原因有哪些。

（7）保持制动的施加和缓解条件。

第十一章

旅客信息显示系统

11.1 旅客信息显示系统（PIDS）概述

    PIDS 系统采用以太网总线，客室内安装的 LCD 电视为旅客提供高质量的音、视频和文本信息，既可通过无线传输网络设备接收信息，经车载 LCD 控制器解码后，在本列车的所有 LCD 显示屏上实时播放，也可通过本地视频源播放。同时还可以为司机和运营控制中心提供与旅客紧急对讲及视频监控功能。

    整个系统采用分布式结构，模块化设计，一个控制器的损坏不会导致其他控制器的失效，也不会影响系统功能。整个系统具有高可靠性、可维护性、冗余性的特点。

    表 11-1 所示为本章中术语的英文对照。

表 11-1　术语对照表

缩写	名称	缩写	名称
AC	交流电	LED	发光二极管显示器
ATC	列车自动控制系统	LMDU	动态地图显示器
ATO	列车自动驾驶系统	LSP	扬声器
ATS	列车自动系统	MDS	监控触摸屏
ATP	列车自动防护系统	MIC	麦克风
CC	司机室对讲	NDU	噪声监测器
CCAM	司机室摄像机	NVR	网络硬盘录像机
CCTV	视频监控	OCC	运营控制中心
DACU	广播控制盒	PA	广播
DDU	司机显示器（TCMS）	PC	乘客紧急对讲

缩写	名称	缩写	名称
DPA	数字功放	PAL	逐行倒相正交平衡调幅制
DPS	双路 12 V 电源	PCAM	弓网摄像机
FCAM	行车摄像机	PECU	乘客紧急对讲机
FDU	前端显示单元	PIDS	旅客信息显示系统
FIFO	先进先出	PTU	便携式测试设备
GPU	图像处理器	RADIO	无线电系统
IDU	客室显示单元	SCAM	客室摄像机
LCD	液晶显示器	SDU	外侧显示单元

11.2 PIDS 系统组成

PIDS 系统主要包含以下几个子系统：车载广播系统、司机对讲、乘客紧急报警系统、车载多媒体信息播放系统、视频监控系统、车载智能分析系统，另外还包括和其他系统的接口（与 TCMS 系统、RADIO、地面 PIDS 系统的接口等）。

11.2.1 系统拓扑图

PIDS 系统包含列车广播系统（含司机对讲、乘客紧急报警系统）、乘客信息显示系统、多媒体播放子系统、车载视频监控系统，如图 11-1 所示。

（1）粉红线为 Audio（音频线），其作用为：① SCU（车厢控制器）控制 LSP（客室扬声器）进行音频输出；② NDU（噪检器）检测到的环境声音数据传到 SCU 进行分析；③ PCU（司机室主机）控制 CLSP（司机室扬声器）进行音频输出。

（2）紫线为 RS485，用于 SCU 控制 IDU（贯通道 LED 显示器）进行文字显示。

（3）蓝线为 UIC568 协议的 PA 总线，用于 SCU 与 PCU、SCU 与 DACU（广播控制盒）、SCU 与 DACU 的数据交互。其中 TCMS 可传输指令到 PCU。

（4）绿线为 Ethernet（以太网），SCU、LMDU（动态电子地图）等设备都挂在以太网环网上，通过以太网进行数据交互。

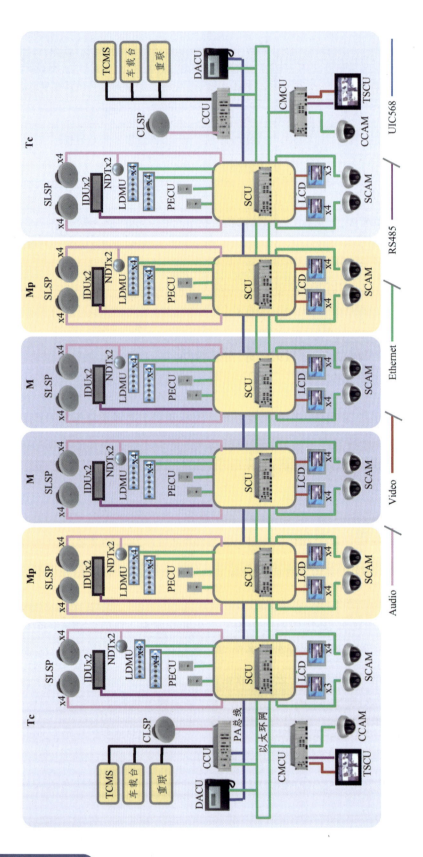

NDU—噪 检 器；PCAM—弓 网 摄 像 机；DACU—广 播 控 制 盒；MDS—监 控 显 示 屏；IDU—贯 通 道 LED 显 示 屏；
LCD—客 室 LCD 显 示 器；PCU—司 机 室 主 机；FACM—前 视 摄 像 系 统；CCAM—司 机 室 全 景 摄 像 机；
SCAM—客 室 摄 像 机；TCMS—列 车 控 制 系 统；PA Bus—PA 总 线；CLSP—司 机 室 扬 声 器；
PECU—乘 客 紧 急 报 警 器；客 室 扬 声 器；NVR—监 控 存 储 服 务 器；
LSP—乘 客 室 扬 声 器；Ethernet—链 路 聚 合 网 络。

图 11-1 旅 客 信 息 显 示 系 统 拓 扑 图

11.2.2 设备清单（见表 11-2）

表 11-2 旅客信息显示系统设备清单

序号	设备名称	简称	数量				每列车总数量
			T1	M1	M2	T2	
1	旅客信息显示系统主机	PCU	1	—	—	1	2
2	车厢控制器	SCU	1	1	1	1	4
3	广播控制盒	DACU	1			1	2
4	手持麦克风	MIC	1			1	2
5	司机室扬声器	CLSP	1	—	—	1	2
6	客室扬声器	LSP	9	10	10	9	38
7	乘客紧急报警装置	PECU	2	2	2	2	8
8	动态电子地图	LMDU	8	8	8	8	32
9	客室内部 LED 显示器	IDU	2	2	2	2	8
10	LCD 显示器	LCD	6	6	6	6	24
11	触摸监控屏	MDS	1	—	—	1	2
12	司机室全景摄像机	CCAM	1			1	2
13	行车摄像机	FCAM	1			1	2
14	客室摄像机	SCAM	2	2	2	2	8
15	视频监控服务器	NVR	1			1	2
16	噪检器	NDU	2	2	2	2	2
17	智能分析主机	AI	1	—	—	1	2

11.2.3 主要设备技术规格

列车两端的司机室电气柜内各安装一台司机室 PIDS 主机，采用 19″标准机箱设计，机箱外露螺栓为沉头螺钉。两台司机室 PIDS 主机构成冗余结构，实现系统功能的热备份。司机室 PIDS 主机要求采用高度集成化、模块化进行设计，任何模块可单独插拔。司机室主机包含电源、MVB、主控、总线/连挂等模块（见图 11-2）。

1．车厢控制器

车厢控制器安装于列车客室机柜，是客室乘客信息系统的核心设备，负责媒体播放、监控信息解码、广播控制和传输，该设备由电源板、广播控制板、功放板、交换机板等组成（见图 11-3）。

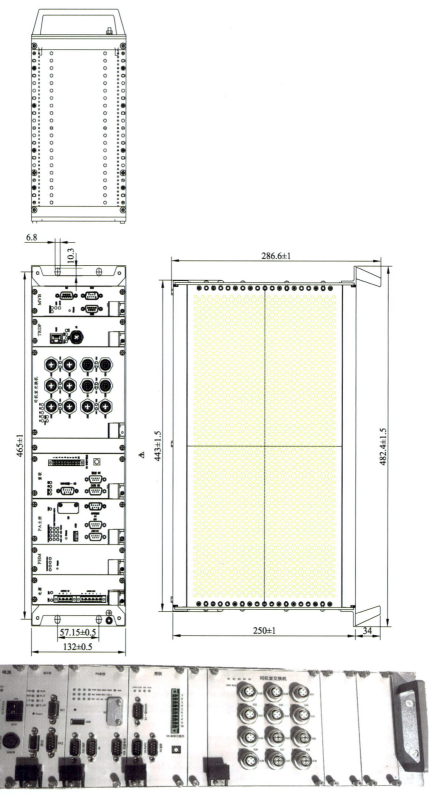

图 11-2　司机室 PIDS 主机外观

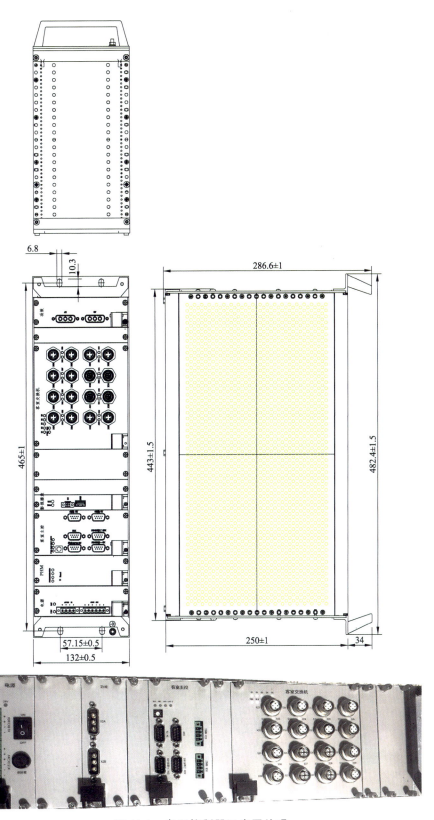

图 11-3　车厢控制器示意图外观

2．广播控制盒

每个驾驶室司机台上安装一个广播控制盒（DACU）（见图 11-4），该设备通过以太网络连接到 PIDS 控制器。在 DACU 上，司机可选择线路，启动预录紧急广播和执行手动纠正站点。广播控制盒主要有前置放大器，显示可触摸式显示器及硬按键，提供触摸屏不小于 7″以便于操作，硬按键用于触屏故障时的冗余。司机可进行以下工作：选择线路、选择和启动预先录制好的紧急播报、执行手动纠正站点。同时司机可得到如下信息：设置好起点站和终点站的线路、下一个事件或站点。

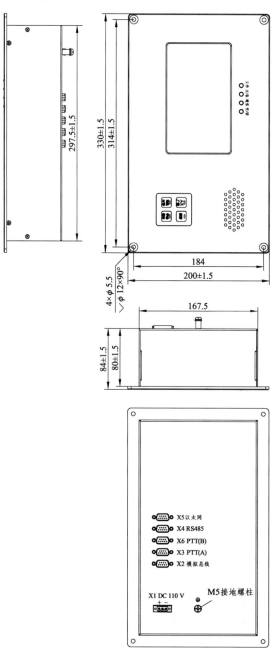

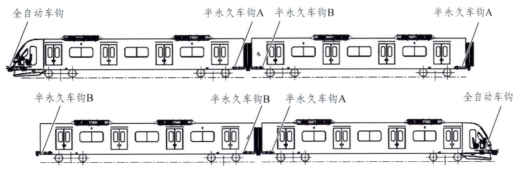

图 11-4 广播控制盒外观

3．手持麦克风

列车两端的操纵台上各安装 1 套手持麦克风，用于司机进行紧急对讲、司机对讲、人工报站等功能的声音采集（见图 11-5）。

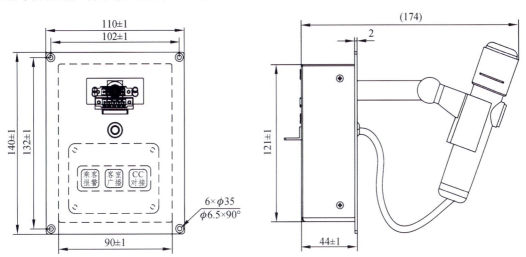

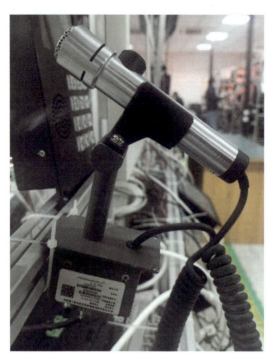

图 11-5　手持麦克风外观

4．视频监控服务器

视频监控服务器用于记录摄像机的监控画面，完成 CCTV 系统所需的实时视频显示、音视频录像存储以及设备管理、外部连接、与地面进行无线对接等主要功能（见图 11-6）。

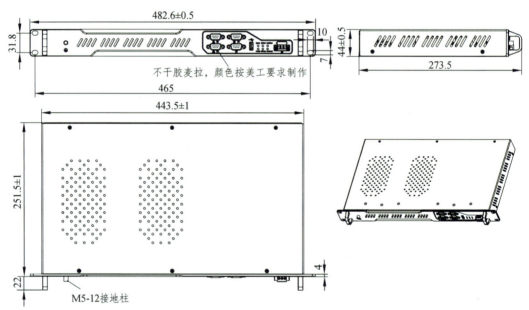

图 11-6　视频监控服务器外观

5．LCD 动态电子地图

PIDS 系统采用 43″电子地图，显示尺寸为 1074 mm×200 mm，外形尺寸如图 11-7 所示。

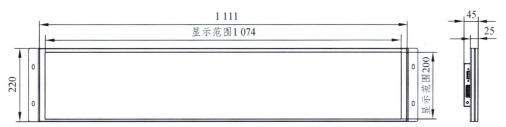

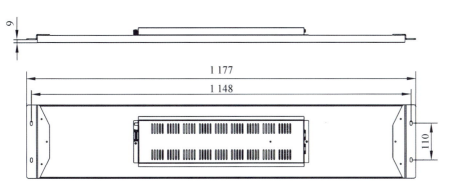

图 11-7　电子地图外形尺寸

6．乘客紧急报警器

乘客紧急报警器的外形尺寸如图 11-8 所示。

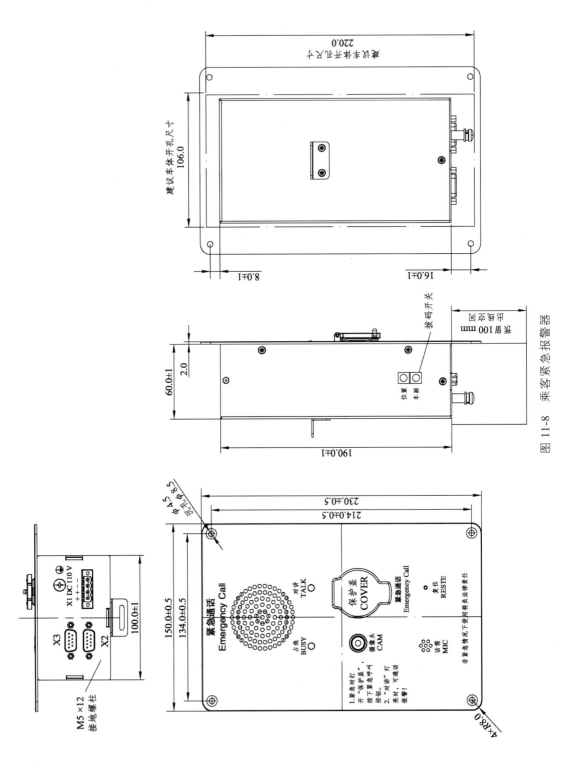

图 11-8 乘客紧急报警器

7．智能分析主机

智能分析主机的外观尺寸如图 11-9 所示。

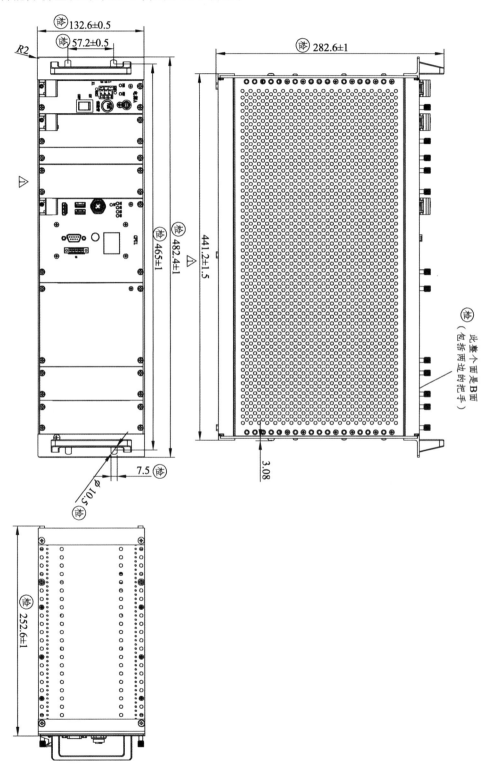

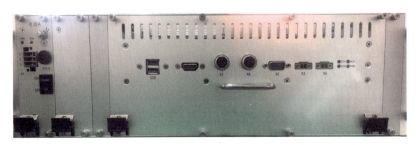

图 11-9　智能分析主机外观

8．客室/前视摄像机

客室/前视摄像机的外观尺寸如图 11-10 所示。

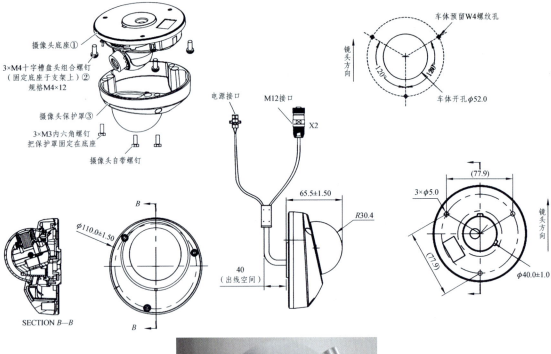

图 11-10　摄像机

9．监控触摸屏

列车两端的操纵台上各安装一台彩色触摸监控屏，用于系统控制操作和视频监控（见图11-11）。

 车载广播系统主要功能

11.3.1 广播模式

车载广播系统具有全自动广播、半自动广播及人工广播三种模式。

11.3.1.1 全自动广播

在全自动广播模式下，车载广播系统能实时接收列车控制和诊断系统（TCMS）发来的触发信号、开/关门信号，实现列车预存储数字语音全自动广播。预存储数字语音包括普通话、英语等，并能进行多语种广播。

当车载广播系统没有接收到TCMS发来的信号时，系统不进行自动报站，而是通过操作广播控制盒进行人工报站。

11.3.1.2 半自动广播

在半自动广播模式下，列车预存储数字语音半自动广播，司机通过操作司机控制单元的键盘，在选择半自动广播之后手动设置始发站和终点站信息，列车在运行过程中会自动根据半自动广播的触发信号来完成广播报站，实现预报前方到站和相关信息的广播，并可通过选择下一站实现越站。

司机在司机室的广播控制盒上进行选择插入紧急信息或服务信息进行播报，司机通过操作广播控制盒上的快捷按钮或司机HMI屏上选择下一站站名、报站类型或跳站站名来实现报站信息的广播，包括出站广播、进站广播、到站广播以及越站广播，人工控制广播的内容。

在全自动广播失效的情况下，列车广播系统自动切换到半自动广播，此过程无需司机进行特殊设置，广播系统自动识别切换前的车站站码及上下行信息来完成后续的广播。

司机也可通过广播控制盒上的按键来选择站名代码或选择下一站站名来实现报站信息的广播。

11.3.1.3 人工广播

在人工广播模式下，司机通过司机控制台的麦克风可以对客室乘客进行人工广播，预告前方到站和有关信息。

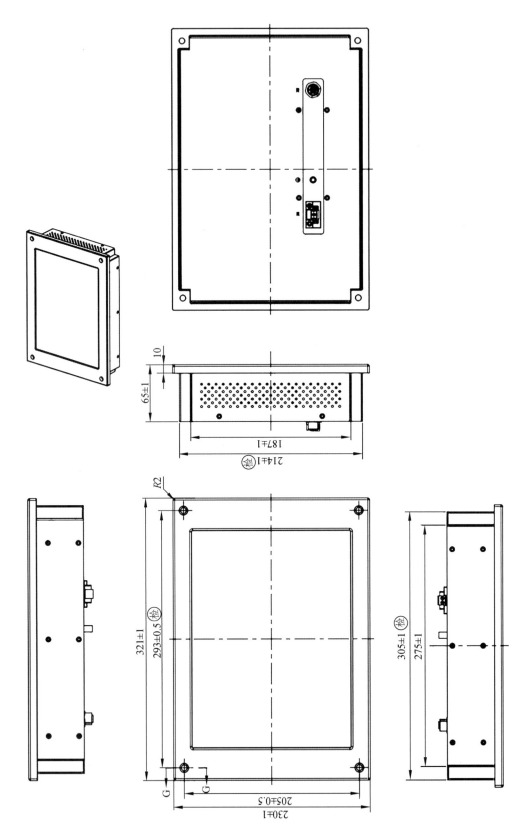

图 11-11　监控触摸屏

OCC 调度员可通过专用无线通信设备与司机进行对话，并无须司机授权直接对列车客室内乘客进行广播。当 OCC 对乘客进行语音广播时，车辆上的任何广播活动将被停止。

11.3.2　广播监听

司机室内设置司机室监听扬声器，司机可通过监听扬声器监听客室的广播情况，并可在广播控制盒上实时调节监听的音量，监听音量不可关闭。

11.3.3　预录紧急广播信息

当遇到紧急情况时，如发生火灾、严重故障等，司机可将预先录制好的疏导、提示等信息进行播放。信息的容量保证在每个区间可设置 3 个广播段，每段设置 50 s 的播报时间。

预录广播音频信息包括：预报站、到站、越站、开关门预示音、紧急广播等。以 MP3 格式的多媒体语音文件存储在 SD 卡中，用文件名来区分各项信息。在紧急广播触发时，贯通道 LED 显示屏将显示对应的文本信息；同时，LCD 显示器也将显示相关内容，直到紧急广播结束，LCD 显示器返回正常显示模式。

11.3.4　音量调节

通过广播控制盒上的音量调节界面或 HMI 屏相应界面，可对客室的广播音量进行手动调节。通过广播控制盒上的音量调节界面或 HMI 屏相应界面，可对客室的 LCD 屏音量进行手动调节。

在每个客室设置噪声检测装置，实时采样车厢内环境噪音进行自动增益，自动增益以 90 dBA 为基准，增益量 2 ~ 5 dBA 可调，确保客室广播音量满足在最恶劣条件下声音清晰、声强均匀、无死区，并能够抑制语音峰值，使之不高于平均输入电平 3 dB。车厢控制器可自动调节客室广播音量，使乘客能听清广播内容。也可通过 PTU 维护软件来调节客室广播音量及 LCD 屏音量。

11.3.5　广播优先级

车载广播系统具有控制中心对列车进行广播、司机人工广播、数字式语音广播、媒体伴音等方式。不同的广播方式有优先级别，在高级别的通信要求到来时，正在播送的低一级的通信立即中断，在高级别通信结束后自动恢复。低级别的广播通信不能打断高级别广播通信，需要等候高级别广播通信结束后才能开始。优先级模式能通过软件进行设置或修改。

列车广播系统推荐的优先级为：

（1）控制中心（OCC）对列车进行人工广播。

（2）OCC对列车播放预录紧急广播。

（3）司机室对列车进行人工广播。

（4）司机室对列车播放预录紧急广播。

（5）司机与乘客的可视化对话、司机室对讲。

（6）开关门提示音。

（7）报站广播。

（8）媒体伴音。

司机室之间对讲、司机与乘客的可视化对讲优先级相等，当两者同时出现时，可先有报警提示，由司机决定是否接通报警。

11.3.6　数字报站器

（1）数字报站器提供数字化自动报站功能，可以方便地更改广播内容。

（2）数字报站器接受 ATS 信息，并对由 ATP 设备传送的编码信号进行解码，系统能接收列车管理系统（TCMS）发送的站点信息进行自动报站。

 ## 11.4　司机对讲、乘客紧急报警系统主要功能

11.4.1　司机对讲

蓄电池供电时，一列车两端的司机室可以互相通话，两列车连挂时，四个司机室之间可以互相通话，每个司机室还能对乘客进行广播。救援车与被救援车都能实现紧急报警。司机对讲采用全双工的通信模式。

无论司机室是否被激活，司机按下司机台上的"司机对讲"按钮，显示屏显示报警状态，如没有更高优先级的功能在执行，对讲功能激活，无须对方司机确认，即可进行司机对讲。司机对着广播控制盒上的麦克风说话便可执行对讲。

司机对讲通过以下任一条件可终止：激活该功能的司机再次按下司机台上的"司机室对讲"按钮；有优先级更高的广播被激活。

司机对讲能在任何司机室发起，只有发起司机对讲功能的司机才能终止此次对讲。

司机对讲时，客室的自动广播能同时进行。

两列车连挂时，通过车钩总线的连接，四个司机室之间可互相对讲。

在司机室对讲时，系统可以有效消除侧音以及避免自激产生的啸叫，确保司机双向通话时的质量。

PA 总线实现列车广播总线和对讲总线分别设置，避免对讲和自动广播的冲突。

11.4.2　乘客紧急报警

在每个客室配备乘客紧急报警器，出现突发事件时，乘客可通过报警器上的紧急按钮向司机室发起报警。

乘客通过按钮旁的内嵌对讲装置和摄像头实现与司机的全双工可视通话。乘客紧急报警器设有指示灯来引导和指示乘客通话状态。

广播控制盒上有报警按键（带指示灯），当有乘客报警时，报警按键指示灯开始闪烁，并伴有声音提示，报警音从广播控制盒的监听扬声器发出，司机通过此按键来接听乘客报警。若司机30 s未接听乘客紧急报警，车辆将向OCC发送乘客紧急报警未接听提示。

乘客紧急报警器上电后处于复位状态，当有乘客按下报警键后，报警器进入报警状态；当司机室确认应答后，报警器进入通话状态；当司机室结束通话后，报警器恢复复位状态。

当有多个乘客紧急报警器同时进行报警时，系统对报警信号具有储存功能。一个报警被接通时，其他报警处于排队状态；当前报警通话结束后，司机可以接听后面的报警。报警发起的位置会显示在司机室广播控制盒上。

在乘客紧急报警回路中具有专用的消侧音和回声抑制电路，可以有效消除侧音以及避免自激产生的啸叫，确保乘客与司机双向通话时的质量。

为了准确记录乘客报警的实际情况，方便事后对乘客报警情况的分析处理，系统在乘客报警时将报警时的图像标记为事件，存入固定的报警记录文件夹，同时记录司机与乘客的对话内容。系统记录报警事件的方式如下：

（1）乘客报警信号发出。

（2）司机接听报警信号，与乘客开始对讲。

（3）在乘客报警事件记录时，视频监控系统仍正常监控客室情况，乘客报警系统单独配置的摄像头开始报警事件视频记录，此时此车厢内的 监控记录都改为事件记录，以全面记录车厢情况，但保持进行正常记录、存储及发送OCC、OCC调用等功能。

（4）广播系统在PIDS主机中将乘客与司机间的对讲语音信号合成，送入 PIDS 主机内，进行压缩处理，与报警事件一起，同时记录于报警专用的文件夹内，便于信息的联动查询。

（5）报警结束，系统完成报警事件的视频与语音的记录，重新回到正常监控视频的记录。

（6）系统能够自动将报警图像信息上传到运营控制中心，以便运营控制中心及时了解列车运行的状态，协助司机处理突发事件。

（7）紧急报警器摄像头获取的画面存储在视频监控服务器中。

当乘客紧急报警及对讲装置被激活后自动激活录音，以 WAV 或 MP3 的格式记录司机与乘客之间的谈话内容，司机复位乘客紧急报警及对讲装置按钮记录结束。录音内容存储在录音模块的存储卡中，所记录的 WAV 或 MP3 格式文件可以激活记录时间来命名。

带音频的录像文件以乘客紧急报警及对讲装置的发生时间存储，采用先入先出的方式，即旧的文件会自动删除，从而实现音视频文件的滚动存储。存储内容以多媒体语音文件的格式存储，可通过相应接口进行下载。

车载多媒体信息播放系统主要功能

车载多媒体信息播放系统包含车载服务器、播放控制器、客室 LCD 显示屏、LCD 电子地图、客室贯通道 LED 显示屏、客室交换机组等设备。

11.5.1　视频播放系统

每列车配置独立的车载视频播放系统，为列车上的乘客提供多媒体信息服务。该系统能优先通过 PIDS 系统车-地无线传输网络及有线网络从控制中心接收多媒体信息和紧急文本（文字及声音）实时播放，还能独立播放本车存储的多媒体信息，车载多媒体信息播放系统的硬件和软件故障在任何时候都能通过列车控制和诊断系统检测到。车载多媒体信息播放系统包含车载服务器、播放控制器、LCD 显示屏、客室交换机等设备。

视频播放系统拓扑图如图 11-12 所示。

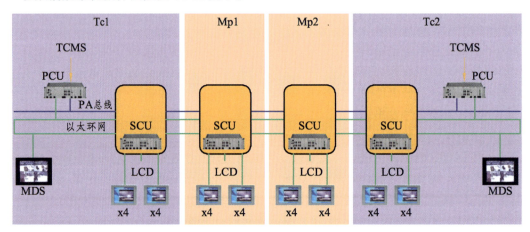

图 11-12　视频播放系统拓扑图

11.5.2　车载服务器

列车两端司机室各配有一套功能相同的车载服务器。正常时，两台服务器同时工作，当一台服务器出现故障时，另一台服务器接替其工作，从而实现冗余管理，提高车载设备子系统的可靠性。并能触发或告知 PIDS 系统进行切换。车载服务器能在运行中和停站（停车场/车辆段）期间，自动接收地面发送的实时多媒体信息。

11.5.2.1　LCD 播放控制器

列车两端驾驶室各配有一套功能相同的 LCD 播放控制器，并能通过车载服务器接收媒体信息以及播放列表进行播放。LCD 播放控制器对接收后的信息进行解码合成后，按照播放列表的规则通过分屏控制在 LCD 显示终端显示，要求同一列车 LCD 显示终端播放相同的内容；播放内容顺畅清晰，不出现画面中断或跳播的现象；支持至少 4 个窗口分屏播放模式，内容包括视频、图片、文本；每个区域可独立控制，具备单独的播出列表。

11.5.2.2 LCD 显示屏简介

列车每个车厢两侧共设置 6 台 21.5″ LCD 显示屏。系统图像分辨率为 1920×1080，每秒刷新帧数不低于 60。播放内容顺畅清晰，不出现画面中断或者跳播的现象；不同播放内容之间的画面切换显示间隔小于 1 s。各 LCD 显示至少可 4 分屏，内容包括视频、图片、文本等，播放视频时 LCD 屏自带扬声器伴音，多媒体控制软件增加同步机制来保证扬声器输出的同步性。

整列 LCD 显示终端可以在任意维护端口进行统一更新，采用软件升级的方式设置开机欢迎界面，贯通道显示器按相同方式设置开机欢迎界面。

显示终端出现无接收信号时能够自动全屏播放既有设置字样。LCD 显示屏有防护外框，防震动、防爆裂。LCD 显示屏的打开和关闭，可以通过手动指令方式或者根据预先设置好的时间系统自动触发。

显示器设置保护罩，设计为防破坏型，防护罩的透明面板有防反光涂层。

显示屏上有不超过 3 mm 厚的、有相当强度的钢化玻璃防护板，并涂有防反光涂层，以防止来自热、阳光（失色）的任何损害以及人为损坏。防护板不会对显示颜色的质量产生影响，并保护其不因手印和硬物等留下划痕。

显示器防护罩的设计应考虑抗冲击性，且不允许旅客从前面或后面分解。

11.5.2.3 LCD 系统播放功能

1．实时多媒体信息播放

列车运行中和停站（停车场/车辆段）期间，车载服务器（集成在司机室主机内）通过以太网接口与地面 PIDS 系统车地无线网络连接，接收实时多媒体视频信号，LCD 播放控制器从车载服务器获取实时媒体数字信号后进行叠加文字处理，输出 1 路数字 TS 流视频信号以及同步音频信号至车内以太网络。每节客室上车厢控制器从网络上接收 1 路数字视频信号后，输出 2 路数字视频信号至车厢两侧 LCD 显示终端上解码显示，从而使客室内所有 LCD 屏都播放相同多媒体信息。

媒体信息播放界面支持多窗口分屏播放模式，内容包括视频、图片、文本等。每个区域可独立控制，具备单独的播出列表，为用户提供播放资讯的灵活扩展，至少提供四套播放界面模板，界面模板可定期自动更换

2．非实时播放

没有实时信息时，系统自动播放 PIDS 主机内置硬盘中预先存储的信息，播放顺序按播出单依次进行。

11.5.2.4 LCD 多媒体播放的界面显示

1．正常显示

LCD 显示屏默认设置为 4 个子窗口分屏播放模式，包括多媒体视频，到站显示，电视新闻、广告、动画、图片，文本等（见图 11-13）。每个区域可以独立控制，具备单独的播放列表。LCD 显示界面设置区域可滚动显示文本信息，本地的文本信息存储于司机室 PIDS 主机，可通过 PTU 导入实现数据更新；车载设置数据接口，地面 PIDS 通过车地无线实现地面 PIDS 的文本与车载的联动显示。

图 11-13 LCD 显示屏显示效果

2．紧急信息的显示

当列车遇到紧急情况时，LCD 显示系统通过与广播系统或者 TCMS 的控制接口，接收紧急情况触发指令或自动触发，使 LCD 显示屏均全屏显示相应预案处理信息，指导乘客有序疏散，所有广告、娱乐节目停止播放。

11.5.3 乘客信息显示系统

乘客信息显示系统通过客室内安装 LCD 电子地图和贯通道 LED 显示屏为乘客提供必要的旅行换乘信息。它能够响应 PIDS 主机发来的触发信息，触发与其对应的显示单元，并与数字报站广播同步。显示内容的信息可通过司机室 PIDS 主机进行统一更新。该系统能够根据列车控制单元发来的触发信息，触发与其对应的显示，并与数字报站广播同步。

11.5.3.1 客室通道 LED 显示屏

每个客室设有 2 个客室站点 LED 显示屏，位于贯通道两端，用于显示乘客信息，包括列车运行线路、方向及终点站、到站（与数字广播报站同步）、下一站、紧急信息等内容。显示方式和字符为中文和英方滚动播出，一遍中文一遍英文。显示屏采用嵌入式安装，在显示屏外设置钢化玻璃防护板，防护板与侧墙板齐平，确保美观。客室内每块显示屏至少能显示°1行 8 个 16×16 点阵的汉字。

11.5.3.2　LCD 动态地图显示装置

在每个客室内设置门区 LCD 动态电子地图，用于显示列车运行线路、方向、下一站、客室车门打开侧、换乘站以及相应线路的示意图，方便乘客乘行（见图 11-14）。

在每个客室门区内设置 8 块 LCD 动态电子地图，用于指示线路上各车站站名、线路信息、到站信息等；通过具体画面来为乘客显示已驶过车站、即将到站、未经过车站、运行线路，以及到站开门侧等信息，可以根据用户要求组成所需要的线路形式，且可以通过修改软件方便地扩充显示内容如出站口信息等，还可根据需要在屏幕上显示多媒体信息。

图 11-14　LCD 动态地图

屏幕显示与报站信息同步显示，显示信息来源与报站信息来源一致，信息内容可由用户自行编辑和扩充，显示开门侧信息，站点换乘信息等。

在对应的车门隔离时，自动显示提示信息，整块动态地图显示相应的联动图片以引导乘客。触发信号源自门控系统，由 TCMS 转发给 PIDS 系统具体车门位置。

11.5.4　视频监控系统

车载视频监控系统包含 PIDS 主机、视频监控服务器、客室交换机、触摸显示屏及摄像机等，其中车载服务器、网络交换机、触摸显示屏可与车载多媒体信息播放系统合用。车载视频监视系统按两级监视及控制设计，即控制中心和列车司机监视。

11.5.4.1　监控功能

监控视频系统摄像机全部采用数字摄像机头。每列车配置独立的车载视频监视系统，供列车司机实时监视本列车上的治安状况。每个司机室配置 1 个全景摄像机、1 个触摸监控屏（采用电容屏）、1 个前视摄像机、1 个视频监控服务器，每个客室配置 2 个半球摄像头，这些设备组成了车载视频监视系统，为列车司机提供实时监视本列车上的治安状况。前视摄像机用于监控列车行驶线路信息，具有录音功能；司机室摄像头用于监视司机驾驶台和门旁开关门按钮等区域；客室摄像头用于监视客室治安状况，还可覆盖乘客紧急报警器、车门紧急解锁、贯通道以及电气柜等区域，做到客室监控无死角。司机可通过驾驶室的电容触摸显示屏任意选择本列车内的监控视频，同时可对车载多媒体信息播放系统发布紧急信息；在触摸屏上显示的视频可以是单摄像头画面，也可以是多摄像头画面（4画面）；可以显示原始视频画面，也可以显示分割以后的视频画面。司机监视可以选择为自动循环监视模式与人工监视模式轮换播放。

客室车门开门紧急手柄被乘客扳动时，该动作可通过列车管理系统将信息传送给车载列车综合监控系统，使得相应的摄像头图片被传送到司机室通知司机，并将联动报警信息传送到控制中心车辆地面视频管理服务器，由车辆地面视频管理服务器视频监控软件自动识别，可就地自动获取相应图像，同时司机室可触发或激活乘客信息系统紧急对讲功能等，乘客与司机对讲的联动视频（含语音）也进行主动上传。

11.5.4.2 录像功能

视频监控服务器接收到由监控网关传送的视频数据后，需要将视频图像数据保存存储至视频监控服务器的硬盘中，供需要时调用。视频监控服务器支持20路编码视音频数据（16路客室、4路司机室）的同时存储。系统采用H.265文件格式1 080像素的分辨率存储图像，每秒存储25帧图像。同一列车上部署2个视频监控服务器存储整列车20个摄像头的录像。本列车上的所有监视视频存储在视频监控服务器的硬盘中，硬盘存储容量至少满足15天（每天20 h）视频存储的要求。视频记录格式和帧率可通过软件调节。

11.5.4.3 上传功能

列车上的监视视频能通过地面PIDS系统无线传输网络传到控制中心。通过车-地无线网络，接收驾驶室内视频监控服务器的视频信息，实现接收并调用所有在线列车车内的视频监控图像信息。OCC可通过综合监控工作站和大屏，利用地面服务器平台，实时调看本线各运行列车上的视频监视图像，实现对全线运行列车各区域的监视；并可根据需要调用地面服务器上存储的历史视频资料，在指定显示器上回放。播放时支持快放、慢放、暂停、单帧放，可对需要的画面进行抓拍保存。在控制中心可调看列车上的监视视频，可以编程设置为自动循环监视模式和人工监视模式切换播放。

乘客紧急报警、门紧急解锁、火灾报警的联动视频上传OCC，同时乘客紧急报警对讲的语音集成于乘客紧急报警视频中上传至OCC。

11.5.4.4 图像处理

1．图像标签技术

系统支持图像标签技术，紧急（乘客紧急报警/门紧急解锁/火灾报警）情况下采集的视频图像，视频编码器都会将报警时间、地点以文字形式叠加在视频中，同时拍摄的视频录像将以发生联动的类型、时间、地点为文件名存储，可以通过这些标示快速查找和回放这些特殊的图像。

2．视频文件大小

在存储过程中，每个视频文件的时间长度默认为 5 min，可以根据实际情况修改配置文件的参数来修改。当视频文件达到默认的时间长度后结束当前文件的存储，并生成一个新的视频文件，同时不会出现视频闪断 0.1 ms 的情况，保证视频文件的连续性，不丢失任何时间点的视频图像。

3．防伪技术—数字水印（Watermarking）

为防止记录视频数据的篡改，图像在存储到数字硬盘/存储器之前运用了数字水印防伪技术。系统将原始采集的图像进行水印处理，将水印嵌入到图像中。水印将作为图像文件的一部分存储到数字硬盘/存储器。

视频回放过程中，不能通过肉眼直接看到或检测到水印，只能使用受控并经授权的专用软件才能检测到。

摄像头的编号信息、时间信息以及列车车次号信息也同时叠加在图像上记录。

11.5.4.5　文件管理

授权的操作人员可以通过触摸屏监视器或 PTU 视频管理软件连接到系统内部网络访问视频监控服务器，进行录像文件的查询。系统操作人员可以根据车体号、IP 地址、日期时间、摄像机编号等组合为查询条件存储在视频监控服务器上的录像文件。日期时间可分为时间点查询和时间段查询两种方式。时间点查询是查询某个具体时间的符合查询条件的视频录像文件，而时间段查询是指查询起始时间和结束时间之间符合查询条件的视频录像文件。

录像类型包括自动、视频丢失、报警三种类型。自动类型表示在没有发生报警情况时的视频录像文件。视频丢失类型表示视频丢失后对应的视频录像文件。报警类型表示当有客室紧急对讲点工作、客室车门紧急解锁手柄解锁等报警发生后对应的视频录像文件。

11.5.4.6　冗余功能

两个司机室的视频监控储存服务器同时工作，互为热备份。车载视频监控系统加电启动后，当接收到 TCMS 给出的信号（确定哪个司机室是激活端）时，两个视频监控服务器确定主备关系。若无 TCMS 信号，视频监控系统根据竞争机制确定主备用关系。视频监控服务器之间采用每秒 1 次的心跳信号确认对方的存在，当主用视频监控服务器出现故障时，备用视频监控服务器将在 3 s 左右发现故障的存在，并启动切换程序。

当主备用视频监控服务器中的一台出现故障时，另外一台仍正常工作，完成监控、记录等功能。两端司机室视频监控服务器同时工作，即使车内网络出现单点故障，依然不影响整个系统，服务器能够存储全列车 20 个摄像头的视频图像数据。

11.5.4.7　联动功能

视频监视在乘客紧急报警、门解锁、火灾报警这几种紧急情况之间存在联动。

1．乘客紧急报警联动

当乘客按下 PECU 后，PECU 发送一条触发信号给车载视频监视系统，车载视频监视系统通知对应的视频编码器将报警类型、时间、地点以文字形式叠加在视频中，同时触摸监控屏将以全屏模式切换至该画面，并将视频实时上传到 OCC，伴有醒目的文字提示（如列车号码、车厢号码、时间标记等）和声音提示。拍摄的视频录像将以紧急报警的类型、发生的时间、车厢号、报警器序号为文件名进行保存，采用 FIFO 模式存储。

2．车门解锁联动

一旦发生客室乘客扳动列车紧急开门扳手，立即将该车厢的客室监视的画面显示到司机室、控制中心 OCC，并伴有醒目的文字提示（如列车号码、车厢号码、时间标记等）和声音提示。

3．火灾报警联动

列车火灾报警系统产生报警信号后，TCMS 将报警信号传输给 PIDS 系统，自动触发火灾报警所在位置附近的监视图像在激活端司机室的显示，车载视频监视系统通知对应的视频编码器将报警类型、时间、地点以文字形式叠加在视频中，触摸监控屏以全屏模式切换至该画面，并将视频实时上传到 OCC，伴有醒目的文字提示（如列车号码、车厢号码、时间标记等）和声音提示。拍摄的视频录像将以紧急报警的类型、发生的时间、车厢号为文件名进行保存，采用 FIFO 模式存储。

4．联动优先级

由于 CCTV 和多种紧急情况之间存在联动，多种紧急情况可能同时发生，触摸监控屏同时只能显示一种紧急情况的联动画面，因此，联动功能需设置优先级，优先级从高到低排序为：门解锁 > 火灾报警 > 乘客紧急报警联动，弓网报警不进行视频联动显示，仅在 HMI 提示报警信息。

多种联动可以同时触发，若在某一时刻，高优先级和低优先级联动同时存在，则触摸监控屏将全屏显示（或切换至）高优先级联动对应的摄像头拍摄的画面。

车载智能分析系统主要功能

智能分析主机主要完成对车厢内乘客拥挤情况的实时分析，并将分析出来的结果传送至车载 PIDS 系统，最终车载 PIDS 系统通过车-地无线网络将分析结果上传至 OCC 地面 PIDS 系统，地面 PIDS 系统发布至车站站台 PIDS 显示屏，显示即将到站列车的各车厢拥挤度信息，指引乘客排队候车。其系统架构如图 11-15 所示。

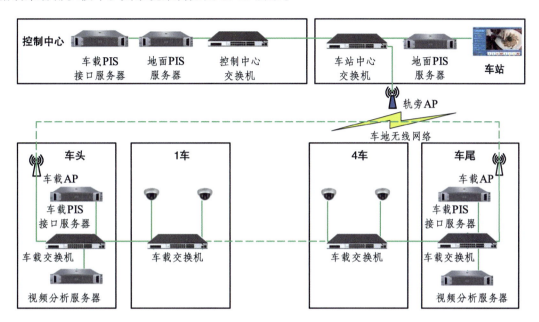

图 11-15　拥挤度分析系统架构

车厢拥挤度检测系统主要由智能分析主机完成，利用车辆每节车厢既有的高清摄像机实现车厢的覆盖。在两端司机室各设置一套智能分析主机，每套智能分析主机可以处理 32 路高清 H.265 实时视频。

每套智能分析主机通过以太网进行通信，在列车每站关闭后，智能分析主机接收 TCMS 的关门信号，对各车厢的监控视频进行乘客密度分析，并按照指定接口协议上报车厢拥挤度数据，数据通过车地无线传输至地面 PIDS 服务器，完成车厢拥挤度信息在站台信息显示屏上的发布显示工作。

 **PIDS 系统冗余功能**

11.7.1　列车广播控制单元冗余

11.7.1.1　控制主机主从设置

占有（钥匙）信号通过硬线与司机室 PIDS 主机连接，占有端司机室的司机室 PIDS 主机即为主机，另一端为从机，有占有信号一端的司机室，其广播控制盒即为主台，另一端为副台。

当占有端司机室 PIDS 主机内的设备故障和通信故障（与车辆 TCMS 网络通信中断）时，另一端司机室 PIDS 主机被自动激活，接替原主机的工作，单控制主机故障不影响系统功能。

广播控制盒的激活端在占有端司机室时，可以与当前在用的 PIDS 主机中的中央控制器进行通信，完成司机的终端操作。司机室 PIDS 主机发生主备倒换时，广播控制盒激活端不进行切换，以便于司机操作。

车头和车尾的车载服务器同时工作，与主司机室 PIDS 主机保持通信。从司机室 PIDS 主机只接收其数据，不做处理。与主司机室 PIDS 主机通信的车载服务器发生故障时，从司机室 PIDS 主机与对应车载服务器进行通信，接收数据并处理，通过车载 PIDS 网络实现车载服务器的冗余功能。

主司机室 PIDS 主机接收 TCMS 数据流，进行实时报站，并实时回复；从 PIDS 主机只接收 TCMS 数据流，不作出响应。当广播主机主从切换后，TCMS 系统可以识别。

11.7.1.2　备用总线冗余设计

当两端司机室 PIDS 主机都发生故障时，系统能够降级运行，提供司机对客室的人工广播功能，即为应急人工广播，从广播控制盒到各客室控制主机的功率放大器通过 PA 总线连接，该总线是在系统以太网总线完全失效时，保证司机可以对客室进行人工广播。

11.7.1.3　双功放冗余设计

系统在每节客室的客室控制主机均配置了 2 个功率放大器模块，分别连接客室两侧的扬声器，当一个功率放大器模块出现故障时，只影响客室一侧的扬声器，另一侧扬声器正常工作，完成对客室的广播功能。

11.7.2　信息显示系统冗余

信息显示系统控制功能集成于司机室 PIDS 主机，同样采用热备份机制。当激活端 PIDS 主机故障时，另一端 PIDS 主机可替代其工作。

LED 屏和 LCD 动态地图屏均有 Bypass（旁路）功能，单设备出现故障不会影响其他级联设备的正常运行。

11.7.3　视频播放系统冗余

视频播放系统控制功能集成于司机室 PIDS 主机，同样采用热备份机制。当激活端 PIDS 主机故障（含离线）时，另一端 PIDS 主机可替代其工作。

多媒体控制软件增加了同步机制，保证播放多媒体伴音时，LCD 显示屏自带扬声器输出的同步性。

LCD 显示屏具有 Bypass 功能，单设备出现故障不会影响其他级联设备的正常运行。

11.7.4 视频监控系统冗余

两个司机室的视频监控储存服务器同时工作，互为热备份，单个存储服务器故障不会影响监控系统的存储功能。车载视频监控系统加电启动后，当接收到 TCMS 给出的信号（确定哪个司机室是激活端）时，两个视频监控服务器确定主备关系。若无 TCMS 信号，视频监控系统根据竞争机制（暂定地址大小）确定主备用关系。视频监控服务器之间采用每秒 1 次的心跳信号确认对方的存在，当主用视频监控服务器出现故障（含离线）时，备用视频监控服务器将在 3 s 左右发现故障的存在，并启动切换程序。

当主备用视频监控服务器中的一台出现故障时，另外一台仍正常工作，并完成监控、记录等功能。两端司机室视频监控服务器同时工作，即使车内网络出现单点故障，依然不影响系统功能。服务器能够存储全列车所有摄像头的视频图像数据。

11.7.5 终端设备级冗余

Bypass，即旁路也就是通过电原理，让两个设备实现物理上的导通，某设备故障时，自动旁路该坏掉的设备，保证单点故障不影响其他设备的正常通信。

Bypass 用于级联设备之间，为避免级联设备因前端设备损坏而导致其后续设备的不正常工作，终端级联设备均具备 Bypass 设计。

11.7.6 网络冗余

各车厢控制器集成一个二层工业级交换机，各司机室 PIDS 主机集成一个三层工业级交换机，通过链路聚合技术在列车客室内构建数字宽带传输聚合网络。具备冗余功能：当任何一根线断开的时候，另外一根线依然能保持网络通信。交换机同时具备旁路功能：当某个车厢的交换机不工作的时候，它还提供了旁路功能，下一个车厢的交换机依然能得到信号而且正常工作，所以整个系统还是能正常工作的。这个旁路功能是自动的，不需要任何操作。

 PIDS 系统型式试验

PIDS 系统型式试验项目如表 11-3 所示。

表 11-3　PIDS 系统型式试验项目

序号	试验项目	型式试验	例行试验
1	外观检验	√	√
2	性能试验	√	√

序号	试验项目	型式试验	例行试验
3	低温试验	√	
4	高温试验	√	
5	交变湿热试验	√	
6	电源过电压试验	√	
7	电磁兼容试验	√	
8	绝缘试验	√	√
9	耐压试验	√	√
10	盐雾试验	√	
11	振动冲击试验	√	
12	防护等级试验	√	
13	温升试验	√	
14	低温存放试验	√	
15	功能试验	√	√

 11.9 PIDS 系统检修修程

PIDS 系统检修修程如表 11-4 所示。

表 11-4 PIDS 系统检修修程

一级修（2 000 km/2 天）				
系统	编号	项目	技术要求	备注
PIDS 系统	PIDS01	旅客服务系统基础功能检查	1. 司机室及客室的扬声器声音正常； 2. 司机室及客室的摄像头外观正常，无破损裂纹； 3. 客室 LED 显示器、客室 LCD 显示器外观正常，显示画面正常； 4. 司机室监控屏外观正常，紧固件无松动，各个监控界面画面清晰正常； 5. 动态地图流水灯外观正常，无坏点； 6. 乘客紧急报警按钮外观正常，无破损； 7. 广播控制盒外观正常无损坏，面板按键齐全； 8. 通过 HMI 设置线路进行人工报站，随机选择 2 个站点进行出入站报站，报站语音正确，无杂音； 9. 通过广播控制盒进行人工广播，功能正常，无杂音； 10. 通过广播控制盒进行司机室对讲功能测试，功能正常，无杂音	

二级修（30天/3万km）包：一级修基础上增加的项目）				
系统	编号	项目	技术要求	备注
PIDS系统	PIDS02	动态地图指示灯功能、紧急广播功能、语音音量功能、乘客紧急报警功能检查	1. 动态地图接线良好，插头无松动； 2. 动态地图报站后，站点的LED指示灯为绿色，未运行的线路为红色，即将到站LED指示灯为黄色闪烁； 3. 分别通过HMI、广播控制盒随机选择2条紧急广播进行播报，功能正常，无杂音； 4. 通过广播控制盒设置语音音量，功能正常； 5. 乘客紧急报警功能试验，按下客室紧急报警按钮，绿色"报警"指示灯闪烁，蜂鸣器长鸣，主端DACU上的"通信"指示灯闪烁，DACU自带扬声器播放振铃提示音司机按下DACU上的"紧急通话"按键，建立与PECU的对讲模式，PECU红色"报警"指示灯常亮，蜂鸣器停止紧急对讲期间，司机、乘客的声音均清晰响亮、无杂音	

| 二级修（90天/9万km）包：30天包基础上增加的项目） | | | | |
| 无增加项点 | | | | |

二级修（180天/18万km）包：90天包基础上增加的项目）				
系统	编号	项目	技术要求	备注
PIDS系统	PIDS03	LCD语音、文字同步性检查	客室LED显示器、客室LCD显示器设备启动时显示信息正常，显示信息刷新与广播播音同步	

二级修（360天/36万km）包：180天包基础上增加的项目）				
系统	编号	项目	技术要求	备注
PIDS系统	PIDS04	噪检、扬声器线检查；噪检功能测试	1. 打开侧顶板、平顶板检查门，噪音检测器、扬声器接线正常，插头无松动； 2. 检查噪音检测器功能正常	

 **11.10 课后习题**

（1）简述列车广播系统播放优先级。

（2）简述三种车载广播模式各自的特点。

（3）简述车载服务器的功能。

（4）简述一列车共有几个视频摄像机，并说出其分布位置。

（5）简述视频播放系统的冗余功能。

第十二章

空调系统

空调系统的作用是对市域动车组车辆客室和司机室进行空气调节，以满足乘客及司机的舒适性要求，空调机组安装在客室车顶，与客室内的风道连接，具有通风、制冷、制热、除湿。

12.1 空调系统组成及关键部件

本空调系统由客室空调机组，空调控制装置、司机室送风单元、废排装置和压力波保护装置组成。每辆车安装 2 台顶置单元式空调机组，一台单元式废排装置，由一台控制盘进行控制（见图 12-1）。每列车为 4 编组形式，共有 8 台客室空调机组，4 个控制盘，4 台废排装置、2 台司机室送风单元和 2 套压力波保护装置。

每车空调系统由 2 台顶置单元式空调机组、1 台空调控制盘、1 台废排装置、1 套风道系统、1 套排水管路组成；头尾车司机室内设置 1 个压力控制装置和 1 台司机室送风单元。

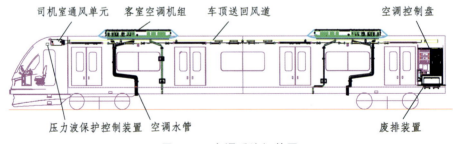

图 12-1 空调系统拓扑图

12.1.1 空调机组

空调机组根据功能可分为单冷空调和冷暖空调；根据频率是否可变分为定频空调和变频空调；根据采暖方式分有电热型空调和热泵型空调。空调主要部件有压缩机、蒸发器、冷凝器、通风机、冷凝风机、回风电动阀、新风电动阀、压力保护阀、节流装置、干燥过滤器、气液分离器、冷媒管路、阀门以及高、低压保护装置等，如图 12-2 所示。电热采暖的空调还设有电加热，变频空调还设有变频器等部件，热泵型变频空调在变频空调的基础上增加了四通阀等部件。定频空调机组通常设 2-4 台压缩机，通过 2-4 台压缩机工作状态组合，可实现空调机组多级能量控制，能更好的适应客室负荷需求。变频空调通过变频控制可实现压缩机在不同的频率下运转，可满足不同热负荷的需求，并实现节能。

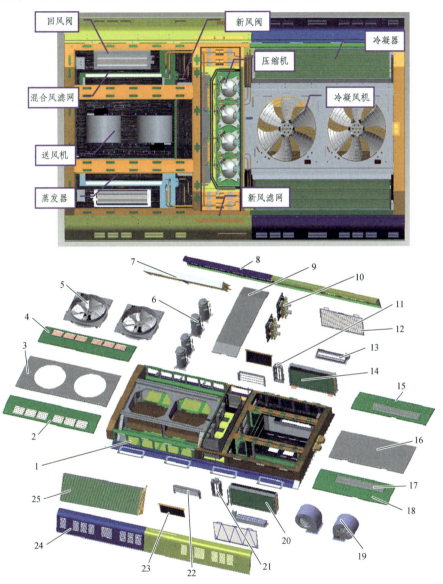

1—箱体组成；2—冷凝腔盖板二组成；3—冷凝腔盖板一组成；4—冷凝腔盖板三组成；5—轴流风机；6—压缩机；
7—冷凝器一；8—罩板一组成；9—压缩机腔盖板组成；10—压力波保护阀；11—新风阀二；
12—混合风滤网（框架）；13—回风阀；14—蒸发器一；15—蒸发腔盖板三组成；
16—蒸发腔盖板一组成；17—滤网盖板组成；18—蒸发腔盖板二组成；
19—离心风机；20—蒸发器二；21—新风阀一；22—新风口；
23—新风滤网；24—罩板二组成；25—冷凝器二。

图 12-2　空调系统组成

12.1.2 废排装置

每节车厢设置一台强制式废排装置（见图 12-3），废排装置主要由废排风机、废排风阀、压力保护阀等装置组成，主要用于将车内的废气排出车外。废排装置设置于车辆电气柜内部，车辆设有排气口，车内废气由排气口通过排气装置排出车外。

图 12-3　废排装置示意图

12.1.3 空调控制盘

每辆车设置 1 台空调控制盘，控制每车客室空调机组及废排装置的工作。空调控制盘包括空调控制器、触摸屏、空气开关、接触器、过载保护元件等。空调控制器是空调控制系统的核心，按其设定的程序准确控制着空调系统的正常工作，空调控制盘整体布局如图 12-4 所示。

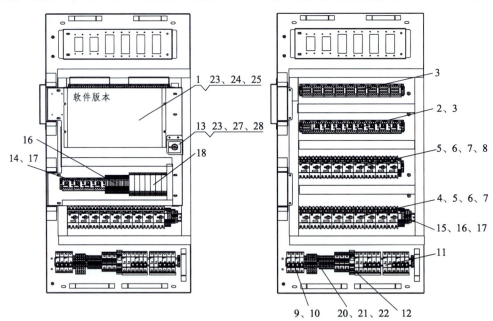

1—空调控制器；2、3—接触器；4～8—热磁断路器；9～11—断路器；12—三相电压监控继电器；
13—选择开关；14～18—中间继电器；19～22—接线端子。

图 12-4　空调控制盘示意图

空调控制器可按照预定程序，控制本车 2 台客室空调机组和废排装置工作，完成不同模式控制、相关保护、故障诊断及记录，实现本控功能（在本车控制本车空调系统）；也可利用 MVB 总线与列车控制和诊断系统通信，完成指令和信息的交换，实现集控功能（在司机室控制整列车空调系统）。

12.1.4　司机室通风单元

为了满足司机室的通风、制冷、制热需求，司机室顶板上部安装司机室通风单元，司机室通风单元由离心风机、调速器、电加热器组成，如图 12-5 所示。通过调速变压器或变频器可实现风量的多级调节，满足司机的舒适性调节。

12.1.5　压力保护系统

压力保护系统由压力保护控制装置、新风压力保护阀（空调机组内）、废排压力保护阀（废排装置内）等组成。压力保护控制装置主要由压力波控制器、继电器、储气管及相关结构挂架组成。压力保护系统可以防止车外压力波传入客室造成乘客耳鸣，提高乘坐舒适性（见图 12-6）。

图 12-5　司机室通风单元示意图

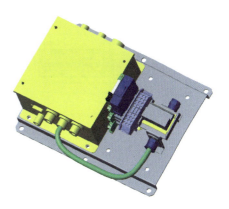

图 12-6　压力保护系统示意图

12.1.6　风道系统

风道系统由送风道、回风道、司机室送风道及送风孔板等构成，采用孔板送风形式，具有送风均匀性好，噪声低的特点。

送风道位于车顶中部位置，为整车贯通的送风道。空调机组下部送出的风经送风道，再经车顶送风孔板送入客室。

主回风道位于送风道两侧并整车贯通，与送风道集成为一体，支回风道分散布置在侧墙两侧与回风道连接。

司机室送风道位于司机室顶板上部，一端与客室送风道相连，一端与司机室通风单元相连，将经过相邻客室空调机组处理过的空气引入司机室。

12.1.7 司机室电暖器

司机室电暖器在驾驶室温度较低时，作取暖用（见图 12-7）。

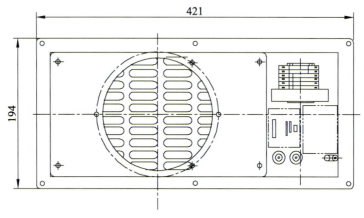

图 12-7 司机室电暖器示意图

 ## 12.2 空调系统功能及原理

空调系统主要功能如表 12-1 所示。

表 12-1 空调系统功列表

设备名称	功能概述
空调机组	对客室内空气的温度、湿度等进行调节，并提供清洁的新鲜空气，以满足乘客乘坐舒适度的要求
废排装置	将客室内部分空气排出车外，废排风量与新风量同步控制，维持车内微正压
空调控制盘	控制客室空调机组及废排装置的工作状态
压力保护系统	控制客室空调机组及废排装置内部的压力保护阀，保证客室内压力波动满足舒适度要求
司机室通风单元	从相邻客室风道系统中将空调机组处理过的空气引入司机室，保证司机室新风供应和空气调节
司机室电暖气	实现司机室冬季采暖功能
风道系统	送风道将经空调处理的空气输送到客室区域，回风道将客室内部分空气输送回空调机组进行再循环

12.2.1　空调制冷制热原理及控制

制冷系统原理：由压缩机压缩成高温高压的 R407C 蒸汽，进入风冷冷凝器，经外界空气的强制冷却，冷凝成常温高压的液体，进入毛细管节流降压，变成低温低压的气液混合冷媒，然后进入蒸发器，吸收流过蒸发器的空气的热量，蒸发成低温低压的蒸汽，被压缩机吸入，完成一个制冷循环。压缩机不断工作，达到连续制冷的效果。

制热系统原理：空调机组制热时，压缩机排出过热气态冷媒通过四通阀进入室内热交换器，在室内热交换器中利用室内侧风机降温，变成过冷液态冷媒流出（室内侧风机将通过室内侧换热器加热的循环风送到车内）；经过电子膨胀阀的节流，液态冷媒进入室外换热器中蒸发吸热，变成低温低压气态冷媒回到压缩机；完成制热过程。

空调系统原理如图 12-8 所示。

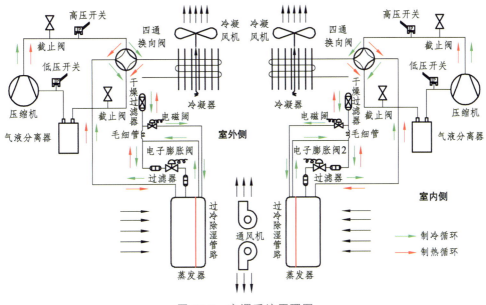

图 12-8　空调系统原理图

12.2.1.1　空调系统控制

空调运行控制可通过"集中控制"和"本车控制"两种方式实现。

当列车正常运行时，各控制器的触摸屏默认"集控"时，空调机组由司机室集中控制，为集中控制方式。当列车检修或进行调试时，各控制器的触摸屏可以实现对本车辆的空调机组单独控制，为本控方式。

1．集控模式

集控模式是指 TCMS 通过列车总线对空调模式进行设定，实现空调的正常运转。

空调操作界面：界面设有"自动""通风""停机""制冷""制热""温度调节"等操作按钮。定频空调还可以根据需求设有"半冷""全冷"等选项。

2．本控模式

本控模式是指通过某一具体车辆对本车的空调系统进行单独控制，可通过操作控制盘上的触摸屏实现。

通过控制空调可实现以下运行模式：

1）自动模式

空调系统在集控模式或本控模式下的自动位时，整列车辆空调控制器根据温度传感器的数据自动控制空调部件的运行状态，实现空调系统制冷、制热或通风的功能。自动模式下车内温度根据 UIC553 曲线自动设定，新风阀角度、压缩机运行频率由空调自动控制。

2）通风模式

集控或本控的"通风"模式下，空调压缩机和冷凝风机都不工作，只有通风机工作。两台通风机单独控制，一台通风机故障时，另一台通风机可以正常工作。通风模式时新风阀、废排风阀、回风阀全开。

3）停机模式

当在 TCMS 显示屏上选择停机，则空调在接收到 TCMS 发送的"空调停止"模式命令后，要求机组部件全部关闭，此时回风阀挡板处于全关位置，新风阀处于全关位置；空调需要实时检测部件状态、温度等信息，并保持与 TCMS 的通信。

4）手动制冷模式

在集控模式下，TCMS 显示屏空调操作界面下选择"制冷"，当空调机组收到 TCMS 发送的"制冷"模式命令和"温度设定值"后，空调运行于制冷模式，此时客室内目标温度可手动设定。

在本控模式下，在本控屏上选择"制冷"，也能运行制冷模式。

5）预冷模式

在初始上电开机，空调机组收到 TCMS 发送的"自动"模式命令后，空调自动判断是否进入预冷模式。当空调机组首次开机，且室内温度高于一定值时，空调进入预冷模式。

6）手动制热模式

在集控模式下，TCMS 显示屏空调操作界面下选择"制热"，当空调机组收到 TCMS 发送的"制热"模式命令和"温度设定值"后，空调运行"制热"。制热模式下，客室内目标温度可手动设定。

在本控模式下，在本控屏上选择"制热"，也能运行制热模式。

7）预暖模式

在初始上电开机，空调机组收到 TCMS 发送的"自动"模式命令后，空调自动判断是否进入预暖模式。当空调机组首次开机，且室内温度低于一定值时，空调进入预暖。

8）紧急通风模式

空调运行时，在列车三相 380 V/50 Hz 交流电源失效的情况下，空调机组自动进入紧急通风模式。

当交流电源恢复时或紧急通风达到 45 min 后空调退出紧急通风模式。也可通过手动进入或退出紧急通风模式。

空调系统设集控和本控两种方式。各车厢的"本控模式触摸屏"（以下简称本控屏）上设有"集控"档。当列车正常运行时，各车厢的本控屏上的控制模式置于"集控"位，空调机组的工作模式由司机室集中控制，为集控方式。当列车检修或进行测试时，可将本控屏的控制模式置于其他位，从而实现对本车空调系统的单独控制及故障诊断功能。

集控时，需在 HMI 上进行操作，HMI 显示屏设置有制冷、自动冷、全冷、半冷、通风、停机、测试等控制命令：

（1）制冷：在"制冷"位时，根据本机组回风温度传感器采集的温度值 T_i 及本车控制屏上的目标温度值 T_{ic} 按图 12-9 所示制冷温度控制曲线自动运行。本控屏上目标温度 T_{ic} 设置范围为 22～28 ℃。系统开机默认为制冷模式。另外，在"制冷"位时，如果空调首次开机即检测到 $T_i \geqslant T_{ic} + 4$ ℃，则执行预冷状态。新风电动阀、废排电动风阀关闭，空调自动全冷运行。当 T_i 降到 $T_i < T_{ic} - 1$ ℃，或者预冷持续 30 min 后，或模式发生转换，则预冷状态结束。此时新风电动阀、废排电动风阀打开，空调根据当前的客室温度执行相应的工况。

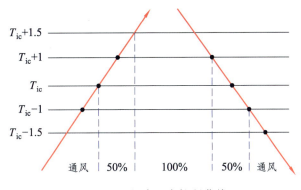

图 12-9　制冷温度控制曲线

（2）自动冷：在"自动冷"模式下，室内的温度是由空调自动控制的，空调自动设定的温度范围为 22～28 ℃，1 ℃ 可调。空调按照 UIC553 标准根据室外温度自动调节设定温度，按下述公式计算出设定温度（T_{ic}）：$T_{ic} = 22$ ℃（如果 $T_e < 19$ ℃）；$T_{ic} = 22$ ℃ $+ 0.25$ ℃（$T_e - 19$ ℃）（如果 $T_e \geqslant 19$ ℃）。

其中，T_e 为外界环境温度；T_i 为室内温度；T_{ic} 为室内目标温度计算值

根据以上公式计算后的 T_{ic} 值如果大于 28 ℃，T_{ic} 均设定为 28 ℃，即 T_{ic} 最大值为 28 ℃。

（3）通风：触摸界面的"通风"，该工况下本车两台空调机组仅通风机运行。

（4）半冷：触摸界面的"半冷"，该工况下本车两台空调机组均各有 2 台压缩机运行。

（5）全冷：触摸界面的"全冷"，该工况下本车两台空调机组均各有 4 台压缩机运行。

（6）停机：触摸界面的"停止"，该工况下本车两台空调机组均停止运行。

（7）紧急通风：HMI 触摸屏上设有"紧急通风开"和"紧急通风关"按钮，在触摸屏按下"紧急通风开"按钮后，空调停机并延时 20 s 后自动进入紧急通风模式。进入紧急通风后，紧急逆变器启动，延时 5 s 后，通风机及废排风机由紧急通风逆变器供电运行。同时，回风阀全关，新风阀及废排风阀全开。

当进行本控操作时，空调控制柜内具有一个功能选择开关，分为停机、自动、手动通风、手动半冷、手动全冷 5 个档位：

（1）停止：空调机组停机，不响应任何网络命令及本控屏的命令。

（2）自动：空调机组受集控或者本控（后操作优先原则）控制。

（3）通风：空调通过硬线控制空调机组工作在通风模式，此时空调不受控制器及车辆网络控制。

（4）半冷：空调通过硬线控制空调机组工作在半冷模式，两台空调机组均各有 2 台压缩机运行，此时空调不受控制器及车辆网络控制。

（5）全冷：空调通过硬线控制空调机组工作在全冷模式，两台空调机组均各有 4 台压缩机运行，此时空调不受控制器及车辆网络控制。

空调控制柜内具有本控屏，用于本车控制。布局主要有以下三部分组成：

显示屏顶部菜单栏有工作状态标识区、模式选择区、故障信息区、时间显示区、显示屏中间部分为状态信息显示部分，内容包括运行信息、故障信息、模式选择等；显示屏底部菜单有运行信息、历史记录、参数设置、集控和翻页。

本控屏可以设置制冷、通风、半冷、全冷、测试、停止等控制命令：

（1）制冷：触摸界面的"制冷"，该工况下，根据本机组回风温度传感器采集的温度值 T_i 及本车控制屏上的目标温度值 T_{ic} 按制冷温度控制曲线自动运行。本控屏上目标温度 T_{ic} 设置范围为 22～28 ℃。

（2）通风：触摸界面的"通风"，该工况下本车两台空调机组仅通风机运行。

（3）半冷：触摸界面的"半冷"，该工况下本车两台空调机组均各有 2 台压缩机运行。

（4）全冷：触摸界面的"全冷"，该工况下本车两台空调机组均各有 4 台压缩机运行。

（5）停止：触摸界面的"停止"，该工况下本车两台空调机组均停止运行。

（6）测试：触摸界面的"测试"，处于测试位时，控制器将忽略 TCMS 网络信号（如压缩机允许启动信号等），配合本控的其他位（如半冷位等），可以单独对空调机组的主要部件及运行模式进行测试。

查询故障信息：在显中屏中间部分显示机器中发生的故障，如果故障非常多可以点击翻页查看更多信息，由此能够很快确定故障原因。

时间显示：时间显示记录微机控制器工作时的准确时间，该时间可以通过 MVB 网络或 PTU 软件进行校时。

运行信息：点击屏幕底部的"运行信息"，屏幕中间部分将出现制冷设定、回风温度和新风温度，还有机组 1 和机组 2 的工作状态。

历史记录：点击屏幕底部的"历史记录"，屏幕中间部分将出现历史故障信息，可以点击"返回首条""上一条""下一条""清除记录"命令执行针对历史故障记录的相应操作。

控制器状态：屏幕底部的集控反显，则表示控制器处于集控状态，此时系统工作受网络控制。当在模式选择界面中进行制冷、全冷、半冷、通风、停止操作时，系统自动转为本控模式。

12.2.2 压力保护系统工作原理

列车压力保护系统由压力保护装置和压力保护阀两部分组成。

压力保护控制器位于头车，通过压力传感器感知车内外压力变化，并根据车内外压力变化率来控制压力保护阀的开启和关闭。该装置设有测试开关和强开、强关功能，司机可以手动控制压力保护阀的开和关。该装置通过 CAN 接口与空调微处理器通信，通过空调微处理器上传相关故障信号。当车内压力急剧变化时，设置压力保护系统可以有效阻止车外压力波动向车内传递，保证车内压力波动处于较低水平，提升舒适性（见图 12-10）。

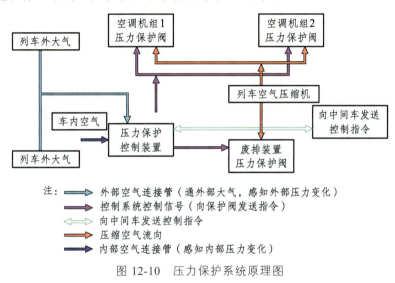

注：
— 外部空气连接管（通外部大气，感知外部压力变化）
— 控制系统控制信号（向保护阀发送指令）
— 向中间车发送控制指令
— 压缩空气流向
— 内部空气连接管（感知内部压力变化）

图 12-10 压力保护系统原理图

压力保护阀分为新风压力保护阀和废排压力保护阀，分别位于空调机组新风口和废排装置排风口，可通过接收压力保护控制器发出的动作信号，迅速关闭或打开新风口和废排风口，并由感应开关将压力保护阀的动作信号反馈到空调微处理器，通过空调微处理器监控压力保护阀的工作状态。

压力波控制系统由压力波控制器软件控制，通过内置的压差传感器检测车辆内外的压力差，并根据采集数据发出控制指令，迅速关闭或打开相应的气动风阀，控制车内的压力变化。

12.3 空调系统型式试验

空调部件的型式试验根据 TB/T 1804 进行，主要试验项目如表 12-2 所示。

表 12-2　空调系统型式项目

序号	试验项目	型式试验	例行试验
空调机组试验项目			
1	额定制冷量和输入功率试验	√	—
2	最大负荷制冷和输入功率试验	√	—
3	极端条件下的运转试验	√	—
4	低温工况试验	√	—
5	凝露工况试验	√	—
6	调压试验	√	—
7	机组蓄水试验	√	√
8	振动和冲击试验	√	—
9	绝缘电阻试验	√	√
10	介电强度试验	√	√
11	制冷剂泄漏试验	√	√
12	功能和运转试验	√	√
13	空调机组淋雨试验	√	√
14	新风量试验	√	—
15	整机噪音试验	√	—
16	构造检查	√	√
17	称重检查	√	—
18	外观和尺寸检查	√	√
19	静压试验	√	—
20	通风机空气动力特性试验	√	—
21	故障保护试验	√	√
22	交变湿热试验	√	—
23	气密试验	√	√
24	冷凝风机的风量和风压试验	√	—
25	模拟装车排水试验	√	—
26	EMC 试验	√	—
空调控制盘试验项目			
1	外观和尺寸检查	√	√
2	构造检查	√	√
3	绝缘电阻试验	√	√
4	介电强度试验	√	√
5	振动和冲击试验	√	—
6	电磁兼容试验	√	—
7	功能试验	√	√
8	称重试验	√	√

序号	试验项目	型式试验	例行试验
司机室送风单元试验项目			
1	外观、尺寸及构造检查	√	√
2	绝缘电阻试验	√	√
3	介电强度试验	√	√
4	故障保护试验	√	√
5	功能和运转试验	√	√
6	调压启动试验	√	—
7	交变湿热试验	√	—
8	性能测试（风量、风压）	√	—
9	通风机风量和风压	√	—
10	电热安全试验	√	—
11	机组噪声测量	√	—
12	称重试验	√	—
13	冲击和振动试验	√	—
废排装置试验项目			
1	外观、尺寸及构造检查	√	√
2	绝缘电阻试验	√	√
3	介电强度试验	√	√
4	功能和运转试验	√	√
5	性能测试（风量、风压）	√	—
6	电压波动试验	√	—
7	噪音试验	√	—
8	交变湿热试验	√	—
9	称重试验	√	—
10	气密试验	√	√
11	振动冲击试验	√	—
12	紧急通风试验	√	—
压力保护装置试验项目			
1	外观和尺寸检查	√	√
2	绝缘电阻试验	√	√
3	介电强度试验	√	√
4	振动和冲击试验	√	√
5	电磁兼容试验	√	√
6	功能试验	√	—
7	称重试验	√	—

12.4 空调系统检修

空调系统检修项目如表 12-3 所示。

表 12-3　空调系统检修项目

系统	编号	项目	技术要求	备注
一级修（2 000 km/2 天）				
空调	KT01	空调整体外观检查	1. 检查各紧固件无松动，防松标记无错位； 2. 检查冷凝风机扇叶外观良好，无异物； 3. 检查空调机组外观良好； 4. 检查导流罩外观正常、无破损	
	SJS02	司机室基础功能检查	检查空调功能（4～10 月检查自动模式、制冷模式、通风模式，其他月检查通风模式），检查压缩机、通风机和冷凝风机的启动情况，确认无故障报出	
二级修（30 天/3 万 km）包：一级修基础上增加的项目				
空调	KT02	混合风滤网更换清洗	1. 打开蒸发腔侧盖板一、蒸发腔侧盖板二； 2. 向上抽出混合风滤网并取出滤芯； 3. 使用加有中性清洁剂的水清洗滤芯（滤芯清洗四次后，更换新的滤芯）； 4. 重新安装混合风滤网，恢复机组	
	KT03	新风滤网拆卸清洗	1. 松开滤网卡扣的 2 个紧固螺栓 M6×20，将卡扣逆时针转动 90°； 2. 将新风滤网抽出并更换； 3. 用水清洁新风滤网，待干燥后待用； 4. 重新安装新风滤网，恢复机组	
	KT04	空调导流罩	检查空调导流罩防松标记、防松薄板状态。如有松动，更换防松薄板，重新安装、打扭力并做防松标记。空调导流罩用安装螺栓要求打扭力为 47 N·m	
二级修（360 天/36 万 km）包：一级修基础上增加的项目				
空调	KT05	冷凝器和蒸发器清洁	1. 拆下蒸发腔侧盖板一、蒸发腔侧盖板二、蒸发腔中盖板； 2. 用软毛刷清理蒸发器、冷凝器局部污渍，操作时避免损坏换热器的翅片； 3. 清洗时可根据情况添加中性清洁剂(浓度为 2.0% 或 3.0%)； 4. 用清水彻底漂净换热器，目视检查确保无清洁剂残留； 5. 清洗后如发现散热器翅片发生弯曲变形，则用专用调片器修理； 6. 安装空调机组各盖板，恢复机组 注：空调机组的运行周期和环境状况决定了换热器需要清洗的频率，不过在任何情况下蒸发器和冷凝器的盘管在每年的维护周期中都要被清理	
	KT06	排水口清理	1. 打开蒸发腔侧盖板一、蒸发腔侧盖板二； 2. 拆下挡水罩，清理水盘，清洗排水口，疏通排水管，使之不被杂物等堵塞； 3. 将吸尘器接在排水口处，对排水管进行清理； 4. 检查空调机组内的排水口，确保无排水管泄漏或堵塞； 5. 重新安装挡水罩，盖上盖板，恢复机组	

一级修（2 000 km/2 天）				
系统	编号	项目	技术要求	备注
空调	KT07	管路固定器及视液镜检查	1. 打开压缩机腔盖板； 2. 检查管路固定器的紧固件无松动； 3. 检查管路固定器的橡胶垫片无损坏或脱落，如有必要，更换橡胶垫片； 4. 管路固定器紧固时，须使管路仅受管路固定器的抱紧力，不得因管路固定器的安装使管路产生额外的受力； 5. 检查视液镜颜色，绿色为正常，深黄色说明系统水分过量，需更换干燥过滤器及视液镜； 6. 盖上各盖板，恢复机组	
	KT08	保温材料检查	1. 打开蒸发腔侧盖板一、蒸发腔侧盖板二、蒸发腔中盖板和压缩机腔盖板； 2. 检查盖板上、蒸发腔内、压缩机腔内及机组底部的保温材料有无脱落、破损，如有上述情况，修复或更换保温材料； 3. 盖上各盖板，恢复机组	
	KT09	紧固件检查	1. 打开蒸发腔侧盖板一、蒸发腔侧盖板二、蒸发腔中盖板、压缩机盖板、冷凝腔侧盖板一、冷凝腔侧盖板二、冷凝腔中盖板； 2. 检查所有紧固件无松动，防松标记可见无错位； 3. 盖上各盖板，恢复机组	
	KT10	蒸发风机检查	1. 打开蒸发腔中盖板； 2. 检查设备紧固件无松动，防松标记可见无错位； 3. 拆下蒸发腔内的两个接线盒盖，检查接线端子上的紧固件无松动，并确认接线端子处，配线应无过热变色痕迹或损伤，线号无脱落、模糊； 4. 检查电机轴和叶片，如有松动，将其紧固； 5. 用压缩空气清洗风机叶片，必要时用软毛刷和清洗剂清洗； 6. 如果风机有明显损坏（如焊缝开裂、蜗壳变形等），需更换风机； 7. 盖上盖板，恢复机组	
	KT11	冷凝风机清洁、检查	1. 打开冷凝腔中盖板； 2. 检查冷凝风机的油漆无脱落现象，如有必要，使用防锈漆刷在油漆脱落的部位，防止生锈； 3. 检查设备各紧固件无松动，各防松标记可见无错位； 4. 检查检查接线端子上的螺丝，无松动，并确认接线端子处配线应无过热变色痕迹或损伤，线号无脱落、模糊； 5. 检查电机轴无松动、如有松动，将其紧固；检查叶片无变形、扫膛，否则更换； 6. 用压缩空气清洗风机叶片，必要时用软毛刷和中性清洗剂清洗； 7. 盖上冷凝腔中盖板，试运转冷凝风机，检查风机有无异音，如有，更换冷凝风机； 8. 换下的风机，如是轴承发生故障，则更换轴承	
	KT12	风机轴承动作检查	用手拨动蒸发风机、冷凝风机、废排风机拨动风机叶片，检查风机运转顺畅，无异响	
	KT13	制冷循环功能测试	机组全冷模式下运行 15 min 后，检查空调系统主要部件运转是否正常，制冷效果是否良好	

课后习题

（1）市域动车组列车空调系统主要由哪几个装置组成？

（2）市域动车组列车空调系统主要具备哪几种功能？

（3）市域动车组列车每辆车安装几台空调机组？

（4）市域动车组列车每台空调机组制冷量为多少？

（5）简述压力保护系统的工作原理。

车外设备主要由车门系统、车窗系统、贯通道系统三大系统组成，其组成如图 13-1 所示，其中车门系统分为客室侧门、司机室侧门以及紧急疏散门，车窗系统由客室车窗和司机室前窗组成。

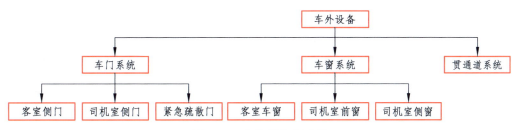

图 13-1　车外设备组成图

13.1　车门系统

13.1.1　车门系统组成及其关键部件

车门系统主要由客室侧门、司机室侧门以及紧急疏散门组成（见图 13-2）。

图 13-2　车门组成

13.1.1.1 客室侧门组成及其关键部件

客室侧门采用电控电动双开塞拉门，每列车有 4 节车厢，每节车厢装 8 套客室侧门，主要由驱动导向装置、锁闭装置、门扇、门框、紧急开门装置、隔离装置等组成（见图 13-3）。车门关闭后，门板外侧与车体外轮廓平齐，门上设置玻璃窗，窗的高度和大小与客室车窗相匹配。车门净通过宽度 1 300 mm，从地板面开始测量的最小自由通过高度 1 850 mm。车门电控电动装置采用无刷电机驱动，微处理器控制的电动机驱动装置，通过司机室内的开关可实现集中控制。

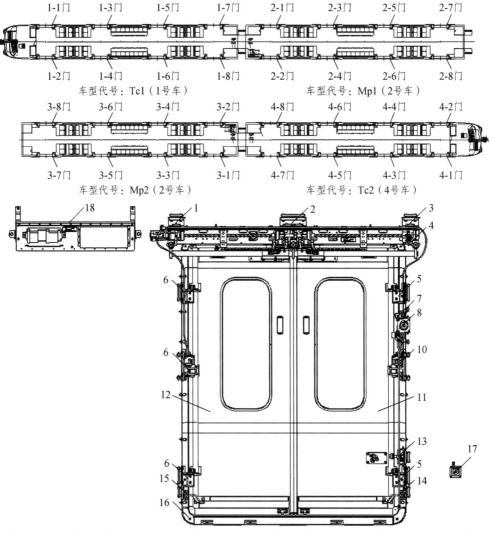

1—边安装座 1/2；2—中间安装座 1/2；3—边安装座 1/3；4—承载驱动机构；5—右平衡轮组件；6—左平衡轮组件；
7—气路系统；8—紧急出口装置；9—左辅助锁；10—右辅助锁；11—右门扇；12—左门扇；
13—隔离开关组件；14—右下摆臂组件；15—左下摆臂组件；16—门框；
17—外操作装置；18—EDCU 组件。

图 13-3 车门拓扑图

1．承载机构

驱动机构通过各个组件的支撑座安装在上导轨上（见图 13-4），其中左铰链螺母组件与左门扇相连，右铰链螺母组件与右门扇相联，门扇的运动由电机驱动丝杆来实现。门扇通过左、右铰链螺母实现门系统的开、关门动作。

丝杆采用不锈钢大螺距丝杆，螺母采用高强度 POM 材料，寿命长。电机采用直流无刷电机。

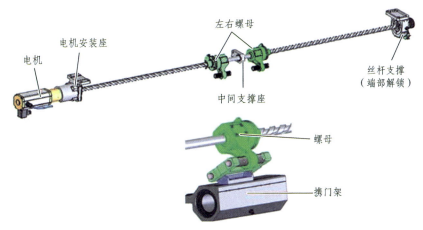

图 13-4　承载机构拓扑图

2．锁闭装置

锁闭装置为 LS 锁闭装置，利用螺纹的螺旋升角小于摩擦角时螺纹具有自锁功能的原理，传动丝杆在系统关闭位置设置变升角螺杆的锁闭段，依靠自锁的原理使变升角螺杆锁住自适应螺母，即可靠地锁住了车门。当电机使变升角螺杆正、反双向转动时，使自适应螺母和门在与变升角螺杆轴线相平行方向同步移动，通过使自适应螺母进入与退出变升角螺杆的锁闭段来实现门机构的锁闭与无源自解锁。

变升角螺杆的螺旋槽分为三段：一段是螺旋升角大于摩擦角的工作段，一段是螺旋升角小于摩擦角的锁闭段，以及介于这两者之间的过渡段。在过渡段，螺杆的螺旋升角由非自锁逐渐过渡到自锁的螺旋升角。门机构的锁闭及解锁均无 需额外的动力源，仅依靠螺杆自身的正、反向转动实现自适应螺母（门）的被锁闭与自解锁（见图 13-5）。

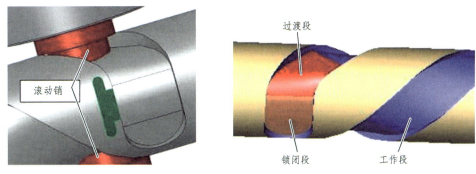

图 13-5　锁闭机构示意图

3．门扇组成

门板为铝蜂窝复合结构，具有铝框架，内、外蒙板采用铝板，门扇内部填充铝蜂窝芯，采用热固化。为加强机械强度，蒙板的周边都包有铝框架。

门扇玻璃材料：夹层钢化玻璃用高强度黏合剂黏接在门扇上。门扇中间前沿为凹凸式密封胶条，两门扇处于关门位置时凹凸式密封胶条紧密配合达到良好的密封效果；门扇后缘采用八字胶条密封，在关门位置密封条与车体凸出部分紧密贴合，实现良好的密封效果（见图13-6）。

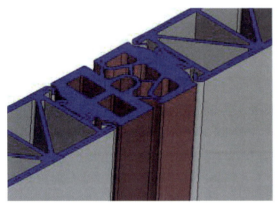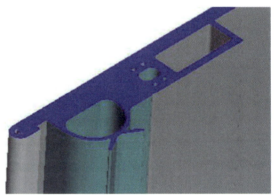

图 13-6　车门胶条示意图

4．内外紧急解锁及隔离锁

每车门在车内门罩板上均设置内部紧急解锁装置（见图13-7）。乘客操作需要拧断内操作装置盖板下部铅封，打开盖板后旋转红色手柄；司机可以通过四角钥匙旋转锁芯。

每辆车每侧有一套外部紧急解锁装置。使用四角钥匙操作外紧急的锁芯，通过钢丝绳使门驱动装置上的丝杆转动，从而使传动螺母旋转将门解锁。

在每套门系统的右门扇（从内往外看）上装有一把隔离锁，以实现门的机械隔离。

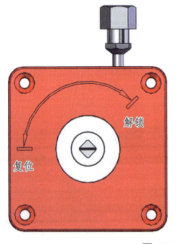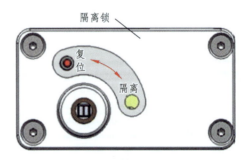

图 13-7　解锁装置及隔离装置

5．辅助锁及气路组件

每套门系统设有两个辅助锁（见图13-8），分别位于左右门扇中部，为电控气动锁闭，由气缸驱动，锁闭时过"死点"，实现锁闭。同时设有检测开关以检测其锁闭状态。

每套门系统设有一个气路系统，主要有电磁阀、气管及过滤减压阀。过滤减压阀需要调至 7 ~ 7.5 bar。电磁阀用于控制辅助锁的压紧和释放。电磁阀得电，辅助锁压紧；电磁阀失电，辅助锁释放。

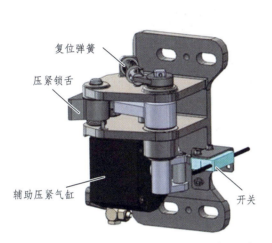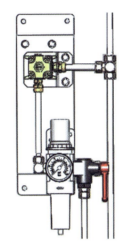

图 13-8　辅助锁

13.1.1.2　司机室侧门组成及其关键部件

司机室侧门采用单曲面外形结构。门扇为铝骨架，内外表面覆盖铝板，中间填充复合材料。门的内外侧各设置扣手以便手动开门。门扇的形状与车体轮廓一致，密封通过在门扇和门框之间设置密封胶条来实现。当门扇关闭时，胶条紧贴门框，保证门具有良好的密封性能。门板一侧装有两副折页，为不锈钢材质。另一侧装有门锁，门锁采用上中下三点锁闭结构。

门系统包括门框组件、门槛、止挡组件和门槛垫块（见图13-9）。其中门槛垫块用于门框组件垂直方向上的定位；止挡组件安装在车体地板面上，与安装在门扇的止挡插销进行配合，门扇通过折页安装在门框组件上，同时门框组件与门扇的周边胶条配合，保证门扇的密封和气密性能。

1．门扇

门扇为铝骨架结构，内外表面覆盖铝板，中间填充铝蜂窝材料。门扇厚度100 mm，主锁、副锁安装在门扇内部，从侧面嵌入安装，装入后通过检修口装连杆将两把副锁和主锁连在一起，门扇外侧设有一个扣手。

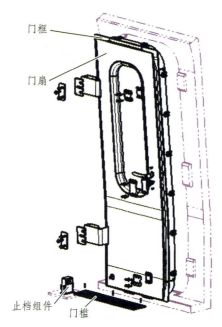

图 13-9　司机室侧门组成

2．门锁

门锁采用上、中、下三点锁闭，中间用连杆连接，实现同步解锁，安装方式为嵌入式（见图 13-10）。

图 13-10　司机室侧门锁组成

13.1.1.3 紧急疏散门组成及其关键部件

紧急疏散门设在司机室前端一侧，由上翻式门板和下翻式坡道两部分组成，从车内打开和锁闭。采用纯机械结构不设检测开关。门上部设有玻璃窗，外形、大小与司机室前窗相协调。当门扇关闭时，胶条紧贴门框，以保证良好的密封性能。锁闭机构为机械式二级锁闭结构，需要打开时，将锁闭机构手柄扳至开位使锁闭机构解锁，只要轻轻向外推动门扇一定距离，以空气弹簧为动力源、上部转轴机构为转轴的门扇将自动完全打开。紧急疏散坡道采用折叠结构，在打开时扳动锁机构手柄，向外推出一定距离，整个疏散坡道就可以完全展开并形成通道两侧形成扶手。

疏散门系统由疏散门和疏散坡道两部分组成。

（1）疏散门由门框组件、门板组件、空气弹簧、锁机构、门板玻璃组成（见图13-11）。

图13-11　疏散门组成

（2）疏散坡道由连接座、链条组件、踏板组件、扶手组件、罩板组件、吊带组件组成（见图13-12）。

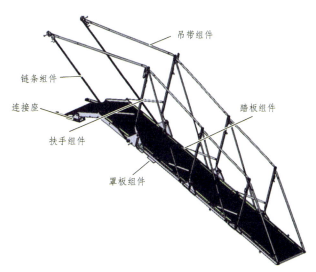

图13-12　疏散门坡道组成

1．门框组件

门框由 4 根铝合金型材焊接而成，选用优质 6063-T5 的铝型材，在保证强度及刚度的同时降低了门框的重量，同时也加大了门口的通过宽度；门框型材选用先进的数控 3 轴滚弯成型，保证门框型面精度的同时最大限度地减小了门结构的厚度，使整个门结构的重量进一步减小。

门框组件左右安装有锁座，上部安装有转轴，配合门板组件和锁机构实现疏散门的锁闭和转动。

2．门板组件

门扇由 4 根方形截面及数根 U 形截面铝型材采用数控滚弯成型后焊接而成。

门扇选用优质 6063-T5 的铝型材，轻量化设计；门扇型材选用先进的数控 3 轴滚弯成形，保证门扇型面精度的同时最大限度地减小了门结构的厚度，使整个门结构的重量得到了减小。门板组件上部安装有转轴，下部安装有锁闭机构，与门框组件配合实现疏散门锁闭和转动。门框组件一周有安装孔，实现疏散门与车体钢结构的连接固定。

3．空气弹簧

空气弹簧一端安装在门板上，一端与门框连接。需要打开时，将锁闭机构把手扳至开位使锁闭机构解锁，向外轻轻推动门扇把手一定距离，以空气弹簧为动力源，以合页为转轴的门扇将自动完全打开。

4．锁机构

门锁机构为机械式硬连接结构，整个锁机构安装在门板组件的铝型材框架体上，与其对应的门框部分左右分别安装有锁座。

锁紧机构是由锁舌、锁连杆、转臂、限位座、锁座、把手、钢丝绳、二级锁闭装置等组成。锁机构采用 6 位联动硬连接结构，门扇在锁闭后与门框切合面间隙更小，使疏散门的密封性能更好；为防止锁机构自动打开，锁机构处设计有二级锁闭机构，防止误操作。

13.1.2 车门系统主要功能

13.1.2.1 客室侧门

市域动车组客室门采用电控电动双开塞拉门，每列车有 4 节车厢，每节车厢装 8 套客室侧门（见图 13-13）。

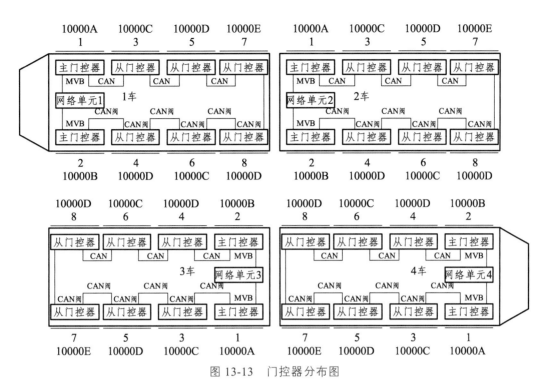

图 13-13　门控器分布图

根据列车线控制信号（如"零速列车线""门使能列车线""开门列车线""关门列车线"）和门驱动机构上元件（如"锁到位开关""关到位开关""隔离开关""紧急解锁开关"）发出的信号，电子门的控器控制门开启和关闭。

只有 2 套 MDCU（主电子门控器）是连接到 MVB 车辆总线上的，其他 8 套 LDCU（从电子门控器）是与 2 个主电子门控器一起连接到 CAN 局部总线的。只由一套 MDCU 充当主门控器，如果该 MDCU 不能在 MVB 上进行通信，那么由另外一套 MDCU 接替。

通过 MVB 将数据从 TCMS（列车控制与管理系统）传输至 MDCU，然后通过 CAN 从 MDCU 中传到 LDCU，反之亦然。EDCU 可传输不同的门状态信息（如"紧急装置被操作"）和诊断信号（如"门位置传感器故障"）。

1．电子门控器的启动

接通电源可启动电子门控器，将引起：

1）系统自检测

系统自检测，检测 EDCU 内部的部件和门系统部件是否工作正常。

2）门关锁到位

初始化上电时，没有操作"机械隔离装置"，且没有操作"紧急解锁装置"的情况下，若内部安全继电器得电，门扇虽然已经处于关锁到位位置，但是仍然要执行一次初始化例行程序，该程序将以恒速关闭门一次。从而避免由于关锁到位开关恒有效故障导致的门扇打开的情况。检测到关门方向上有障碍物后，更新原点，初始化完成。

初始化上电时，没有操作"机械隔离装置"，且没有操作"紧急解锁装置"的情况下，若内部安全继电器失电（已无法正常驱动电机），若关到位开关和锁到位开关都指示门处于到位状态，则立即更新原点，初始化完成。

3）门未关锁到位

由于初始化尚未完成，电子门控器此时无法监控门的实际位置。

对于没有关锁到位的门，若没有操作"机械隔离装置"，且没有操作"紧急解锁装置"，将会运行初始化例行程序，该程序将以恒速关闭门直到门达到关锁到位位置一次。

在上电初始化完成之前的关门过程中，关门障碍检测系统可以正常工作。若在第一次上电初始化过程中，检测到开门方向的障碍，则门将停在当前位置。

2．零速保护功能

电子门控器有一根"零速列车线"和一根"门使能列车线"。

内部安全继电器可直接由"门使能列车线"激活。激活的安全继电器将闭合电机电源的线路，从而使软件可以在开门方向上驱动门机构运动。

当"零速列车线"且"门使能列车线"有效时，允许执行"开门列车线"的开门操作。

当"零速列车线"有效时，允许执行"关门列车线"的关门操作。

如果撤销"零速列车线"，开着的门将立即开始关闭，关门过程中遇到障碍物，将执行安全模式防挤压。

3．开门功能

1）允许开门的条件

当满足下列所有条件时，才允许 EDCU 驱动电机执行开门操作：

（1）没有操作机械隔离装置。

（2）没有操作紧急解锁装置。

（3）"零速列车线"为高电平。

（4）"门使能列车线"为高电平。

（5）"车速 > 10 km/h 列车线"为低电平。

（6）门处于非开到位位置。

（7）"关门列车线"为低电平。

（8）无关锁到位开关故障。

（9）无内部安全继电器故障。

（10）无辅助锁故障。

2）"开门列车线"开门功能

检测到"开门列车线"信号从低电平跳变到高电平，且保持高电平状态 200 ms 以上，认为"开门列车线"信号有效；若满足"允许开门"的条件，则延时设定的时间后，车门开始开启。

门开启到开门终点位置后保持在这一位置，直到再次接收到关门指令。

如果在开门过程中，在满足"允许开门"的条件下，"开门列车线"信号从高电平跳变为低电平，且未检测到"关门列车线"信号从低电平跳变到高电平，门仍然会开启到开门终点位置。

3）"维护按钮"开门功能

若满足下列条件，才允许执行维护按钮开门操作：

（1）隔离开关仅保持 10～30 s 的有效状态。

（2）复位隔离后，激活维护按钮功能 3 min。

（3）检测到"维护按钮"从低电平跳变到高电平，且保持高电平状态 100 ms 以上，认为"维护按钮"有效；若满足下列所示条件，则门将立即开启到开门终点位置，并保持在开到位位置。

① 满足"允许维护按钮操作条件"。

② 没有操作机械隔离装置。

③ 没有操作紧急解锁装置。

④ "零速列车线"为高电平。

⑤ "门使能列车线"为高电平。

⑥ "车速 > 10 km/h 列车线"为低电平。

⑦ "关门列车线"为低电平。

⑧ 无维护按钮故障。

⑨ 无辅助锁故障。

⑩ 前一次门的电控运动方向为关门方向或门处于关锁到位位置。

再次操作"维护按钮"，若满足"维护按钮关门功能"的条件，则开门顺序会转变为关门顺序。

4．关门功能

1）"关门列车线"关门功能

检测到"关门列车线"从低电平跳变到高电平，且保持高电平状态 200 ms 以上，认为"关门列车线"有效，若满足以下所有"允许关门列车线关门"条件，则延时设定的时间后，车门开始关闭：

（1）没有操作机械隔离装置。

（2）没有操作紧急解锁装置。

（3）"零速列车线"为高电平。

（4）门未关锁到位。

实际关门时间会自动记录在门控器中，且可以通过康尼公司的服务软件查询。门关闭至关锁到位位置后保持在这一位置。

如果在关门过程中，在满足"允许关门列车线关门"条件下，"关门列车线"信号从高电平跳变为低电平，且未检测到"开门列车线"信号从低电平跳变到高电平，门仍然会关闭到关锁到位位置。

再次激活"关门列车线"，已经关锁到位的门不动作，未关锁到位的门执行关门操作。

2）"维护按钮"关门功能

若满足下列条件，才允许执行维护按钮关门操作：

（1）隔离开关仅保持 10~30 s 的有效状态。

（2）复位隔离后，激活维护按钮功能 3 min。

（3）检测到"维护按钮"从低电平跳变到高电平，且保持高电平状态 100 ms 以上，认为"维护按钮"有效；若满足下列所有条件，门将关闭到位，并保持关锁到位位置：

① 满足"允许维护按钮操作条件"。

② 没有操作机械隔离装置。

③ 没有操作紧急解锁装置。

④ "零速列车线"为高电平。

⑤ "门使能列车线"为高电平。

⑥ "车速 > 10 km/h 列车线"为低电平。

⑦ "关门列车线"为低电平。

⑧ 无维护按钮故障。

⑨ 无辅助锁故障。

⑩ 门未关锁到位。

⑪ 前一次门的电控运动方向为开门方向或当前门已经处于开到位位置。

再次操作"维护按钮"，若满足"维护按钮开门功能"的条件，则关门顺序会转变为开门顺序。

3）丢失"零速列车线"的关门功能

在未操作"机械隔离装置"的情况下，若"零速列车线"从高电平跳变至低电平，且保持 100 ms 以上，则未关锁到位的门将立即执行关门操作。

在关门过程中，若检测到关门方向上有障碍物，停在当前位置，延时 2 s 后自动关闭，如果三次仍未关锁到位，激活持续 5 min 关门力功能。

5．指示灯蜂鸣器和电磁阀

1）内侧车门指示灯

在每个客室侧门的上方均设有一个黄色的指示灯：

（1）车门操作机械隔离时，指示灯灭。

（2）车门操作内/外紧急解锁时，指示灯亮。

（3）车门未操作机械隔离，未操作内/外紧急解锁时，若门开启到位，则指示灯亮；若门处在开关门过程中，或处在即将开关门过程中（即开关门延时过程中），或处于防挤压开关门过程中，则指示灯闪烁；若门关闭到位，则指示灯灭。

2）车门切除指示灯

在每个客室侧门内侧上方均设有红色指示灯。

车门操作机械隔离时，指示灯亮，车门处于其他状态，指示灯灭。

3）蜂鸣器

（1）正常开门过程：发出开门指令蜂鸣器发声，响 3 s 后开始开门，然后继续响 2 s，频率 2 Hz。

（2）正常关门过程：发出关门指令蜂鸣器发声，响 1 s 后开始关门，然后继续响 4 s，频率 2 Hz。

（3）由于障碍物探测功能引起的开门过程：门打开时蜂鸣器同时响 2 s，频率 2 Hz。

（4）由于障碍物探测功能引起的关门过程：蜂鸣器在门开始动作前响 1 s，关门过程中响 4 s，频率 2 Hz。

（5）当启动紧急解锁装置时，蜂鸣器持续长鸣，时间重复比率为 5 Hz。

6．辅助锁电磁阀

（1）当"车速 > 10 km/h 列车线"有效时，03 输出口为高电平，辅助锁电磁阀动作，锁闭气缸充气。

（2）当"车速 > 10 km/h 列车线"无效且关锁到位的车门接收到开门命令时，03 输出口为低电平，辅助锁电磁阀动作，辅助锁气缸排气，锁钩松开，实现解锁。

7．紧急解锁功能

为了在紧急状态下手动开门，每套车门在车内设置有内部紧急解锁装置，在车外每辆车每侧各设置一个外部紧急解锁装置。内部和外部紧急解锁功能相同。

操作紧急装置使锁闭装置解锁，并使锁闭装置处的限位开关动作。

操作紧急解锁装置后，装置将被定位在操作状态。

1）当"零速列车线"为高电平时

在没有操作隔离装置情况下，操作紧急解锁装置后，车门将被解锁，此时可以手动在开关门方向上移动车门。

如果操作了紧急解锁装置，必须在列车重新启动之前将该装置复位。复位紧急解锁装置后，门保持在当前位置，蜂鸣器停止鸣响，车门可通过手动或任何有效的开关门指令进行开关门。开关门信号如图 13-14 所示。

2）"零速列车线"信号为低电平的时

此时操作紧急解锁装置不能将车门打开，车门机械锁闭。

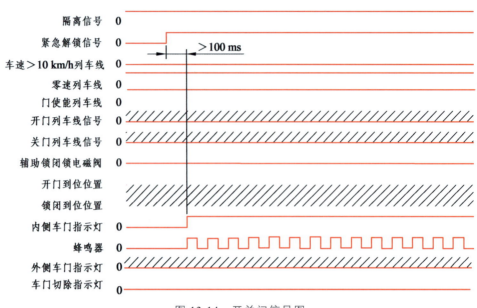

图 13-14　开关门信号图

8．障碍检测

1）关门过程的障碍检测

关门过程中由下列系统进行障碍监测。

路程/时间监测：通过门位置传感器的检测，将门的运动分成若干距离段，如果在给定的时间内门未通过这些距离段，障碍检测被激活。

（1）正常模式的关门防挤压功能。

当车门在关门方向上检测到障碍物时，EDCU 将会施加一个 0.5 秒的关门力，0.5 s 后门自动打开 100 mm，门停在当前位置 3 s 后，尝试自动关闭。若连续 3 次激活关门的障碍检测流程，那么门会打开至开到位位置。之后，门将根据新的命令进入相应流程。

任何关门、开门指令都可使门重新启动。

检测到关门方向上有障碍物后，门自动打开的功能仅当满足下列所有条件时方可执行：

① 没有操作机械隔离装置。

② 没有操作紧急解锁装置。

③ "门使能列车线"为高电平。

④ "零速列车线"为高电平。

⑤ "车速 > 10 km/h 列车线"为低电平。

⑥ 门未关锁到位。

⑦ 无非法离开锁到位位置故障。

⑧ 关锁到位开关故障。

⑨ 无辅助锁故障。

（2）安全模式的关门防挤压功能。

若满足下列所示条件，在关门操作中遇到障碍物时，将夹持障碍物 0.5 s 后，停在当前位置，延时 3 s 后，再次尝试关门。如果尝试 3 次仍无法关闭到位，则执行维持 5 min 关门力功能。

① 未操作机械隔离开关。

② 丢失零速列车线信号，或丢失门使能列车线信号，或车速 > 10 km/h 列车线信号有效。

③ 非关锁到位位置。

④ 无非法离开关锁到位位置故障。

⑤ 无关锁到位开关故障。

2）开门过程的障碍检测

（1）正常模式的开门防挤压功能。

若满足下列所有条件，在开门操作中遇到障碍物时，将夹持障碍物 0.5 s 后，停在当前位置，延时 1 s 后，再次尝试开门，如果尝试 3 次仍无法开到位，则默认当前位置为最大可达开门位置（最小开度不得低于原总开度的一半）。

① 无机械隔离装置。

② 没有操作紧急解锁装置。

③ 满足允许开门条件。

④ 门未关锁到位。

（2）关锁到位位置的开门防挤压功能。

若满足下列所有条件，在开门操作中遇到障碍物时，将夹持障碍物 0.5 s 后，停在当前位置，延时 1 s 后，再次尝试开门，如果尝试 6 次仍无法离开锁到位位置，则停在当前位置。

① 没机械隔离装置。

② 没有操作紧急解锁装置。

③ 满足允许开门条件。

④ 门处于关锁到位位置。

9．门隔离

每套客室侧门都设有在客室内、外均可操作的车门隔离锁装置，车内、车外均用通用四角钥匙操作。当该门出现故障时，可以将此门隔离掉而不影响其他门的正常动作。当隔离锁锁闭时，将门设为一种非使用状态，并且切断门与电、气系统的连接，在紧急情况下也无法打开车门。

当隔离锁锁闭后，车门将被锁舌锁闭，无法通过紧急解锁装置进行解锁操作。

由于隔离开关可能会出现故障或被误触发，因此发现车门处于隔离状态时，必须到车门处进行观察，确保车门处于关锁到位状态。

10．安全互锁回路

安全互锁回路是由下列触点连接而成的：

（1）门锁到位开关、门关到位开关的 NC 触点和紧急解锁开关的 NC 触点串联连接。

（2）隔离开关的 NO 触点与上述串联连接并联连接。

为了使车辆牵引允许，须闭合安全互锁回路。

如果使门机械隔离，则安全互锁回路将被忽略。

13.1.2.2　司机室侧门

1．司机室门的关门

司机室内侧关门：在司机室内侧可直接操作门把手对门扇施加关门力使门扇往关门方向运动实现关门动作。门扇到达关闭位置时，操作小把手旋转 90° 使保险锁锁闭到位。

司机室外侧关门：在司机室外侧可直接操作外把手对门扇施加关门力使门扇往关门方向运动实现关门动作。门扇到达关闭位置时，操作四方钥匙使保险锁锁闭到位。

2．司机室门的开门

司机室内侧开门：操作小把手旋转 90° 使保险锁解锁，再操作门锁上的把手向下转动约 45° 对门锁解锁，同时使门扇往开门方向运动实现门扇的开门动作。

司机室外侧开门：用四方钥匙操作 8 × 8 锁芯进行解锁，再用四方钥匙套入四方头向下转动约 45° 对门锁解锁，同时拉动外侧门扣手使门扇往开门方向运动实现开门动作。

13.1.2.3　紧急疏散门

紧急疏散门系统是列车在出现紧急情况下用来疏散乘客的一种系统，其主要功能是实现列车到轨面的疏散（将乘客通过疏散门系统疏散到轨道）。

13.1.3　车门系统型式试验（见表 13-1）

表 13-1　车门系统型式试验项目

序号	试验项目	型式试验	例行试验
客室侧门试验项目			
1	门系统尺寸、外观	√	—
2	功能试验	√	—
3	水密性试验	√	—
4	车门强度试验	√	—
5	门系统气密性试验	√	—
6	开关门噪音级别试验	√	—
7	隔音性能试验	√	—
8	隔热性能试验	√	—
9	振动冲击试验	√	—

序号	试验项目	型式试验	例行试验
10	寿命周期试验	√	—
11	绝缘电阻和耐压试验	√	—
12	电磁兼容试验	√	—
13	重量试验	√	—
14	电压波动试验	√	—
15	功耗试验	√	—
16	门控系统交变湿热试验	√	—
17	剥离强度试验	√	—
18	零部件检查	—	√
19	门扇检查	—	√
20	承载驱动机构和 EDCU 部件检查	—	√
21	摆臂组件检查	—	√
22	隔离开关组件检查	—	√
23	平衡轮组件检查	—	√
24	紧急出、入口装置及钢丝绳组件检查	—	√
25	左、右辅助锁检查	—	√
26	气路系统检查	—	√
司机室侧门试验项目			
1	门系统尺寸、外观	√	—
2	功能试验	√	—
3	淋雨试验	√	—
4	耐久性试验	√	—
5	冲击、振动试验	√	—
6	气密性试验	√	—
7	隔热性能试验	√	—
8	隔声性能试验	√	—
9	车门强度试验	√	—
10	重量试验	√	—
11	零部件检查	—	√
12	门扇检查	—	√
紧急疏散门试验项目			
1	门系统尺寸检查	√	√
2	锁系统测试	√	√
3	接口检查	√	√
4	焊接检查	√	—

序号	试验项目	型式试验	例行试验
5	外观油漆检查	√	√
6	功能试验	√	√
7	操作力测试	√	√
8	疏散能力测试	√	—
9	重量测试	√	√
10	密封试验	√	√
11	耐久性试验	√	—
12	承载能力测试	√	—
13	振动和冲击试验	√	—
14	防火试验	√	—
15	气密强度试验	√	—
16	玻璃黏接强度检查	—	√

13.1.4 车门系统修程（见表 13-2）

表 13-2 车门系统修程

系统	编号	项目	技术要求	备注
一级修（2 000 km/2 天）				
司机室	SJS01	司机室内装外观检查	1. 检查疏散门、坡道锁闭手柄及保险销状态良好无丢失，门窗玻璃无裂纹；回收吊带无缺失； 2. 检查司机室侧门外观良好，紧固件无松动，防松标记无错位；玻璃外观良好，无裂纹；司机室内部进行手动开关门 1 次，无异常，止挡功能正常	
客室	KS01	客室内装外观检查	检查客室门外观良好，无变形破损，门玻璃外观良好，隔离锁位置正常，门罩板锁闭到位	
二级修（30 天/3 万 km）包：一级修基础上增加的项目				
客室门	KSM01	门板密封胶条外观检查	检查门板密封胶条外观状态良好，车门关闭，密封胶条压接紧密，无透光	
	KSM02	驱动电机外观检查	1. 检查驱动电机外观状态良好； 2. 检查电机安装牢固，各紧固件无松动，防松标记无错位	
	KSM03	携门架装置外观检查	1. 检查携门架外观状态良好，连接臂无变形、裂纹、开焊； 2. 检查携门架紧固件无松动，防松标记无错位； 3. 检查接地线安装牢固，无松动、脱落、灼烧痕迹； 4. 检查缓冲头安装良好，橡胶无龟裂，调整螺母防松无错位； 5. 检查坦克链安装紧固，外观良好，无断裂、脱落、裂纹	

系统	编号	项目	技术要求	备注
		二级修（30天/3万km）包：一级修基础上增加的项目		
客室门	KSM04	丝杆、螺母副外观检查	1. 检查螺母副外观状态良好，紧固无松动，防松标记无错位； 2. 挡卡外观状态良好，安装正常，无丢失、无断裂、裂纹； 3. 丝杆外观状态良好，无变形、裂纹，丝杆中间支撑座紧固件无松动，防松标记无错位	
	KSM05	上滑道外观检查	1. 检查上滑道及尼龙滚轮外观状态良好，无变形、裂纹、损坏现象； 2. 检查上滑道紧固件齐全、无松动，防松标记无错位	
	KSM06	行程开关外观、动作检查	1. 检查位于顶部机构的关、锁到位行程开关，无变形、裂纹、损坏，动作无卡滞，紧固件无松动，防松标记无错位； 2. 检查螺母沿丝杆做直线运动时,行程开关的滚轮不能与左、右撞板接触	
	KSM07	辅助锁外观、尺寸检查	1. 检查紧固件齐全、无松动，防松标记无错位； 2. 检查气动锁外观状态良好，转动部位无裂纹、变形，弹簧状态良好，能正常定位无变形，连接紧固；气缸状态良好，气缸、管路无漏风现象； 3. 在门扇关闭状态下，气动压紧锁舌，锁舌外漏锁扣和锁体之间间隙为（5±2）mm，辅助锁能够压紧到位	
	KSM08	气路密封性检查	1. 检查风压表外观状态良好，下部无积水； 2. 检查连接的气管外观良好； 3. 检查气动截断阀位置正位，关闭紧固，管路及接头处无漏气现象； 4. 压力表显示正常，计量无过期（计量周期12个月）	
	KSM09	隔离锁外观、功能检查	1. 目视检查外观状态良好； 2. 检查紧固件无松动防松标记无错位； 3. 用四角钥匙操作，动作顺畅，无卡滞、异响等；隔离开关能够有效触发（有电测试，将所有客室车门隔离，车门指示灯"红灯"亮，通过HMI查看车门隔离状态，两侧开关门试验，车门无打开）	
	KSM10	下摆臂组件外观、尺寸检查	1. 检查下部滚轮外观状态良好，紧固件无松动，防松标记无错位； 2. 下摆臂高度尺寸检查： 检查下滑道下边沿到下摆臂滚轮下沿的距离，在门扇刚进入弯道时保证下滑道下边沿高于下摆臂大平面上沿6.5~9.5 mm，门扇处于全开位置时保证其≤9.5 mm使用钢直尺进行测量； 3. 检查门扇关闭辅助锁压紧后，下摆臂滚轮与滑道有间隙，水平方向能晃动	
	KSM11	平衡轮外观、尺寸检查	1. 检查平衡轮外观良好，无裂纹，与门页无碰撞，紧固件无松动，防松标记无错位； 2. 检查滚轮和压轮槽水平方向间隙应为1~2 mm使用塞尺进行测量； 3. 车门关闭辅助锁不压紧时，要求上平衡轮压紧，下平衡轮与压槽间隙1~2 mm	

二级修（30 天/3 万 km）包：一级修基础上增加的项目				
系统	编号	项目	技术要求	备注
客室门	KSM12	门扇下挡销外观、尺寸检查	1. 检查下挡销外观良好，紧固件无松动，防松标记无错位； 2. 关门过程中不得出现磨抗； 3. 关门状态下下挡销尺寸测量。下挡销与嵌块水平间隙达到 1~2 mm，不能有磨抗	
	KSM13	V 型尺寸、对中尺寸、上摆尺寸、下摆尺寸测量	1. 门扇处于上滑道直道中，两扇门中间的距离上部比下部大（5±1）mm，V 型尺寸要求上部测量从携门架向下 100 mm，下部测量从下滑道向上 100 mm； 2. 将门扇置于上滑道直道的前端位置，开口宽度 350 mm 处，从携门架向下 100 mm 处，站在车体内侧用卷尺测量车体门框到门扇护指胶条内边的距离 X_1（卷尺测量位置距门扇中间）。用同样的方法测量另外一扇门扇的距离为 X_2，$\lvert X_1 - X_2 \rvert \leqslant 2$ mm； 3. 上部摆出尺寸测量：将两门扇置于直道的最前端（直道与弯道的交界口），测量门扇外侧边缘与密封面的距离 74^{+2}_{-4} mm；将门扇打开最大位置测量门扇外侧边缘与密封面的距离 74^{+2}_{-4} mm； 4. 下部摆出尺寸测量：将两门扇置于直道的最前端（直道与弯道的交界口），测量门扇内侧表面与密封面的距离 64.5^{+2}_{-4} mm	
	KSM14	紧急解锁功能检查	1. 操作车内、车外紧急解锁装置后可将车门打开，同时司机屏显示紧急解锁信号，可手动将门打开； 2. 门被解锁可手动打开，开门过程中蜂鸣器持续报警，门上开关门指示灯"黄灯"闪烁，TMCS 系统显示该车门被打开	
客室门润滑	KSMRH01	辅助锁润滑	清洁辅助锁并将润滑脂均匀涂抹在辅助锁轴套表面及两端接触面、扭簧表面、滚轮与内摆臂之间的摩擦面、压簧表面及压簧导向轴与锁体之间的摩擦面、销轴与复位盘及压簧导向轴之间的摩擦面	
司机室	SJS03	司机室内装检查	1. 司机室门把手锁、保险锁功能正常（内外均需测试）； 2. 后端门猫眼玻璃完好，无裂纹；猫眼封盖状态良好，动作正常，无丢失； 3. 后端门门锁正常（里外均需测试）	
二级修（90 天/9 万 km）包：30 天包基础上增加的项目				
司机室门润滑	SJSMRH01	密封胶条润滑	1. 用清水清洁胶条周围的污垢并用纯棉布擦干或自然风干，然后使用异丙醇清洁胶条润滑前先对胶条面进行清洁的部分。 2. 使用小毛刷沾着润滑脂，涂抹在密封胶条的表面，密封胶条的整个一周都要涂到，3 min 后用无纺布开始擦除，要求肉眼不能看到明显的白色润滑脂，但手摸润滑过的胶条表面有腻滑感	

二级修（90 天 /9 万 km）包：30 天包基础上增加的项目				
系统	编号	项目	技术要求	备注
司机室门润滑	SJSMRH02	止挡组件润滑	1. 用纯棉布清理碰珠表面原有的润滑脂和灰尘，重点把变黑、变硬的润滑脂清理干净； 2. 用小刷子沾上润滑脂均匀涂抹在碰珠表面使得表面有一薄层润滑脂，手动转动门扇触碰止挡碰珠 3～5 次即可	
	SJSMRH03	铰链润滑	1. 用纯棉布清理铰链与铰链轴之间原有的润滑脂和灰尘，重点把变黑、变硬的润滑脂清理干净； 2. 用小刷子沾上润滑脂均匀涂抹在铰链与铰链轴之间使得表面有一薄层润滑脂，手动转动门扇 3～5 次即可	
	SJSMRH04	锁舌润滑	1. 用纯棉布清理锁舌上原有的润滑脂和灰尘，重点把变黑、变硬的润滑脂清理干净； 2. 用小刷子沾上润滑脂均匀涂抹在锁舌上使得表面有一薄层润滑脂，手动操作主锁、副锁 3～5 次即可	
客室门润滑	KSMRH02	密封胶条润滑	1. 润滑车门密封条前，使用清水清洁胶条周围的污垢并用纯棉布擦干或自然风干，然后使用异丙醇清洁胶条润滑前先对胶条面进行清洁的部分； 2. 使用小毛刷沾着润滑脂，涂抹在密封胶条的表面，密封胶条的整个一周都要涂到，3 min 后用无纺布开始擦除，要求肉眼不能看到明显的白色润滑脂，但手摸润滑过的胶条表面有腻滑感	
	KSMRH03	平衡轮润滑	将润滑脂均匀涂抹在平衡轮装置的压轮外球面	
客室门	KSM15	S1、S4 开关检查	1. S1 开关检查：拉动左右携门架至锁闭位置附近（门扇开度约 300 mm），在左旋螺母组件上安装"锁到位开关位置"专用检查通止规，将丝杆往关门方向转，直至滚轮处于非完全锁闭状态。沿撞块圆弧向摆臂滚轮方向推动通止规，同时观察通止规三个缺口与锁到位撞块边界的相对位置，要求撞块边界在第一缺口和第三缺口之间为合格； 2. S4 开关检查：拉动左右携门架至锁闭位置附近（门扇开度约 300 mm），手动转动丝杆使门到位开关处于初始状态（刚刚发出释放的声音），继续向关门方向旋转丝杆，滑桶应向关门方向运动 2～3 mm，测量左右滑桶之间间距变化 4～6 mm 即为合格	
	KSM16	防夹功能检查	1. 关门时在门扇之间放置 25 mm×60 mm 的检测物，门必须重新打开。将门电动关闭，在两门扇之间将测试对象（宽×高：25 mm×60 mm）上部、中部和底部：携门架下方 10 mm 处，中：在距离地板面 1 m 处（门页鼓形处），下：下滑道上部 10 mm 处各一次 2. 检查：如果探测到障碍物，车门夹持障碍物 0.5 s 后打开 200 mm，并停留 3 s 后重新关门。如果连续 3 次关门失败，门将自动完全打开，并停止在开到位位置。任何有效的关门指令都可令门重启	

系统	编号	项目	技术要求	备注
			二级修（180天/18万km）包：90天包基础上增加的项目	
客室门润滑	KSMRH04	下导轨润滑	1. 用纯棉布清理下导轨与滚轮接触的内、外表面上原有的润滑脂和灰尘，重点把变黑、变硬的润滑脂清理干净即可； 2. 用小刷子沾上润滑脂对下导轨与滚轮接触的内、外表面进行涂刷，使得表面有一薄层润滑脂，再手动开关门3~5次	
	KSMRH05	长、短导柱和直线轴承润滑	1. 用纯棉布清理长导柱的外圆柱表面原有的润滑脂和灰尘，重点把变黑、变硬的润滑脂清理干净； 2. 用小刷子将润滑脂均匀地涂抹在长、短导柱的外圆柱表面（含导柱运动区域及非运动区域）； 3. 两个携门架中的直线轴承通过润滑嘴使用润滑脂进行润滑把手动润滑枪油嘴连接到直线轴承润滑嘴上，开始注油直到有油脂溢出停止加油，再手动开关门3~5次即可	
	KSMRH06	丝杆润滑	1. 用纯棉布清理丝杆上原有的润滑脂和灰尘，重点把变黑、变硬的润滑脂清理干净； 2.手动把门打开到最大位置，用小刷子沾上润滑脂对丝杆表面进行涂刷，然后拉门板向关门方向走一段距离，再对螺母副遮挡住的丝杆外圆和螺旋槽表面部分进行涂刷，一边涂刷一边手动开关门，最终使丝杆表面附有一薄层润滑脂即可。润滑完成后，须手动开、关门3~5次	
	KSMRH07	中间支撑润滑	1. 将定位螺钉和固定盖板的螺钉拆卸后，依次取出密封圈、球形支撑，用无纺布清理支撑内表面上原有的润滑脂和灰尘，重点把变黑、变硬的润滑脂清理干净即可； 2. 用小刷子在支撑内表面均匀涂抹润滑脂	
	KSMRH08	丝杆轴承润滑	1. 用纯棉布清理轴承滚珠表面上原有的润滑脂和灰尘，重点把变黑、变硬的润滑脂清理干净； 2. 用小刷子将润滑脂克鲁勃LDS18均匀涂抹在轴承滚珠上润滑完成后，须手动开、关门3~5次	
	KSMRH09	上滑道润滑	1. 用纯棉布清理上滑道内部通长区域及上滚轮表面原有的润滑脂和灰尘，重点把变黑、变硬的润滑脂清理干净； 2. 用小刷子沾上克鲁勃LDS18润滑脂对上滑道内部（曲线区）涂刷，使表面有一薄层润滑脂，手动开关门3~5次即可	
客室门	KSM17	门控器外观检查	检查门控器外观良好，安装牢固，接线端子、线缆、插头安装紧固，无松动、脱落、虚接；线缆捆扎牢固，无老化、龟裂、灼烧痕迹等	
	KSM18	辅助锁最低启动值测试	辅助锁在5.2 bar气压以上能够锁闭到位	
疏散门	SS01	门锁功能检查	疏散门进行打开、锁闭操作，打开、锁闭过程中无异响，动作正常，打开后能到位	

系统	编号	项目	技术要求	备注
		二级修（180天/18万km）包：90天包基础上增加的项目		
疏散门	SS02	疏散坡道锁机构检查	1. 检查坡道锁机构外观良好，各紧固件无松动； 2. 检查将坡道锁机构进行打开、关闭操作，检查锁机构运行无异常、卡滞现象； 3. 检查锁机构空气弹簧表面无破损，无漏油现象	
	SS03	疏散门及坡道外观	1. 检查疏散门及坡道各紧固件无松动； 2. 检查门板玻璃密封胶无老化、脱落； 3. 检查疏散坡道表面防滑贴无破损、无污渍，坡道各连接吊带无破损	
	SS04	疏散门润滑	对疏散门转动部位连接销进行润滑	
	SS05	疏散门密封胶条检查	1. 检查门板上爪形胶条与门框上O形胶条外观良好无破损、无脱胶、无老化； 2. 清理胶条表面灰尘并润滑	
	SS06	疏散门空气弹簧检查	检查空气弹簧无破损，无漏油现象	
		二级修（360天/36万km）包：180天包基础上增加的项目		
司机室门润滑	SJSMRH05	门锁扭簧润滑	通过把手注油孔对内部扭簧润滑	
客室门润滑	KSMRH10	隔离锁部件清洁与润滑	1. 用纯棉布清除隔离锁可见部位原有的油脂和污垢，重点把变黑、变硬的润滑脂清理干净； 2. 将润滑脂均匀地涂抹在隔离锁插销与锁挡重叠表面	

13.2 车窗系统

车窗系统主要分为客室侧窗、司机室前窗、司机室侧窗（见图13-15）。

图13-15 车窗组成

283

13.2.1　车窗组成

13.2.1.1　客室侧窗

客室车窗为固定车窗。车窗玻璃采用 8 mm 欧洲灰 + 9 A + 5 mm 欧洲灰结构；窗框为铝合金挤压型材（见图 13-16）。

客室车窗组成由窗外框、左、右窗组合一整体，窗外框通过黏接及特殊螺栓压板和车体固定，车体外表面和整窗四周及中间直线缝采用打胶密封并刮平，保证整窗安装后的密封及连接可靠性；如左、右窗组成需更换，从车外将密封胶割除，卸除螺钉，更换新的左、右窗组成，旋紧安装螺钉，重新对新窗四周及直线安装缝打胶密封并刮平。

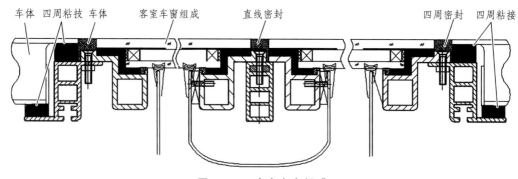

图 13-16　客室车窗组成

13.2.1.2　司机室前窗

司机室前窗玻璃具有防霜冻性能，在低温环境温度下，可满足车辆运行过程中的远方眺望要求，并且采用强光不影响司机操作的设计。前窗玻璃由一层 6 mm 玻璃和两层 4 mm 玻璃复合而成，周边黑色丝印。前窗玻璃从司机室外侧安装，用胶粘在聚酯玻璃钢面罩上，安装结构使得玻璃不会被推进司机室内，能保障司机的安全（见图 13-17）。

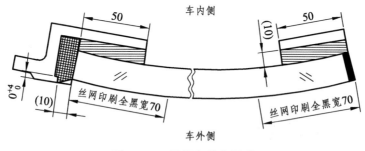

图 13-17　司机室前窗组成

13.2.1.3　司机室侧窗

司机室侧窗组成通过黏接将玻璃与铝框连接成一个整体，铝框与车体通过螺栓进行安装，从而实现快速更换。通过 1 处螺栓将司机室侧窗组成与车体连接，连接时在铝框与车体之间均匀放置垫片，保证玻璃组成受力均匀，并且使玻璃外表面与车体保持良好配合。固定完成后，在 2 和 3 处打密封胶（见图 13-18）。

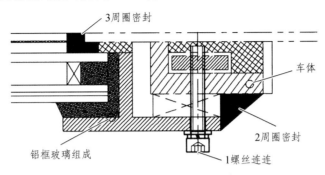

图 13-18　司机室侧窗组成

13.2.2　车窗技术参数

13.2.2.1　客室侧窗

（1）强度要求：车窗玻璃的强度满足 3.5 kPa 的抗风压载荷，按 TB/T 3107—2011 标准规定进行；在 ± 2.1 kPa 疲劳载荷下，玻璃不破坏。疲劳试验后，露点检验按满足《铁道车辆用安全玻璃》（GB 18045—2000）中的规定。

（2）抗冲击性能：508 g 钢球冲击破坏性能按 GB 18045—2000 中 6.3.4 条要求的 508 g 钢球及试验方法，冲击后玻璃不出现裂纹或破损。

（3）抗砾石冲击性能：冲击体按 TB/T 1451—2007 中规定的 20 g 铝弹进行试验，冲击后玻璃不出现裂纹或破损。

（4）防雨性能：雨天状态下，可有效防止雨水进入车内。

（5）水密性能：雷雨大风环境下具有一定水密性能，保证车辆正常运行。

（6）抗风性能：在大风压环境下，具有一定的强度，保证车辆正常运行。

（7）隔声性能：具有计权隔音量 ≥ 35 dB（A）的隔声性能。

13.2.2.2　司机室前窗

产品安装后能防止冷凝水、雨水、压力冲洗水的渗入；具有隔音、隔热的效果；具有电加热除霜、除雾功能，满足在低温环境温度下车辆运行过程中的远方眺望要求；具有一定的抗冲击性安全性能；具有阻挡紫外线的透射的功能。

（1）可见光透射比为 75% 以上。

（2）边缘 150 mm 以内最大变形值 ≤ 6′，其余区域 ≤ 2′。

（3）抗砾石冲击试验，冲击速度不低于 180km/h，冲击后玻璃无碎裂。

（4）抗冲击性试验，冲击速度不低于 320km/h，冲击后前窗玻璃未穿透、未脱框。

（5）抗鸟撞试验，冲击速度不低于 160 km/h，冲击后要求前窗玻璃不破损。

（6）前窗玻璃的雾度不大于 2.5%。

（7）司机室前窗玻璃的电源参数为 AC 220 × （1 ± 10%）V，额定功率为 550 W/m²，实际总功率偏差为 ± 5%。

（8）外轮廓公差为 0 ~ 4 mm，曲面吻合度为 0 ~ 4 mm。

13.2.2.3 司机室侧窗

外露面形状满足司机室车头整体流线设计要求，满足美观和视野的需求；光畸变小于 6′，保证了驾驶人员视觉上的功能；满足耐落球冲击性、抗砾石冲击性能指标，保证列车在运营时遇到砾石撞击等情况还可以正常运营；按要求进行耐热性、加速耐久性实验。

（1）司机室侧窗采用中空玻璃，厚度为 30.1 mm。

（2）司机室侧窗组成尺寸公差：外形尺寸公差为 – 2 ~ 0 mm，吻合度为 0 ~ 2 mm。

（3）司机室侧窗玻璃隔音：31 dB，隔热：2.7 W/m² · k。

（4）司机室侧窗玻璃可见光透射比：30.8%，太阳能总透射比：36%。

（5）司机室侧窗玻璃抗砾石速度：176 km/h，抗落球冲击高度：5.4 m。

13.2.3 车窗型式试验（见表 13-3）

表 13-3 车窗型式试验项目

序号	试验项目	型式试验	例行试验
客室侧窗试验项目			
1	隔声性能	√	—
2	隔热性能	√	—
3	玻璃 GB18045 试验	√	—
4	抗砾石冲击性能	√	—
5	玻璃的可见光透射比、反射比、太阳能透射比、露点试验、加速耐久性试验	√	—
6	无线信号衰减试验	√	—
7	玻璃逃生试验	√	—
8	玻璃的静强度、刚度试验	√	—
9	抗风压试验	√	—
10	疲劳强度试验	√	—
11	外观目检	—	√
12	形状及尺寸检查	—	√
13	重量检验	—	√
司机室前窗试验项目			
1	厚度偏差	√	√
2	吻合度	√	√

序号	试验项目	型式试验	例行试验
3	外观质量	√	√
4	可见光透射比	√	√
5	光畸变	√	√
6	副像偏离	√	√
7	雾度	√	√
8	实际总功率或加温元件电阻	√	√
9	加温均匀性	√	√
10	绝缘电阻	√	√
11	介电强度	√	√
12	颜色识别	√	—
13	耐热性	√	—
14	耐辐照性	√	—
15	耐湿性	√	—
16	抗冲击性	√	—
17	抗砾石冲击	√	—
18	耐磨性	√	—
19	耐电热冲击性	√	—
20	耐电热性	√	—
21	隔热性能	√	—
22	隔声性能	√	—
23	承载能力	√	—
24	重量检验	√	—
25	抗鸟撞试验	√	—
26	防火检测	√	—
司机室侧窗试验项目			
1	可见光透射比	√	—
2	光畸变	√	—
3	耐热性	√	—
4	耐落球冲击性	√	—
5	露点	√	—
6	加速耐久性	√	—
7	抗砾石	√	—
8	太阳能透射比	√	—
9	可见光反射比	√	—
10	外形尺寸偏差	—	√
11	吻合度	—	√
12	外观质量检验	—	√
13	标识内容、位置及大小检验	—	√

13.2.4　车窗检修（见表 13-4）

表 13-4　车窗检修项点

一级修（2 000 km/2 天）				
系统	编号	项点	技术要求	备注
司机室	SJS01	司机室内装外观检查	检查司机室前窗、侧窗玻璃外观良好，无裂纹及明显刮痕	
客室	KS01	客室内装外观检查	检查客室玻璃外观良好，无裂纹	
二级修（90 天/9 万 km）包：30 天包基础上增加的项目				
司机室	SJS04	风挡玻璃电加热功能检查	检查风挡玻璃电加热功能正常	（12 月—次年 2 月进行）

 ## 13.3　贯通道

贯通道位于两节车厢的连接处，是列车上的灵活部分，可适应车辆间的相对运动，并且为乘客提供一个安全、舒适的通道。

贯通道由折棚组成、车端顶板组成、对接顶板组成、侧护板组成、踏板组成、渡板等组成。贯通道内部通道宽 1 300 mm、高 1 995 mm，拓宽了旅客的活动空间和视觉空间。

13.3.1　贯通道组成

贯通道采用分体式结构，结构件符合防腐蚀要求。贯通道外表面颜色与列车外表面颜色相匹配，侧护板和内顶板的颜色分别与车体的内墙板、内顶板一致（见图 13-19）。

贯通道解编后，渡板及踏板可方便地进行检修和连挂。贯通道设置牢固可靠的解编固定装置，中间对接框采用锁机构组件，可以快速连挂及解编。贯通道满足乘客自由地在各客室之间穿行及在贯通道处的站立要求，强度和结构设计能满足 9 人/m² 载荷要求，且没有任何潜在的危险。当车辆联挂在一起时，贯通通道能够在两节车厢之间形成一个可靠运作、安全无阻碍的乘客通道。

贯通道整体满足各种功能要求，主要材质有橡胶棚布、不锈钢、铝型材、复合材料等，各种材质均符合防火、气密、环保等要求，具有良好的防雨、防风、防尘、隔音、防滑、防火、美观等功能，保证乘客能随时、安全、方便地停留或通过，保证了车辆通道的舒适性、安全性、可靠性。

1—折棚组成；2—对接顶板组成；3—车端顶板组成；4—侧护板组成；
5—踏板组成；6—渡板组成。

图 13-19　贯通道组成

贯通道渡板采用高强度优质不锈钢扁豆花纹板，起到防滑的作用。侧护板采用新型复合材料制作而成的柔性一体式侧护板，侧护板与端墙之间装饰有毛刷，侧护板表面喷漆。棚板由表面喷漆的高强度轻质铝合金板及铝型材构成。贯通道折棚分为两部分，中间由可快速解编的连接框连接。贯通道内部颜色与客室内饰颜色搭配协调一致，保证了车辆通道的舒适性、安全性、可靠性。

13.3.2　贯通道型式试验（见表 13-5）

表 13-5　贯通道型式试验项目

序号	试验项目	型式试验	例行试验
1	通过曲线能力试验	√	—
2	淋雨性能的试验	√	√
3	疲劳试验	√	—
4	气密性试验	√	—
5	隔热性能试验	√	—
6	隔声性能试验	√	—
7	渡板承载能力试验	√	—
8	连挂和解编试验	√	√
9	棚布机械性能试验	√	—
10	防火性能试验	√	—
11	外观检查	√	√
12	尺寸检查	√	√
13	称重检查	√	—

13.3.3 贯通道检修（见表 13-6）

表 13-6　贯通道检修项目

系统	编号	项目	技术要求	备注
一级修（2 000 km/2 天）				
客室	KS01	客室内装外观检查	检查贯通道侧护板外观良好，渡板、踏板上表面平整，磨耗条无脱出	
贯通道	GTD01	折棚外观检查	检查折棚型材无破损，棚布无脱出、破损、撕裂和脱线	
二级修（90 天/9 万 km）包：30 天包基础上增加的项点				
贯通道	GTD02	折棚内部检查	1. 拆下侧护板后对内部折棚检查上方及两侧是否有漏水痕迹，如有则对漏点处涂抹玻璃胶密封处理； 2. 检查折棚组成与车体连接处及对接框锁机构处螺钉是否松动，如有松动则重新紧固处理； 3. 检查复位平衡装置弹簧是否有破损或断裂，如有则将弹簧从固定座环上的阶梯形口取下进行更换； 4. 检查车钩磨耗板磨损情况，剩余厚不足 17 mm 时进行更换	
	GTD03	渡板、踏板检查	1. 拆下侧护板后向上翻起活动渡板，检查渡板和踏板表面是否有油污等污渍，有则进行清洁； 2. 检测渡板与踏板之间是否有异物，有则清理； 3. 检查磨耗条是否有脱落情况，如有脱落重新铆接； 4. 检查渡板、踏板紧固螺钉是否松动，如松动则重新紧固	
	GTD04	顶板检查	对接顶板与顶板无抗磨，搭接处毛毡无缺失	
	GTD05	侧护板内部检查	1. 拆卸侧护板，检查锁紧销转动是否灵活； 2. 检查装饰裙组件是否有撕裂、连接脱开等现象； 3. 检测侧护板密封组件，毛刷是否有长度大于 5 mm 的连续脱毛，如有则松开侧护板密封组件的紧固螺钉，更换密封组件； 4. 检测各部位紧固螺钉是否有松动，有松则重新紧固； 5. 在侧护板立轴与外侧轴套接触部位滴注少许润滑油，滴注量为 1～3 滴，不能有异响	

13.4　课后习题

（1）市域动车组列车上有几种类型的车门？

（2）市域动车组列车上有几种类型的玻璃？

（3）贯通道主要由哪些部件构成？

（4）市域动车客室侧门主要由哪些机构组成？

（5）市域动车组列车紧急疏散门主要由哪些机构组成？

第十四章

车内设施

车内设施部分主要包含车内结构、车内设备、配电盘设备布置以及烟火报警四个部分（见图 14-1）。

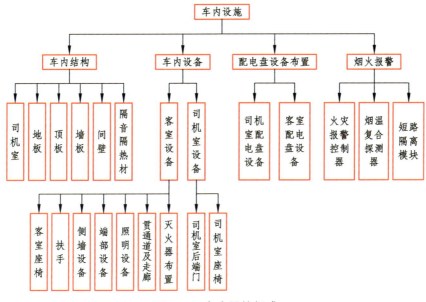

图 14-1　车内设施组成

为保证车辆的轻量化，车内结构及设备采用轻量化、模块化设计；为提高乘坐舒适性，车体结构采取隔热、隔音降噪措施，选用的内装材料其环保性能及防火性能均满足标准要求。

客室设置不锈钢座椅、扶手、挡风板、广告框等，司机室设置有司机室座椅、遮阳帘、衣帽钩等。

烟火报警系统在头、尾车司机室各设置一台火灾报警控制器，在电气柜内部、客室、蓄电池箱内设置点式火灾探测器。探测器与火灾报警控制器的连接方式为 FSK 二总线；两个控制器之间的连接方式为 CAN 总线；控制器与 TCMS 的连接方式为以太网为主、MVB 冗余。烟火报警系统包括烟火报警显示屏（主机）、通信板卡、车厢控制器、电源转换模块、点式探测器、吸气式探测器、短路隔离器、地址单元等部件。

全列车设烟火报警系统干线通信网络，在头、尾车各设一台烟火报警系统显示屏，该显示屏具有系统主机的作用，通过该显示屏可以实时监控全列车烟火报警系统的状态。

14.1 车内结构组成

车内结构主要包含司机室、地板、顶板、墙板、端部间壁以及隔音隔热材等，地板包括复合隔音地板和铝蜂窝地板两种；顶板由端部顶板和客室顶板组成；地板布采用 PVC 材料，铺装部位包括客室区域和客室以外区域；隔热材料主要采用三聚氰胺抗震支撑材料、碳纤维和超细玻璃丝棉等。

14.1.1 司机室

司机室分为司机室内装和司机室操纵台，司机室内装分为地板及地板布、墙板、顶板及间壁四大部分。

司机室地板、间壁组成及结构与客室相同，地板和间壁采用铝蜂窝板制作，地板表面铺设 PVC 地板布。司机室间壁上设置司机室副座椅。

司机室顶板和墙板采用 4 mm 厚聚酯玻璃钢制作。司机室墙板包括左墙板组成、右墙板组成、前窗上板组成、检查门组成、左右侧门压条、左右侧门立罩等，各个墙板间采用搭接结构。墙板中的前窗上板及顶板上都开有检查门，方便对其中的电器和机构进行检修。顶板、墙板均通过连接结构固定在车体骨架上，安装牢固可靠。用玻璃钢压条将螺钉盖住，在保证安装工艺性及安装结构的基础上实现可视界面美观和空间的最大化（见图 14-2）。

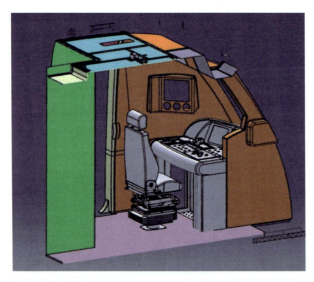

图 14-2 司机室示意图

为满足司机方便快捷的驾驶需求，视野按 UIC651 标准进行设计，采用手动遮阳帘，座椅基本同动车组座椅（仅取消扶手），满足司机驾驶的舒适性和方便性要求（见图 14-3）。

司机操作界面按照设备布置、可操作性、可维护性等设计原则进行设计。其外观如图 14-4 所示。

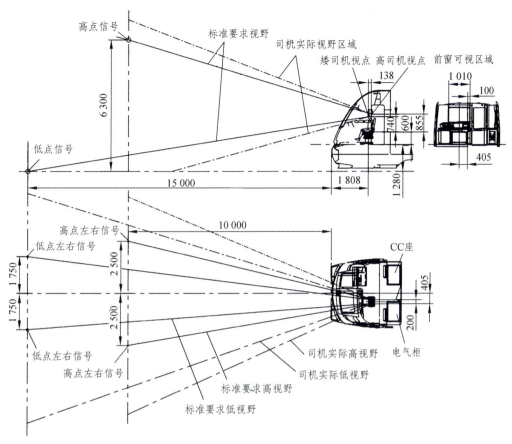

图 14-3　司机室视野示意图

设备布置：各设备根据其操作频度、功能、紧急程度等因素排布。

可观察性：各显示仪表自带照明功能，确保司机观察仪表不受司机室照明及环境条件的影响。

可维护性：所有设备检修时，无须拆卸仪表盘帽檐或台面等大部件设备。

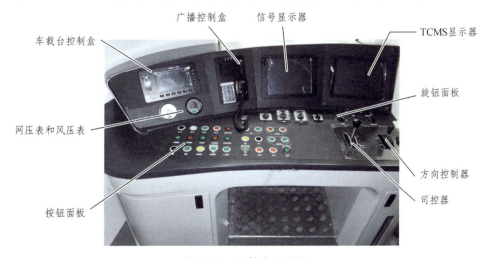

图 14-4　司控台示意图

14.1.2　顶板构造

客室顶板由中顶板、边顶板、侧顶板构成（见图14-5）。顶板造型与分块综合考虑区域空间、灯具、布线、扬声器、骨架等要素进行设计。客室顶板分块原则：边顶板、侧顶板分块与窗口对应；考虑安装工艺性，中顶板接缝与边顶板错开，避免出现十字缝；中顶板分块以侧门中心为基准分为两个区域；尽量减少中顶板种类，减少中顶板模具数量；中顶板长度尺寸尽量差距不大，增加美感；中顶板分块要综合考虑扶手安装位置。

中顶板主体材质采用铝板，铝板上开送风口，为客室送风；中顶板周圈黏接铝型材，与车顶风道密贴；中顶板背面喷涂防结露漆，本身具有一定的防结露能力，不会产生冷凝水。主风道下部自带骨架安装滑槽，中顶板安装骨架通过特殊螺栓与其相连；中顶板及挡条通过特殊螺栓与骨架紧固到一起。

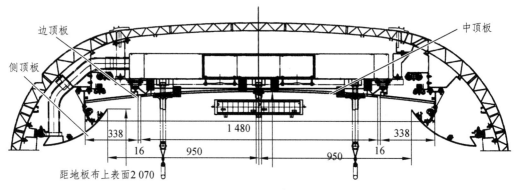

图 14-5　顶板构成示意图

边顶板主要材质为瓦楞板，一侧与中顶板自带骨架插接安装，另一侧通过特殊螺栓固定到车顶骨架上。

侧顶板主要材料为铝型材材质。侧顶板上部与骨架螺栓连接安装，下部通过四角压紧锁固定到侧墙锁挡上。检修扬声器、车号显示器时需要打开对应位置侧顶板。中顶板、边顶板拆装时不需拆卸侧顶板。

14.1.3　地板构造

端部顶板采用瓦楞板结构，其上设置空调的出风口、筒灯和扬声器，顶板使用了轻质而且刚度高的铝制面板，表面采用喷漆处理。

车内地板安装于车体气密底板的支架上，地板分为两种类型：焊接铝蜂窝铝面板地板和复合隔音地板。其中蜂窝地板的组成为面板＋铝蜂窝芯＋型材骨架，隔音地板的组成为面板＋胶合板＋隔音层＋胶合板＋型材骨架。在牵引变压器区域的上方使用隔音地板；此种地板结构对隔音降噪有优势，总厚度为 22 mm。

地板的调整垫为了降低固体传播音，使用极难燃烧性的橡胶垫。地板沿车长方向布置，车宽方向无接缝，减少了地板数目，也简化了地板安装。

地板中预埋安装座椅用的丝套，座椅可用螺栓直接安装于预埋丝套上，简化了座椅安装。

带牵引变压器车辆地板安装采用浮筑结构，安装时地板通过固定螺钉扎在减震器上，其余车辆地板通过固定螺钉扎在车体型材上。具体安装结构如图 14-6 所示。

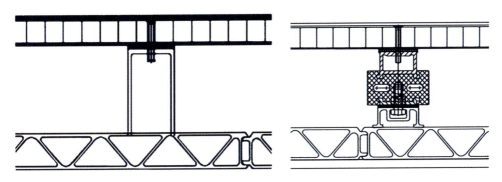

图 14-6　地板构成示意图

车厢客室地板表面铺装 PVC 地板布，厚度为 2.5 mm，地板布粘贴在面板为铝板的焊接蜂窝地板上或面板为铝板的复合隔音地板上，具有耐磨、防火、寿命长、不开裂、防滑和无毒的特性，还具有美观、易于清洁的特点。

14.1.4　间壁结构

间壁板采用三明治式复合铝蜂窝结构，表面采用覆膜处理。它通过螺栓与车体侧墙滑槽连接，与地板通过螺钉直接扎到地板补强板上。具体的安装结构如图 14-7 所示。

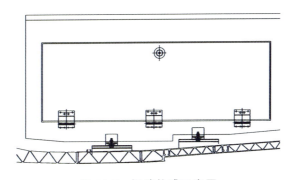

图 14-7　间壁构成示意图

14.1.5　墙板结构

墙板结构包括窗口墙板组成、窗口墙板中间立柱组成、端部墙板组成。墙板材料为铝板 2-5052-H32，表面喷漆处理。窗口墙板上部螺钉固定在铝梁上，左右两侧螺钉固定在铝梁上，下部螺钉固定在座椅安装梁上。窗口墙板中间立柱螺钉固定在车体型材上。窗口墙板开电视开口，背部带广告框及安全锤安装补强。窗口墙板具体结构如图 14-8 所示。

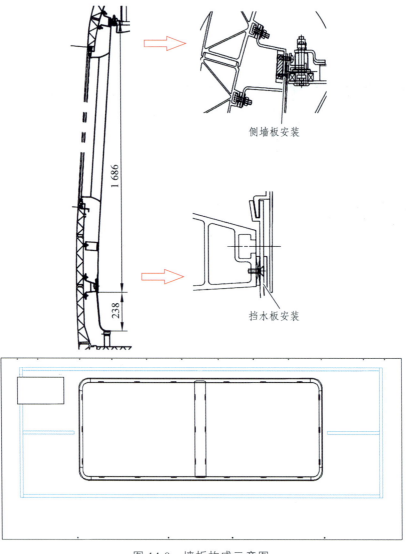

侧墙板安装

挡水板安装

图 14-8　墙板构成示意图

14.1.6　隔热及减振降噪

客室车顶敷贴三聚氰胺抗震支撑材，能有效隔热和隔音减震。

侧顶板、墙板的背面与车体间隙贴满了碳纤维隔热隔音材料，这种材料具有隔声、吸声、隔热等功能，能有效地降低车内噪声。

挡水板背面、地板与车体地板之间采用超细玻璃丝棉，提高隔音和吸音性能。

地板与车体之间设置隔音挡板。带牵引变压器车辆地板安装采用浮筑结构。牵引变压器区域采用复合隔音地板，地板背面敷贴阻尼片，地板下设置吸隔音材料。

端墙隔热材料的使用同客室内，也采用碳纤维隔热材料。

 **14.2 车内设备组成**

车内设备根据分布位置的不同主要分为司机室设备以及客室设备，司机室设备设置主要包括司机室座椅、遮阳帘等，客室设备主要包括不锈钢座椅、扶手、挡风板、广告框等，除此之外还有用于布置车辆控制用的开关、继电器、接触器等电气元件及控制装置的配电盘设备。

14.2.1 司机室组成

1 号车及 4 号车端部各设置一个司机室。司机室主要设置了司机室操作台、遮阳帘、司机室座椅、司机室后端墙、衣帽钩及工具箱等。

14.2.1.1 司机室后端门

司机室后端门主要由前门框组件、上门框组件、后门框组件、门槛等组成（见图 14-9）。要求车门净通过宽度不小于 700 mm，从地板面开始测量通过高度不小于 1 900 mm。门扇整体为铝骨架拼焊而成，内部填充蜂窝结构，并合理布置骨架。门扇由主体门板、"猫眼"、门锁、前挡装饰边、横挡装饰边、后挡装饰边组件、踢脚板和格栅组件等零件组成。

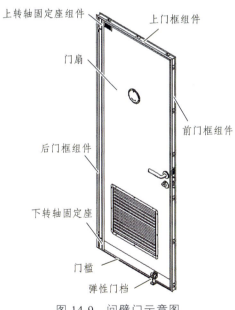

图 14-9　间壁门示意图

14.2.1.2 司机室座椅

司机室座椅由座垫、靠背、前后调整装置、升降调整装置、倾角调装置、左右旋转装置、底座等组成（见图 14-10）。司机室座椅外部采用皮裙包装，不易被外来污水污物污染侵蚀，座椅可实现升降调整、前后调整、左右旋转调整、靠背调整、弹性头垫高度调整、悬浮力（体重）的调整，最大限度地为乘驾人员提供舒适的乘坐体验。

图 14-10　司机室座椅示意图

1. 减震系统总成

悬浮减震机构采用剪刀式的减震系统，能很好地吸收悬浮传递的缓冲。预紧力可以调节，寿命更长。根据司机的不同体重，可任意调节减振强度，减小了司机的驾驶疲劳。减震系统由减震下支架、剪刀架、减震上支撑架、防尘罩及防尘罩压条等主要部件组成。

2. 升降架组成

座椅具有升降功能，以便司机操作和工作，座椅可以升降 80 mm，适用于不同身高的人体。升降可以分为前升降与后升降，两者单独分开。可以调节座垫角度倾斜，并且有 11 级档位可选，以更加人性化的方式适应不同人员的坐姿需求。升降架由前后两组人字架组成，可以单独调节，可前高后低，也可以形成前低后高等方式，人离开坐垫，抬起调节手柄，座椅自动升起，操作方便。

3. 坐垫组成

坐垫采用宽大型泡沫，中间部分厚度约为 480 mm，坐垫的深度为 480 mm，坐垫通过螺栓与座椅托架连接固定。

4. 靠背头枕总成

座椅的靠背采用豪华型泡沫，可完全支撑人体的整个背部。这款靠背现在已经大量使用在出口司机座椅上，有着很好的外形轮廓和舒适性，靠背组装在骨架上，外观平整。靠背上面有两个头枕插管，头枕通过两个金属棒插入靠背里面。

14.2.2　客室设备组成

在车厢内，设置有以下设备：

14.2.2.1　客室座椅

1．8人座椅组成

8人座椅组成由8人座椅面罩组成、8人座椅骨架组成（左）、8人座椅骨架组成（右）等组成。

8人座椅骨架组成（左）、8人座椅骨架组成（右）与车体采用螺栓连接，8人座椅面罩组成与8人座椅骨架组成（左）、8人座椅骨架组成（右）采用螺栓连接紧固。

8人座椅面罩主要材质为铝合金型材、铝合金板材、压花不锈钢板。座椅面板为单层结构，采用压花不锈钢板，面罩采用模具压制成型，成型后的座椅面罩曲面更符合人体工程学，乘坐更具舒适性，面罩背部的加强架采用5083铝合金板、6063-T5材质的铝型材，此种材料具有强度高、重量轻等优点。

2．双人座椅组成

双人座椅组成由双人座椅面罩组成、底安装座、侧安装座构成（左右结构相同且对称，只介绍一种）。

侧安装座与车体采用螺栓连接，底安装座与车地板采用螺栓连接，双人座椅面罩组成与侧安装座、底安装座采用螺栓连接紧固。

双人座椅组成的底安装座与侧安装座采用铸造铝合金材质，双人座椅面罩主要材质为铝合金型材、铝合金板材、压花不锈钢板。座椅面板为单层结构，采用压花不锈钢板，面罩采用模具压制成型，成型后的座椅面罩曲面更符合人体工程学，乘坐更具舒适性，面罩背部的加强架采用5083铝合金板、6063-T5材质的铝型材，此种材料具有强度高、重量轻等优点。

3．背靠背座椅组成

背靠背座椅组成由背靠背座椅面罩组成、底安装座、侧安装座构成。

侧安装座与车体采用螺栓连接，底安装座与车地板采用螺栓连接，背靠背座椅面罩组成与侧安装座、底安装座采用螺栓连接紧固。

背靠背座椅组成的底安装座与侧安装座采用铸造铝合金材质，双人座椅面罩主要材质为铝合金型材、铝合金板材、压花不锈钢板。座椅面板为单层结构，采用压花不锈钢板，面罩采用模具压制成型，成型后的座椅面罩曲面更符合人体工程学，乘坐更具舒适性，面罩背部的加强架采用5083铝合金板、6063-T5材质的铝型材，此种材料具有强度高、重量轻等优点。

14.2.2.2 扶手

客室门口及走廊设置不锈钢立柱及横扶手，纵向座椅上方设置不锈钢横扶手及吊环，贯通道处设置不锈钢扶手。扶手的布置按站立区域 8 人/m² 考虑，站立乘客在车内均可到达扶手位置。根据 GB 10000—88 的数据，考虑近年人体平均身高的增长，扶手设置高度满足第 50 百分位数人的身高需求，横扶手高度设置为 1 850 mm（既有城轨车辆扶手高度为 1 850 mm）。

14.2.2.3 侧墙设备

侧墙设有广播系统用扬声器等设施。

14.2.2.4 端部设备

在内端墙上，设有车内信息显示器、车号显示器、禁烟标记、紧急报警按钮等设施。

14.2.2.5 照明设备

市域动车组客室及司机室照明采用 LED 灯具提供照明，客室内设置 LED 主照明灯条、LED 筒灯、LED 顶板装饰灯，司机室内设置 LED 筒灯或 LED 平面灯（见图 14-11）。

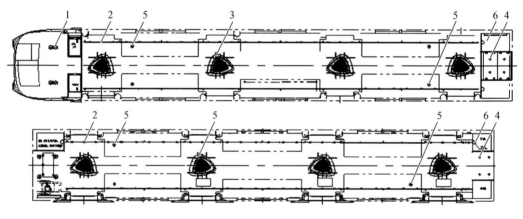

1—司机室平面灯；2—主照明灯条；3—顶板装饰灯；4—筒灯；
5—感光器；6—调光控制器（配电柜内）。

图 14-11　照明系统示意图

车内照明由司机室照明和客室照明两部分组成。司机室照明全部为紧急照明，客室照明分为正常照明和紧急照明，门区中顶区域设置水波纹装饰灯；灯具采用 LED 光源，正常照明由 DC 110 V 直流母线供电，紧急照明由蓄电池供电（DC 110 V）。

正常照明照度：距地板面高 800 mm 处，照明强度≥250 Lx；门区应急照明照度：距地板面高 800 mm 处，照明强度≥80 Lx；司机室照度：在距司机室地板中央 800 mm 处不小于 100 Lx。

14.2.2.6 贯通道及走廊

在贯通道及走廊处设有配电盘、灭火器等，并在贯通道顶部设置 LED 筒灯及扬声器。

14.2.2.7 灭火器

为了保证消防安全，每个车厢都布置了 2 个 5 kg 磷酸铵盐灭火器，每个司机室布置了 1 个 5 kg 磷酸铵盐灭火器。

14.3 配电盘设备组成

司机室内安装有司机室配电柜及信号柜，布置在司机室门及内装间壁之间，通过台两侧。Tc1 车三位角配电柜安装紧急通风逆变器、空调控制盘、交流盘等设备；四位角配电柜为客室直流柜。Mp1 车一位角配电柜内安装紧急通风逆变器、空调控制盘、过分相装置、供风管路钥匙箱等设备；三位角为客室直流柜，四位角为客室交流柜。

14.4 烟火报警组成及功能

烟火报警系统在头、尾车司机室各设置一台火灾报警控制器，在电气柜内部、客室、蓄电池箱内设置点式火灾探测器。探测器与火灾报警控制器的连接方式为 FSK 二总线；两个控制器之间的连接方式为 CAN 总线；控制器与 TCMS 的连接方式为以太网为主、MVB 冗余（见图 14-12）。

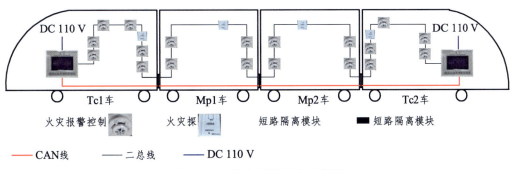

图 14-12　烟火报警系统示意图

14.4.1 火灾报警控制器

火灾报警控制器设置声光报警单元，控制器上带有 LCD 显示屏（见图 14-13），可以显示报警探测器的位置信息、报警类型。火灾报警控制器在检测到系统设备发生故障时，在 LCD 显示屏上显示报警探测器的位置信息、故障类型以及故障描述。

通过控制器的操作屏可以查看各探测器的状态，探测器发生污染时会自动报污染故障，提醒清洗维护。当出现火警或故障时，控制模块将停留在激活状态直到收到一个静音或者复位的信号。静音表示工作人员确认看到了报警；复位信号将尝试复位报警，报警将记录在系统日志中，可在彩色显示屏上随时查看。系统日志可以通过 USB 端口进行下载。

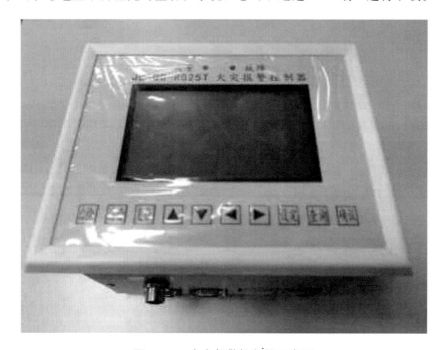

图 14-13　火灾报警控制器示意图

14.4.2　烟温复合探测器

烟温复合探测器是一个可寻址的光学感烟和感温探测器（见图 14-14），感烟和感温功能是独立的，并在任何情况下均可合并使用，探测器在板上的光学迷宫中测量烟雾的浓度，在板上的感温二极管上测量空气温度。其特点如下：

（1）探测器是可寻址的，因此可以知道报警的探测器和故障的探测器的位置。

（2）感烟功能通过测量折射光的方法进行，烟雾颗粒将折射红外管发出的光线。折射的光线被接收管收到，选中的折射光表示典型烟雾颗粒的数量。当烟雾浓度达到了已定的水平以上的时候，接收管将触发烟雾报警信号，火警信号被发送到烟火报警显示单元。

（3）光学传感器中的背景光被持续监测以确认传感器是否处于工作状态，如果传感器有故障，故障信号将发送到烟火报警显示单元。

图 14-14　探测器示意图

14.4.3　短路隔离模块

为了避免探测器总线短路使总线上的所有探测器都短路，使用了短路隔离模块（见图 14-15）。当探测器总线的某处出现短路，其两端的隔离器动作，自动切除两隔离模块之间发生短路的电路。

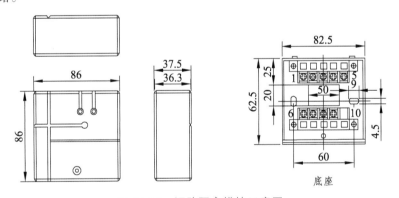

图 14-15　短路隔离模块示意图

14.4.4　烟火报警原理

14.4.4.1　探测原理

1. 感烟探测原理

感烟探测器是一个光学传感器，它包含一个光源（红外发光管）、一个发射镜头和作为安装在适当角度的光电二极管。如果迷宫里面没有烟雾粒子，光源将直接照射到迷宫壁上，被迷宫壁吸收。如果迷宫里面有烟雾粒子，光源将被这些粒子折射，折射光被光电二极管接收到，折射光的强度代表了烟雾的浓度（见图 14-16 ）。

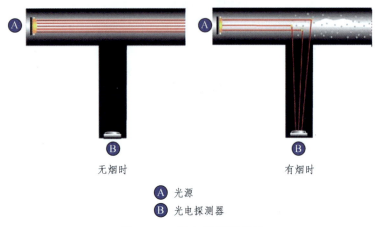

无烟时　　　　　　　　　　有烟时

Ⓐ 光源
Ⓑ 光电探测器

图 14-16　烟火报警原理图

2．报警烟雾浓度（灵敏度）

标准规定光电感烟探测器的灵敏度是用减光系数 m 来表示（db/m），结合国家对某一类所有探测器一致性的要求，感烟探测器的 m 值在 0.22～0.30 左右。

3．感温探测原理

探测器通过感温二极管来探测周围空气的温度，当探测器周围温度达到一定值，探测器均向控制器报告火警。报警温度阈值出厂时默认为 85 ℃，该值可在火灾报警控制器上进行调节，调节范围为 50～120 ℃。

14.4.4.2　烟火报警装置技术特点

烟火报警系统设置干线通信网络，在头、尾车各设一台火灾报警控制器，通过火灾报警控制器可实时监控整列车火灾报警的状态；两台控制器互为热备份，操作人员可通过任何控制器查看系统内设备的工作状态，如静音、复位、报警等。

一旦火灾探测器检测到火灾烟雾，火警信号通过干线通信网络传递到控制器，控制主机将火警信号上传至 TCMS，由司机确认。烟雾探头可以根据烟雾浓度进行分级报警，分为预警和报警两种模式；烟雾探头的灵敏度可根据外界环境进行调节。

1．联动功能

烟火报警系统与 PIDS 系统及空调系统均有联动功能。当发生火灾报警时，火灾报警主机将火警信息传递给 TCMS，TCMS 下发空调系统，整列车空调关闭。

列车火灾报警系统产生报警信号后，TCMS 将报警信号传输给 PIDS 系统，自动触发火灾报警所在位置附近的监视图像在激活端司机室的显示，车载视频监视系统通知对应的视频编码器将报警类型、时间、地点以文字形式叠加在视频中，同时触摸监控屏将以全屏模式切换至该画面，并将视频实时上传到 OCC，伴有醒目的文字提示（如列车号码、车厢号码、时间标记等）和声音提示。拍摄的视频录像将以紧急报警的类型、发生的时间、车厢号为文件名进行保存，采用 FIFO 模式存储。

 14.5 型式试验和例行试验

型式试验和例行试验项目如表 14-1 所示。

表 14-1　型式试验和例行试验项目

序号	试验项目	型式试验	例行试验
司机室操作台试验项点			
1	外观检查	√	√
2	检查电气接线的正确性	√	√
3	绝缘耐压试验	√	√
4	保护电器整定值校核试验	√	√
5	动作试验	√	√
6	冲击振动试验	√	—
7	寿命试验	√	—
8	温升试验	√	—
9	湿热试验	√	—
10	防火试验	√	—
司控器试验项目			
1	一般检查	√	√
2	动作性能试验	√	√
3	绝缘电阻检测	√	√
4	工频耐受电压试验	√	√
5	冲击耐受电压试验	√	—
6	交变湿热试验	√	—
7	低温试验	√	—
8	低温存放试验	√	—

序号	试验项目	型式试验	例行试验
9	温升试验	√	—
10	振动及冲击试验	√	—
11	工作性能试验	√	—
12	灼热丝试验	√	—
13	通断能力试验	√	—
客室座椅试验项目			
1	静载试验	√	—
2	振动和冲击试验	√	—
3	座椅有害物质限量	√	—
4	称重检查	√	√
5	非金属材料阻燃性能	√	—
6	模压玻璃钢机械性能	√	—
7	模压玻璃钢老化性能	√	—
8	玻璃钢表面涂层油漆性能	√	—
9	外观检查	√	√
10	尺寸检查	√	√
司机室后端门试验项目			
1	外观尺寸检查	√	√
2	油漆物理机械性能	√	—
3	非金属材料环保要求	√	—
4	门板的静强度试验	√	—
5	振动及冲击	√	—
6	耐久试验	√	—
7	防火报告	√	—
8	称重试验	√	—
司机室座椅试验项目			
1	防火试验	√	—
2	振动冲击试验	√	—
3	座椅强度试验	√	—

序号	试验项目	型式试验	例行试验
4	座椅耐久性试验	√	—
5	面料性能试验	√	—
6	泡沫性能试验	√	—
7	外观检查	—	√
8	尺寸检查	—	√
9	称重检查	—	√
司机室配电盘试验项目			
1	外观检查	√	√
2	检查电气接线的正确性	√	√
3	绝缘耐压试验	√	√
4	保护电器整定值校核试验	√	√
5	动作试验	√	√
6	冲击振动试验	√	—
7	寿命试验	√	—
8	温升试验	√	—
9	湿热试验	√	—
10	防火试验	√	—
客室配电盘试验项目			
1	外观检查	√	√
2	检查电气接线的正确性	√	√
3	绝缘耐压试验	√	√
4	保护电器整定值校核试验	√	√
5	动作试验	√	√
6	冲击振动试验	√	—
7	寿命试验	√	—
8	温升试验	√	—
9	湿热试验	√	—
10	防火试验	√	—

14.6 车内设施检修

车内设施检修项目如表 14-2 所示。

表 14-2　车内设施检修项目

一级修（2 000 km/2 天）				
系统	编号	项目	技术要求	备注
司机室	SJS01	司机室内装外观检查	1. 司机室电气柜外观正常，玻璃无裂纹，各断路器、旋钮处于正常位置； 2. 司机室前窗、侧窗玻璃外观良好，无裂纹及明显刮痕； 3. 检查后端门门外观良好，零部件无丢失，止档安装牢固，止档功能正常。门把锁开关功能正常； 4. 检查司机台外观良好，检查司机台按钮及旋钮外观良好，旋钮在正常位，检查司机台上各紧固件无松动、无丢失； 5. 检查疏散门、坡道锁闭手柄及保险销状态良好无丢失，门窗玻璃无裂纹，回收吊带无缺失； 6. 检查司机室侧门外观良好，紧固件无松动，防松标记无错位；玻璃外观良好，无裂纹；司机室内部进行手动开关门 1 次，无异常，止挡功能正常； 7. 检查司机室墙板、立罩、地板布等内饰外观良好，各标识无缺失； 8. 检查灭火器外观完好，压力指针在绿色区域，铅封无丢失；插口扳手无丢失； 9. 检查遮阳帘功能正常，无破损； 10. 司机室座椅外观良好，无破损，紧固无松动，防松标记无错位，各个调节功能正常	
司机室	SJS02	司机室基础功能检查	1. 检查蓄电池电压表、网压表、双针压力表显示正常，计量未过期（双针压力表计量周期 6 个月，蓄电池电压表、网压表计量周期为12 个月）； 2. 升弓、合 VCB，查看 HMI 屏上网压正常，各个界面显示正常，无异常图标； 3. 按压试灯按钮，各指示灯显示正常； 4. 检查汽笛功能正常； 5. 检查前照灯、司机室阅读灯、司机室照明功能正常； 6. 检查空调功能（4—10 月检查自动模式、制冷模式、通风模式，其他月检查通风模式），检查压缩机、通风机和冷凝风机的启动情况，无故障报出； 7. 检查司机室后端门上方模式选择和风量调节两个旋钮开关功能正常、送风良好，12 月—次年 2 月司机室电暖功能良好； 8. 按下停放制动施加、缓解按钮，在 HMI 查看停放制动施加、缓解状态正常； 9. 操作侧墙上和操纵台上的开关门按钮对全列车门进行 1 次开关门试验，要求功能正常，无故障报出； 10. 刮雨器外观良好，功能良好；水箱水位正常； 11. 自检试验通过（直通制动试验、防滑试验、紧急制动试验、总风贯通性试验、司控器试验）； 12. 检查 HMI 上故障信息，查看故障信息并按规定处理；记录列车的公里数、能耗值等信息（备注：全部列车）； 13. 检查标志灯功能正常	

系统	编号	项目	技术要求	备注
一级修（2 000 km/2 天）				
客室	KS01	客室内装外观检查	1. 中顶板、边顶板、侧顶板、墙板、立罩、间壁柜等内饰外观良好，漆面无明显损伤；侧顶板、门罩板、门立罩检查门锁闭良好； 2. 客室各标识外观正常，无破损，无明显卷边起翘； 3. 地板布无卷边起翘，无明显鼓包、无破损，焊条无开裂； 4. 广告框安装牢固、无损坏； 5. 检查灭火器外观完好，压力指针在绿色区域，铅封无丢失。 6. 客室玻璃外观良好，无裂纹； 7. 贯通道侧护板外观良好，渡板、踏板上表面平整，磨耗条无脱出； 8. 客室门外观良好，无变形破损，门玻璃外观良好，隔离锁位置正常，门罩板锁闭到位； 9. 座椅安装牢固，外观无损坏。挡风玻璃外观良好，无裂纹。 10. 带电塞门箱外观良好、锁闭到位； 11. 客室立柱、扶手及拉环外观正常，无松动； 12. 轮椅固定器安装紧固，无破损，作用良好； 13. 紧急解锁装置盖板锁闭良好，铅封无丢失、损坏，处于复位位置； 14. 安全锤无丢失，铅封无丢失； 15. 客室灯照明、波纹灯外观照明功能正常	
二级修（30 天/3 万 km）包：一级修基础上增加的项目				
客室	KS02	配电柜无电外观检查	1. 各接触器、继电器、电磁阀安装状态良好； 2. 各断路器位置正确，动作正常，无卡滞，无破损； 3. 各线号清晰，配线正确、状态良好，连接器或者接线端子及接点无损坏、变色，安装牢固，线卡紧固，密封胶泥密封良好； 4. 各故障复位及切除开关按钮动作正常无卡滞，安装牢固； 5. 相应车刀片式闸刀位置正确，动作正常，无卡滞，所用工具配置齐全；相应车车端解除开关位置正确，动作正常，无卡滞； 6. 各接地开关盘安装状态良好，线排插拔到位，动作正常，接线端子无损坏、变色，密封胶泥密封良好； 7. 各标志牌显示正确，字体清晰，黏结牢固； 8. 各管路阀门位置正确，标记清晰，管路无泄漏，各螺丝紧固、无松动； 9. 各配电盘内洁净，无异物，无积水，隔热层良好，无破损； 10. 柜门锁作用良好，柜子各拉门外观状态及动作良好； 11. 配电柜无异物； 12. 检查截止阀外观良好，位置正确，处于"气路、电路通"位置	
	KS03	配电柜有电外观检查	1. 各显示灯外观良好，显示正常； 2. 各车故障指示灯外观状态良好，显示正常； 3. 相应车蓄电池电压表、受电弓阀板压力表无破损，安装牢固，功能正常，按期校验； 4. 检查截止阀外观良好，位置正确，处于"气路、电路通"位置	

二级修（30 天/3 万 km）包：一级修基础上增加的项目				
系统	编号	项目	技术要求	备注
司机室	SJS03	司机室内装检查	1. 司机室门把手锁、保险锁功能正常（内外均需测试）； 2. 后端门猫眼玻璃完好，无裂纹；猫眼封盖状态良好，动作正常，无丢失； 3. 后端门门锁正常（里外均需测试）； 4. 操纵台上各复位按钮功能正常	
二级修（180 天/18 万 km ）包：90 天包基础上增加的项目				
客室	KS04	配电柜清洁	清扫配电柜内各部件，对积灰进行清扫	
司机室	SJS06	司机室座椅润滑	司机室座椅润滑（前后移动手柄回位弹簧添加润滑脂；涡卷簧添加润滑脂；座托架与升降架前后连接处添加润滑脂；靠背与扇形齿之间、靠背手柄弹簧添加润滑脂；前后移动滑轨之间添加润滑脂；升降移动平槽内添加润滑脂）	
二级修（360 天/36 万 km）包：180 天包基础上增加的项目				
司机室	SJS07	司机室检查门内部检查	1. 打开司机室各检查门，检查电气元件接线良好，插头无松动，内部无异物； 2. 检查喷淋水箱、水管连接、电机接线状态良好，水管无漏水现象； 3. 根据雨刷片实际状态进行更换	

14.7　课后习题

（1）车内设施主要由哪几大类型组成？

（2）简述烟火报警的主要原理。

（3）客室中主要存在哪几类座椅？主要材质是什么？

（4）简述市域动车组列车灭火器布置。

（5）市域动车组列车车内结构和材料分别是什么？

第十五章

车辆健康维护系统

车辆健康维护系统采集围绕从车辆运行到车辆检修维护全过程的数据，包括车辆运行状态及故障数据、轨旁检测数据以及车辆维修和管理数据，综合应用物联网、边缘计算、云计算、大数据等技术，通过建设地面大数据平台，为列车运营调度中心及车辆段各专业车辆检修提供基于数据支撑的辅助决策内容，支撑车辆调度运营及生产管理与业务流转，以提高列车运营可靠性，行车安全性以及提高检修效率、检修质量、降低人员投入减少管理成本，为安全运营提供保障，逐步实现车辆"状态修"的总体目标。

车辆健康维护系统主要由车载在线监测系统、地面智能运维系统构成。车载在线监测系统侧重于对采样频率高的列车级和车辆级预警模型的应用，而地面大数据平台侧重于实现线路级、历史趋势类分析的预警模型建立及应用等。地面智能运维平台实现功能包含列车状态实时监控、列车故障及预警状态实时提醒；列车故障查询、统计、分析；列车状态信息趋势分析；运营数据统计分析；车辆子系统健康状态分析；车辆维保策略及优化支持；远程视频实时点播等功能。

 ## 15.1 车载在线监测系统

车辆在线监测系统由数据集成采集系统（含 PHM 功能）及牵引、辅助、制动、蓄电池、网络、空调、车门统、LCU、乘客信息、烟火报警、走行部监测、轨道检测、弓网监测、雷达辅助防护等系统的在线监测装置构成。

数据集成采集系统（DCM）负责采集车辆上述子系统的运行状态和故障数据，实现子系统原始数据的分布式采集、本地存储、实时数据融合、清洗和特征提取等功能；DCM 在列车头尾端各配置有一台，同时连接到以太网网络和 MVB 网络，实时采集各子系统的关键状态及故障数据信息以及各子系统设备内部各种控制和维护数据信息，并将数据以规范的格式借助无线网络通道下传至地面系统平台。

15.1.1 主要功能

在车载 PHM 中，走行部系统、轨道检测系统、弓网监测系统、雷达防护系统等的 PHM

功能由各系统主机实现，其他子系统和系统间的 PHM 功能由 DCM 主机实现。车载 PHM 主要实现牵引系统、辅助系统、制动系统、蓄电池系统、网络系统、空调系统、车门系统、LCU 等车载系统的预警功能，侧重于对采样频率高的列车级和车辆级预警模型的应用，而地面智能运维系统侧重于实现线路级、历史趋势类分析的预警模型建立及应用等（见图 15-1）。

图 15-1　车载在线监测系统功能图

15.1.2　数据采集

车辆在线监测系统依托列车控制与信息服务网和车-地无线通信网络实现整车及关键部件运行状态、故障信号、参数分析数据的采集，实现车辆运行状态的初步诊断。

采集的数据内容可包括：

（1）列车整车状态信息：列车速度、供电状态、运行里程、时钟、列车载重等。

（2）列车关键硬线监测信息：继电器、接触器、旁路开关状态、重要列车线状态。

（3）子系统状态和故障信息：牵引、辅助、制动、车门、空调、走行部、弓网、蓄电池、TCMS、LCU、PIDS、烟火报警等系统。

（4）列车车载视频实时监控信息。

15.1.3　数据传输

车辆在正线时车辆状态信息通过 LTE/WLAN 网络，实时地发送至地面运维平台；车辆在停车场或车辆段库内时通过 LTE/WLAN 网络将状态信息实时地发送至地面运维平台。数据传输到地面运维服务器后，供车辆运维人员及时跟踪监测地铁车辆设备的状态信息。系统支持丢失数据重发、网络重连机制，保证数据传输连续性及完整性。

车辆发生故障或报警时，将故障信息、报警信息和必要的实时数据信息发送至地面系统，并向地面运维人员推送故障原因及处理意见。故障的上报分级是指根据故障的不同等级，有不同的报警方式。

在有各自系统车载主机（走行部系统、轨道检测系统、弓网监测系统、雷达防护系统等）的情况下，还可以通过其车载主机预测重要部件的寿命、功能情况，通过 DCM 将预测数据传输至地面服务器。

15.2 地面智能运维系统

地面智能运维系统在车辆段设置 DCC 服务器，用于车载信息接收、列车状态感知、预测、分析，故障智能分析处理，地面运维平台诊断的故障和预警信息推送给车辆检修管理信息系统，实现故障闭环管理。各系统间可独立运行，采用标准接口通信，实现数据共享。

15.2.1 总体架构

总体结构设计的思路：基于采集的主机厂数据、车辆子系统数据，结合运营数据进行综合分析利用，形成应急处理、故障预测、维修优化和健康管理能力。形成一套线路版列车智能运维系统，能够实现数据的采集、解析、存储和应用（见图 15-2）。

15.2.2 技术架构

系统以 socket 通信实现车载数据接收，以 Java 多线程程序实现车载数据解析，以内存数据库 + MariaDB + MongoDB 数据库存储数据，以 B/S 架构实现系统应用，使用 Java + HTML5 实现数据查询和分析应用。整个技术架构采用层与层之间松耦合，使用 Docker 容器进行封装，保证整个架构的稳定性和可扩展性，具体的技术架构如图 15-3 所示。

15.2.3 平台架构

平台设计要求线路列车在 40 列以内，数据存储周期 3 年。以 8 台 x86 搭建列车健康维护平台。其中 1 台部署在互联网，预留与主机厂智慧运维平台的数据交互的通道。其余 7 台均在车辆段内网中：1 台用于列车实时数据和离线数据的接收和下载；1 台承载系统应用；1 台用于各子系统应用和模型部署；另外 4 台搭建集群用于数据存储（见图 15-4）。

15.2.4 功能架构

地面智能运维系统由地面在线监测、系统管理模块构成。地面在线监测系统主要实现车载监测系统/设备的实时运行状态数据和列车诊断数据的分析及应用，实现维修建议、专家知识库、车辆及设备履历管理、备品备件管理、技术资料管理、检修任务管理、接口管理等；系统管理功能模块主要实现用户管理、组织机构管理和权限管理等，方便系统日常使用。

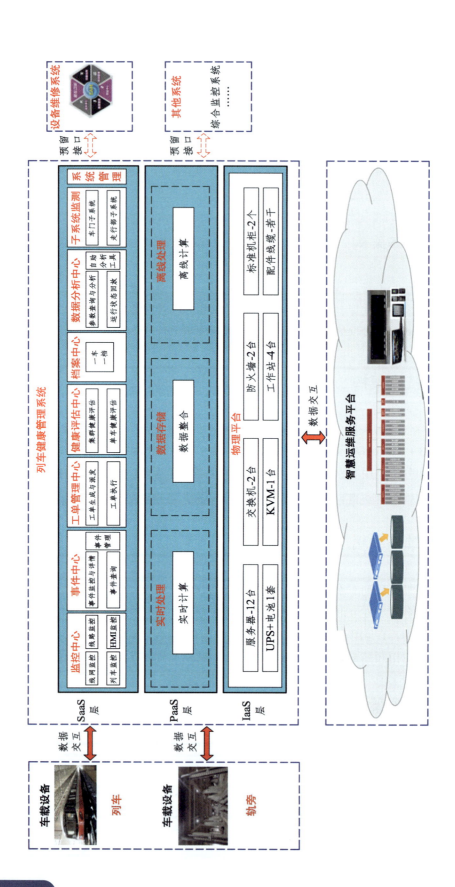

图 15-2　总体架构设计

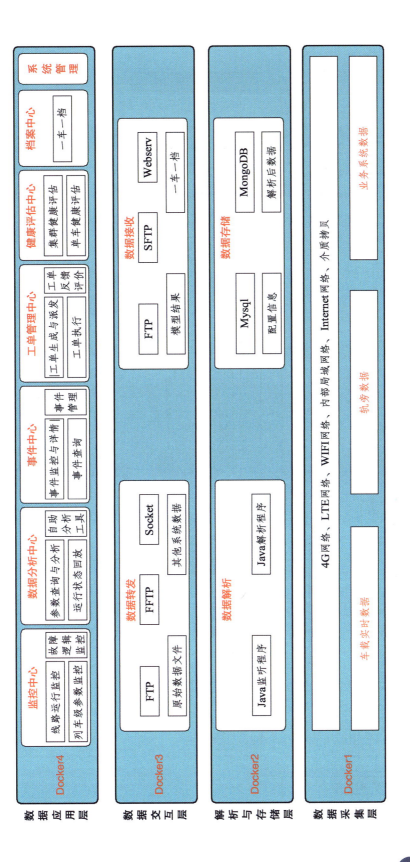

图 15-3　总体技术架构

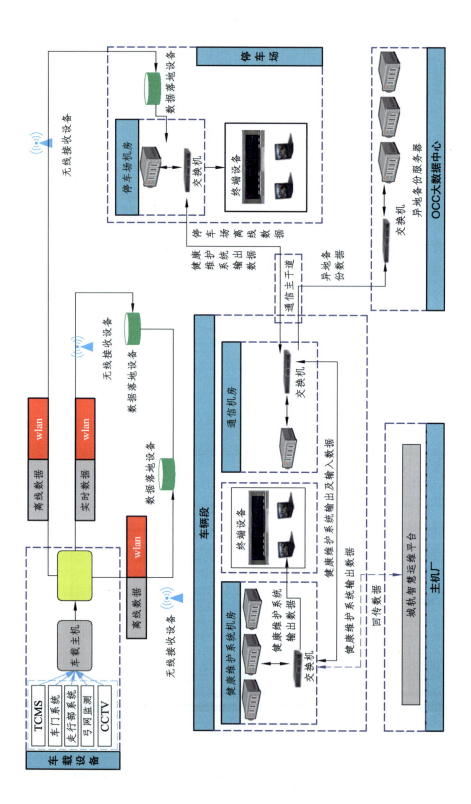

图 15-4　网络示意图

15.2.5 数据处理中心

数据处理中心实现对列车运行数据的接收、解析、存储和整合，即对接收到的系统/部件运行及故障的数据进行清洗和转换，然后存储到服务器平台数据库中，并对多个系统或数据源的数据进行整合应用，最终把数据推送到前端，进行实时展示、查询和下载等。

15.2.5.1 数据接收

数据接收分为实时数据接收与离线数据下载两部分。其中，实时接收主要包括列车运行状态数据、车载在线监测模块产生的特征值、性能指标偏差值、预警、报警等分析结果数据，此部分数据通过列车车载主机实时传递至车辆段（场）地面存储设备，由列车智能运维系统负责实时接收，由无线通信系统提供传输通道，支持 LTE、WLAN 等多种方式；离线数据下载主要是针对车载在线监测子系统的维护数据和 CCTV 视频监控数据，此部分数据待列车回库后，由列车智能运维系统的地面存储设备通过车-地无线传输通道以访问列车车载设备的方式实现数据传递和下载。

1．实时数据接收

车载实时数据由车载主机将数据发送至地面列车智能运维系统，以 socket 作为底层数据传输协议。地面提供接收服务器对应的 IP 地址、端口、用户名和密码，车载和地面确定认证策略及口令，由地面服务器实时接收发送的车载数据，最终将车载数据回传至地面列车智能运维系统。数据以数据流形式发送至 Kafka 平台，Kafka 平台将数据流整理为数据流序列，并有序地提供给后端实时数据处理程序进行数据解析。

2．离线数据接收

列车回库后，下载列车原始打包数据。以 FTP（File Transfer Protocol，文件传输协议）实现数据源端数据的采集、转换、传输，送至列车健康维护系统平台。

FTP 对非结构化文件（如视频、图片）进行采集，存放在指定的目录下，由监控平台制定目录名称、访问权限、文件命名方式等统一标准，对第三方数据进行统一收集与监管。

接收完离线数据后，支持数据源与目标数据库的对比，发现并解决采集过程产生的错误。在数据传输的过程中全程记录数据传输日志，至少包括：数据记录条数、开始时间、完成时间，错误信息等。

15.2.5.2 数据解析

针对列车实时运行状态数据、故障数据、预警数据等信息，可构建基于车-地传输协议的一车一协议的统一化和标准化解析。

15.2.5.3 数据存储

在数据入库前，根据文件级校验规则，数据文件在库外首先经过数据稽核、文件清洗、编码转换等预处理工作才被加载到临时层。历史数据存储采用 Snappy 压缩机制，以优化存储空间，且数据压缩后，仍能被检索和统计分析。数据管理存储容量支持不少于 40 列车（4 辆编组）的数据融合管理能力，采集参数数据存储周期不低于 6 年，故障数据永久保留，并具备平滑扩容能力。数据在传输和存储处理时，采用数据压缩方式，压缩比例不低于 1：80。

15.2.5.4　数据整合

通过数据处理中心将列车相关数据全部接收和解析并存储到地面数据管理平台数据库中，后续要对这些数据进行应用。

15.2.6　监控中心

列车监控中心包括列车运行状态信息、关键监测参数的实时监测功能，支持按列车、车厢、系统、部件进行分层级、分类实时展示参数变化动态，并支持列表、曲线等可视化展示方式。支持故障报警、故障预警信息实时监控和管理。

15.2.6.1　线路运行监控

线路运行监控以图形化方式直观展示具体某条线路列车实时运行状态，包括列车位置、状态等，能够直观地了解每列车当前的状态和位置，支持运行列车和库内列车筛选；同时实时监控列车故障和模型结果事件，并根据故障和模型事件严重等级标亮列车颜色进行标识，同时支持语音播报。

15.2.6.2　列车监控

单列车参数具有实时展示功能，且以列车仿真图方式进行展示，用以实时监控单列车重点参数的状态。重点监控当前速度、外界温度、当日运行里程、蓄电池温度等信息。

15.2.6.3　故障逻辑诊断

故障逻辑诊断针对牵引、制动等状态故障逻辑构建故障逻辑监控功能，以图形化方式直观地展示。

15.2.7　事件中心

事件中心包括事件监控、事件详情、事件查询、事件管理四大功能模块，根据列车正线实时诊断的故障和分析及挖掘模型产生的结果形成事件，分故障级别和模型严重等级自动预警，并提供维修建议，同时支持人工更新和修正，实现列车远程故障诊断。四大模块功能如下：

1．事件监控

事件监控包括故障事件、模型事件、事件详情、事件统计四部分，故障事件模块展示实时列车诊断故障信息并进行分级弹屏提醒，点击详情按钮后跳转至事件详情页面；模型事件模块根据模型报出结果根据严重等级划分为预判、预警和报警，同样进行弹屏提醒，并支持语音播报；事件统计可从系统和等级两个维度对当日累计事件数量和占比情况进行统计。

系统默认展示全部故障信息，针对故障弹屏提醒用户可根据自身需求自行维护所关注的故障或模型结果，可以设置弹屏事件、非关注事件等，以满足不同角色用户的不同需求，同时可以统一弹屏过滤规则，以防止不必要的故障频繁弹屏影响业务使用。针对高级修列车，为防止故障乱弹屏，设置有黑名单，黑名单中的列号故障信息不弹屏。

默认故障全部显示，可以按照"正线故障"和"库内故障"进行筛选，点击"正线故障"按钮时显示正线故障，点击"库内故障"按钮时显示库内故障。

2．事件详情

事件详情包括车辆工况、关联信息、事件详情、处置措施四部分。车辆工况显示列号、速度、天气、位置等信息；关联信息显示整车履历信息及最近一次高级修信息，并可跳转查看一车一档页面；事件详情显示发生时位于车辆的具体位置、事件内容、模型可视、MON弹屏类型；处置措施显示应急处置措施和回库处置措施。

3．事件查询

事件查询页面默认显示当天零点到当前时间点区间内的所有事件信息。用户可根据列号、时间段、事件编码、事件名称、事件等级、车厢、事件所属系统等查询条件，进行筛选查询。故障监控中出现过的故障信息均可在此处查看。

选择查询时间段，然后根据具体情况，选择列号、包含故障代码（多个代码用逗号分隔）、不包含故障代码（多个代码用逗号分隔）、事件名称、车厢、事件等级、所属系统等查询条件，点击"查询"按钮后会出现查询结果。同时支持结果导出为 Excel 文件，支持一键重置筛选条件。

4．事件管理

事件管理支持对事件进行管理分析，根据历史故障和模型预报警情况，构建并不断完善故障知识库，针对故障知识库可以提供多种分析方式和图形化展示方式，包括故障统计、预判统计、预警统计、报警统计等。支持按照系统占比、类别或等级、影响程度、部件、发生原因、发生时间、处理情况等多维度进行统计，同时支持绘制故障趋势图、自动生成故障分析报表，支持导出图片和 Excel 文件，实现列车故障统计分析。并可以看到对于具体子系统/设备的维修建议方案和作业指导书等相关内容，分析得出的故障结论都能索引到相应的专家建议措施，为维修人员提供指导和维修经验。

15.2.8 工单管理中心

工单管理中心包括工单生成、结果回填及评价功能模块，针对列车健康管理系统产生的事件，以及在实际运行过程中和检修中发现的故障或异常，构建工单管理中心，实现列车健康维护系统事件人为触发自动生成故障排查任务工单，并及时自动推送到设备维修系统实现维修工单自动生成、派发。待工单关闭后将执行结果及其相关信息推送回列车健康维护系统，进行结果回填和评价，模块功能如下：

1. 工单生成

列车健康维护系统事件人为触发自动产生工单，业务人员对事件进行确认后，手动点击触发自动生成工单，并及时自动推送到设备维修系统，由检修系统实现工单执行。

2. 结果回填及评价

待工单执行完成后，检修系统将执行结果反馈给列车健康维护系统进行闭环处理，包括执行人、实际工时、原因等。运营管理人员可以对工单执行结果进行分析和评价，以促进工单执行的不断优化和改进，保障工单执行的效率和质量。

15.2.9 健康评估中心

健康评估中心包括车辆集群健康评估和单列车健康评估两大功能模块，根据列车及子系统状态数据、故障数据、预警数据、健康评估结果等数据进行车辆健康评估，再根据每列车的健康状态形成整个车辆集群的健康评估，指导车辆进行调度分析和维护决策。两大模块功能如下。

1. 车辆集群健康评估

根据列车下线故障、正线历史故障数、模型结果、超重、公里数距离架大修、当前故障、当前运行状态等实际情况，结合实际对列车运行的影响程度，利用大数据分析和挖掘技术构建合理的健康评估指标和分值，构建车辆集群和单列车健康评估与管理功能，为列车运行安全状态评估和管理提供支撑。

2. 单列车健康评估

同理，利用上述方法可以对单列车进行健康评估。

15.2.10 档案中心

档案中心基于列车构型管理、基本信息、软件版本、故障信息、配属和运用信息和检修等信息构建列车档案，包括列车级档案、车辆级档案和部件级档案，形成一车一档。

15.2.11 数据分析中心

数据分析包括历史运行数据查询、历史参数对比、全部参数曲线、列车运行状态回放、累计运营数据分析、自助分析工具、故障统计分析、报表等功能模块，通过对列车参数进行数据分析，找出符合业务规则的异常点，为日常支撑提供基础。

1．历史运行数据查询

该模块以列表形式展示列号、线路、当前里程、总里程、时间、列车速度、当前站、下一站、内环或者外环等基本信息。

2．历史参数对比

该模块可查询主界面、制动、牵引、辅助、通信、车门、空调、烟火、PIDS、RIOM、版本号等子系统的参数，并支持导出 Excel 文件。

3．参数曲线绘制

该模块通过曲线图的形式展示所需参数，方便用户直观查看参数信息，可以将不同车厢的同一参数一起绘制曲线进行对比分析，找出异常情况。

4．列车运行状态回放

该模块可动态体现状态回放期间列车运行轨迹、相关事件、相关参数等情况，以便业务人员对故障进行重现。

5．累计运营数据分析

该模块以柱状图等形式展示牵引能耗、再生电量、辅助能耗、总里程、当日运行里程统计等。支持按车型、子系统等不同维度进行能耗分析。

15.2.12 子系统监测

子系统监测通过与车载 PHM 子系统监测功能界面集成，实现地面 PHM 子系统监测功能。

15.2.13 手机 APP 功能

手机 APP 功能提供在互联网环境下，实时、高效、灵活、安全的移动智能运维平台应用，提升工作效率和便捷性。同时支持与企业 APP 进行集成，将事件结果推送至手机 APP 进行提醒。

15.2.14 系统管理

系统管理功能主要包括组织机构管理、用户管理、角色管理、功能管理、基础维表管理等功能，辅助系统管理员对系统进行日常维护和操作。

1．组织机构管理

在系统机构管理模块中，组织机构可以与已有的人员管理系统打通，并采用统一认证方式登录。通过组织机构可以控制不同机构人员查看列车的权限。

2．用户管理

用户信息主要包括用户账号、姓名、性别、所属组织机构、联系方式等基本信息，用户信息可新增、可修改、可删除，可一键重置密码。

创建用户时需指定组织机构，用户登录时，根据用户的组织机构获取到用户能够查看的列车，在相应的功能页面进行展示。

3．角色管理

创建用户时需指定角色（也可以在后期进行维护），一个用户可以拥有多个角色，用户登录时会取所有角色的资源合集。每个角色和功能进行关联，选中角色后进入关联功能页面，可进行添加功能、删除功能操作。角色支持添加、修改和删除操作。

4．权限管理

系统使用角色控制功能权限（包括菜单、按钮），将系统中所有的菜单和按钮配置成资源管理模块中的资源。创建角色后，对角色进行资源配置，对用户设置角色（同一个人可以设置多个角色）。用户登录的时候，通过用户的角色，查询出用户所对应的菜单，在首页展示。支持添加、修改和删除操作。权限管理者为业主方。

5．基础维表管理

对系统涉及的基础配置等表单进行管理，进行查看、添加、修改和删除操作，基础维表包括：车辆类型、技术协议、车辆编码、供应商编码、主数据编码等。

15.3 车载子系统概况

15.3.1 逻辑控制单元

15.3.1.1 系统组成

LCU（逻辑控制单元）采用冗余模块化设计，主要由电源板、主控板、I/O 板、通信网关板、接线板组成。实物如图 15-5 所示。

图 15-5 LCU 系统主机

15.3.1.2 系统功能

LCU 采集司机控制器、按键开关组、隔离开关、接触器辅助触点等 DC 110 V 的信号，经逻辑计算后，输出驱动车辆各类负载，完成指定的时序控制功能。

系统具有自诊断、冗余智能切换功能。

15.3.2 走行部状态监测系统

15.3.2.1 系统概述

走行部状态监测系统通过安装在走行部关键部件上的复合传感器，实时感知监测部件的振动、冲击和温度这 3 个物理量，通过安装在车体底部的前置处理器实现多测点信号预处理，前置处理器通过总线集中发送监测信号到车载主机，经过车载主机对监测信号的处理和分析，实现监测部件的状态评估和监测数据的实时存储。车载主机通过以太网连接 TCMS，并通过 DCM 将数据传输至地面服务器。地面分析软件通过对数据的下传、解析和分析，实现对走行部监测部件的状态确认，对问题部件实行早期预警和分级报警，同时可以对钢轨波磨提供检修建议。

同时该系统对采集数据进行统计对比分析，建立走行部与轮轨安全保障数据库，为日常维护提供重要的参考依据，实现走行部故障早期预警以及全生命周期的健康管理。其系统构架如图 15-6 所示。

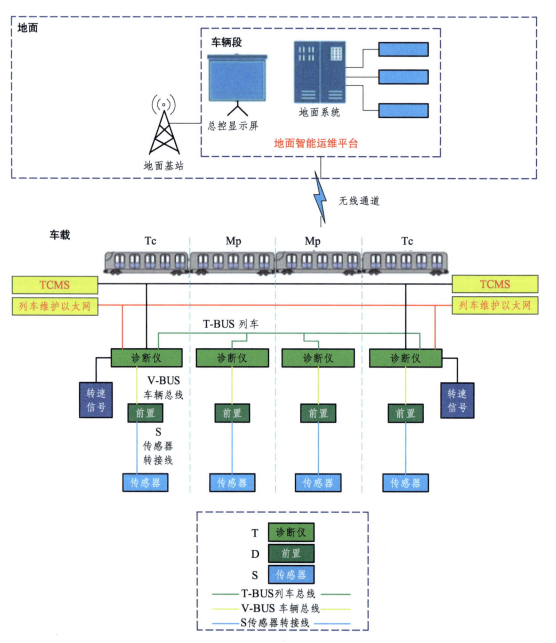

图 15-6　走行部状态监测系统构架

车载走行部状态监测系统拓扑结构如图 15-7 所示。

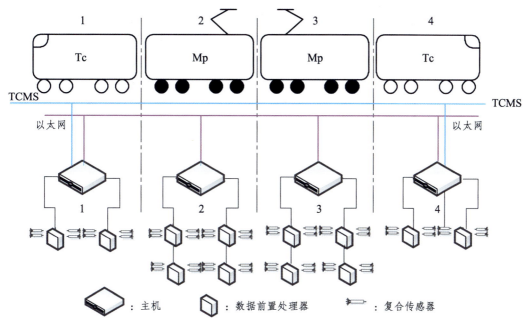

图 15-7 走行部状态监测系统拓扑图

15.3.2.2 设备组成（见表 15-1）

表 15-1 走行部状态监测系统设备组成

序号	设备名称	Tc	Mp	Mp	Tc
1	列车主机	1			1
2	车辆分机		1	1	
3	前置处理器	2	4	4	2
4	轴向复合传感器	8	8	8	8
5	齿轮箱复合传感器		4	4	
6	电机复合传感器		4	4	

1．列车主机（每列车 2 台）

列车主机是实现车载系统集中管理、全列信息集中显示、数据传输与集中存储的装置（见图 15-8 ）。

车载主机的主要功能如下：

（1）负责将传感器网络传输来的信号进行处理、采集、诊断与存储。

（2）内置故障诊断专家系统，在线实时自动诊断和分级报警。

（3）负责将诊断状态和数据样本归类存储。

（4）配置数据下载接口，可通过以太网实现存储数据转储。

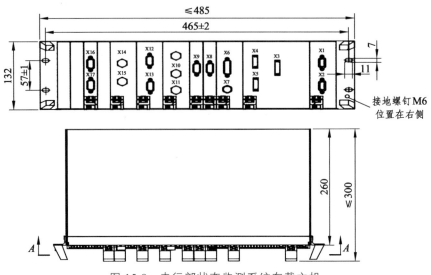

图 15-8　走行部状态监测系统车载主机

2．车辆分机（中间车各 1 台）

车辆分机是实现本车辆前置处理器管理、信号采集、数据暂存和分析诊断并与列车主机交互通信的装置。

3．前置处理器（动车每转向架 2 台，拖车每转向架 1 台）

前置处理器是实现所辖测点的复合传感器管理、信号的预处理并与车辆分机交互通信的部件，它将温度信息和模拟信号以总线方式传输到车辆分机（见图 15-9）。

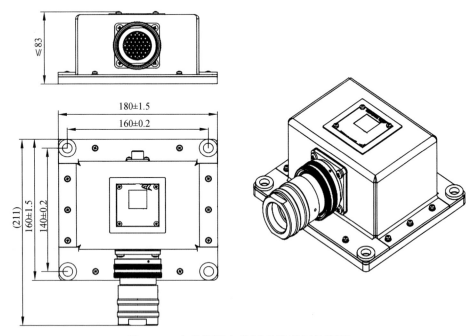

图 15-9　走行部状态监测系统前置处理器

前置处理器的主要功能如下：

（1）负责将传感器网络传输的数字信号进行处理、采集、存储。

（2）负责将传感器网络传输的模拟（振动、冲击）信息进行信号切换与路由。

（3）负责将数字信号和模拟信号通过总线传输到车载主机。

4.复合传感器

复合传感器是由敏感元件和信号处理器构成，实现温度、振动、冲击这 3 个物理量的复合检测、远传和抗干扰的一体式受感部件（见图 15-10、图 15-11）。

复合传感器的主要功能是实现温度、振动、冲击等多个物理量的复合检测和抗干扰传输。

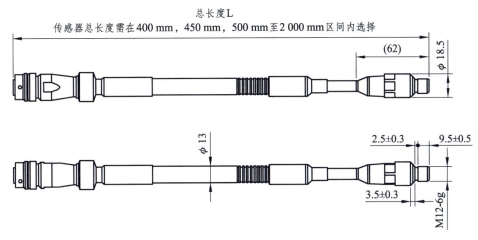

图 15-10 走行部系统复合传感器

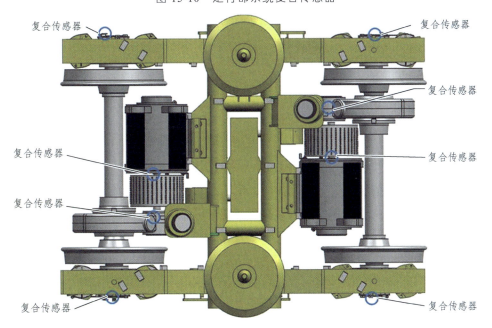

图 15-11 走行部系统复合传感器布局图

走行部监测系统监测对象如表 15-2 所示。

表 15-2　监测对象

监测对象	传感器安装部位	传感器安装数量	
		动车	拖车
轴向轴承、轮对	轴箱轴承测点	4 根/转向架	4 根/转向架
齿轮及传动端小齿轮轴承	齿轮箱小齿轮传动端测点	2 根/转向架	—
电机非自由端轴承	电机非自由端测点	2 根/转向架	—

15.3.2.3　系统运维功能

1．故障诊断功能

车载系统通过复合传感器提取被监测对象的冲击、振动、温度信息，实时监测车辆走行部的运行状态。

（1）在线实时监测对象：轴箱轴承、电机轴承、齿轮箱轴承、齿轮箱齿轮、轮对踏面。

（2）轴承诊断范围：轴承外环、内环及滚动体滚动工作面剥离、擦伤、裂纹、断裂、电蚀，轴承保持架裂纹、断裂、形变。

（3）齿轮诊断范围：裂纹、断齿、崩角、偏磨、剥离、胶合。

（4）踏面诊断范围：踏面剥离、擦伤、多边形、失圆、内部缺陷。

2．趋势分析功能

根据车载系统保存的多种特征量趋势数据，对诊断对象故障的发展轨迹与规律进行全方位分析，提升诊断的准确率。

轴承、齿轮、踏面趋势数据内容包括：冲击趋势、振动趋势、温度趋势。

3．健康评估功能

通过健康评估模型，对诊断对象的健康状态进行评估，给出健康评估等级和维修建议，准确指导列车的运用维修。

健康评估对象包括：轴箱轴承、电机轴承、齿轮箱轴承、齿轮、轮对踏面。

4．剩余使用里程预测

通过基于数学模型、基于故障发展规律统计模型、基于人工智能模型实现对诊断对象的剩余运营里程预测，准确指导现场开展备品备件、维修计划等工作。

预测对象包括：轴箱轴承、电机轴承、齿轮箱轴承、齿轮、轮对踏面。

15.3.3 牵引辅助系统

15.3.3.1 系统组成

牵引辅助系统主要由牵引变压器、牵引变流器、蓄电池充电机与牵引电机这四大关键子系统构成。

15.3.3.2 系统功能

根据零部件重要性程度及故障发生频次，选取牵引系统中的 IGBT、线路接触器、支撑电容、传感器、冷却风机、控制单元和牵引电 7 种关键部/器件进行状态监测和健康评估。

（1）部件级：电机、接触器、电压、电流、温度、振动等数值异常，如超限、不正常变化等；反映部件异常预警，如电机温度异常等。

（2）列车级：对电流、接触器、电压、温度、振动等进行一致性异常判断，如牵引变流器油温异常预警等。

（3）整车级：牵引系统和制动、走行系统的变量互相影响的关联性分析，如联轴节故障诊断预警等。

15.3.4 制动系统

15.3.4.1 系统组成

列车制动系统主要由风源系统、制动控制装置、基础制动装置、轮对防滑装置、空气悬挂装置、升弓装置组成。

15.3.4.2 系统功能

（1）部件级：BC 压力、AS 压力、总风压力、动作次数、滑行等数值异常，如超限、不正常变化等；反应部件异常预警，如异常耗风预警等。

（2）列车级：对 BC 压力、AS 压力、总风压力、动作次数、滑行等进行一致性异常判断，如总风压力不贯通预警等。

（3）整车级：制动系统和车门、牵引、走行系统的变量互相影响的关联性分析，如总风压力异常泄露预警。

15.3.5 车门智能诊断系统

15.3.5.1 系统组成

车门智能诊断系统通过监测车门开关过程中的驱动电机电流、速度、转角，门控器输入/

输出（I/O）信号，门控器诊断故障等信号，经故障机理分析，提取特征值匹配故障模式，对车门系统执行部件进行诊断预测。车门系统结构如图 15-12 所示。

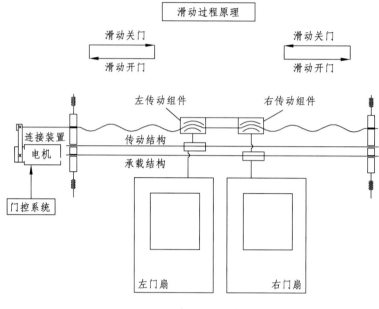

图 15-12　车门系统结构图

15.3.5.2　系统功能

（1）部件级：通过电机电流、转速、转角、扭矩、控制命令等数值异常，如超限、不正常变化等；反映部件异常预警，如对中尺寸异常、无法电动关门、开门不到位、三秒不解锁、全程阻力等。

（2）列车级：通过不同车门的一致性对比判断异常预警，开门时间一致性模型等。

（3）整车级：车门系统和空调系统互相影响的关联性分析，如压力异常至车门故障预警等。

15.3.6　空调系统状态监测

空调系统状态监测可对车辆空调进行温度、湿度、CO_2 浓度等实时检测、具有故障自动诊断功能，并实现远程状态监测。

15.3.6.1　系统组成

空调系统通常由压缩机、冷凝风机、通风机、冷凝器、蒸发器及若干压力开关、温度传感器、湿度传感器组成（见图 15-13）。

15.3.6.2　系统功能

（1）部件级：压力、温度、开关、湿度、压差、电流等数值异常，如超限、不正常变化等，反应部件异常预警，如滤网压差异常预警。

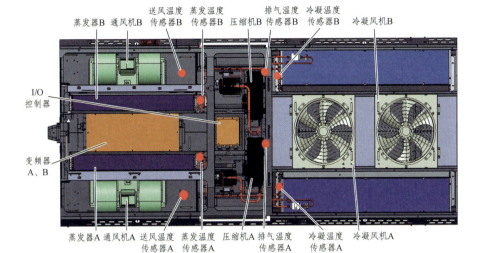

图 15-13　空调系统结构图

（2）列车级：通过同列车不同位置相同变量的一致性对比判断异常预警，如温度一致性异常预警等。

（3）整车级：空调系统和车门系统互相影响的关联性分析，如压力异常至车门故障预警。

15.3.7　车载蓄电池状态监测

15.3.7.1　系统组成

蓄电池管理系统安装在蓄电池箱，主要由电源模块、控制器、霍尔传感器、温度传感器、线束等部分组成。

15.3.7.2　系统功能

系统通过对电压、电流、温度数据的采集，计算电池组的内阻、能量转换效率及剩余容量（SOC）等功能，分析电池的健康情况。

（1）部件级：电压、电流、温度等数值出现异常，如超限、不正常变化等反应；进行蓄电池异常预警和健康水平评估，如蓄电池充电异常预警等。

（2）列车级：对电压、电流、温度等进行同列不同设备之间进行一致性判断分析，进行异常预警，如蓄电池一致性异常预警等；

（3）整车级：蓄电池和负载系统之间的变量互相影响的关联性分析，如负载异常预警模型等。

15.3.8　乘客信息系统健康管理

车辆乘客信息系统具备健康管理功能，基于系统故障诊断和日志记录，实现对每个模块、每个设备的故障诊断，包括但不限于扬声器线路检测、故障扬声器数量检测。车辆乘客信息系统具备对所有诊断数据的分析能力，并与列车健康管理系统对接，提供分析结果，以构建健康管理系统。

15.3.8.1　系统组成

对车辆乘客信息系统设备进行监测，可以收集系统设备运行参数，包括但不限于控制主机、广播控制盒、紧急报警器、各类 LED 屏、各类 LCD 屏、视频监控系统、扬声器线路检测、故障扬声器数量检测等，并对全部参数进行汇总、分析，对乘客信息系统故障提前识别、告警。同时通过车-地无线接口，使系统具有远程状态监测功能。

15.3.8.2　系统功能

对列车客室动态地图显示情况进行实时监测，包括以下内容：

（1）对乘客信息系统实时运行数据进行监测及记录，并能根据运行数据对报站情况进行校核和提醒。

（2）根据乘客信息系统各部件状态数据和运行数据进行监控、记录及分析，对各部件运行状态进行提醒，并能精确提醒故障部件。

（3）将分析后的故障数据、运行错误数据上传至地面 DCC 服务器，实现实时提醒。

（4）实现对乘客信息系统的工作模式、音量、报站、紧急处理信息、动态地图显示及各部件等状态信息的远程监测及记录，自动诊断报警。

15.3.9　列车雷达辅助防护系统

列车雷达辅助安全防护系统（ATRP）可适应轨道上坡、下坡、转弯等复杂路况，通过对前后列车的实时探测，实现对前后车的距离、相对速度以及车号等信息检测。该系统能够克服外界复杂电磁环境影响，对正线上列车的速度与距离进行探测和预警，对试车线上列车的速度与距离进行探测、预警，具有探测范围广、可靠性高以及全天候工作的特点。

列车雷达辅助安全防护系统不依靠列车的信号系统，可以精确测量车辆与车辆/试车线尽头的距离和速度，提供预防性的列车防护，为列车运行提供辅助安全保障。

15.3.9.1　系统组成

列车雷达辅助防护（ATRP）系统主要包含 2 大部分：雷达探测系统和 RFID 标签读写系统。

（1）雷达探测系统：将雷达脉冲压缩测距技术和无线通信应答技术无缝融合，实现对目标的实时探测。

（2）RFID 标签读写系统：通过读取不同的标签判断列车的出入库、上/下行等信息。

15.3.9.2 系统原理

系统采用双机热备冗余架构，机箱内包含两组功能完全相同的控制单元（定义为 A、B 两系），单点故障不得影响系统功能（见图 15-14）。A、B 两系可灵活配置，以便适应不同运营工况，如：

（1）试车线防护时，车载设备 A、B 两系均配置为询问机（与激活端无关），每一系分别输出独立的控制指令，两端司机室内的车载设备同时计算与试车线两端的距离。

（2）正线防护时，每一端的 A 系设置为询问机、B 系设置为应答机，确保两列车均可发出控制指令。

图 15-14　冗余通信示意图

15.3.9.3 系统预警

系统预警方式分为固态预警和动态预警，等级分为 II 级和 I 级声光预警，其中正线防护采用固态预警、试车线采用动态预警方式。

（1）固态预警：当同一股道上两列车之间的相对距离低于固定阀值，发出预警。

（2）动态预警：系统主机根据车辆牵引、制动等相关参数，以及测得的与同一股道前方列车之间的相对速度，动态计算列车的预警距离与紧急制动距离；当两车之间的相对距离低于预警距离/紧急制动距离时，发出预警。

1. 预警等级

II 级声光预警：声响等级为 80 dB，光闪频率 1 次/s，以提示驾驶员采用常用制动/最大常用制动；I 级声光预警：声响等级为 90 dB，光闪频率 3 次/s，以提示驾驶员采用紧急制动。

当系统产生声光报警时，司机可按压 HMI 显示器上的确认按钮消除声音，但仍然会通过发光报警，显示屏也会实时显示两车距离；直到两车距离大于预警距离，系统声光报警自动消除。

预警信息将同步发送至 TCMS，通过车地无线传输至地面控制中心，将在 OCC/DCC 车辆调度中提供声光警示。

2．预警方式

（1）固态预警：两车从较远位置开始接近，当两车的实时距离小于列车固态预警距离Ⅱ时，系统产生Ⅱ级声光报警；当两车的实时距离小于列车固态预警距离Ⅰ时，系统产生更高等级的Ⅰ级声光报警。

（2）动态预警：两车从较远位置开始接近，当两车的实时距离小于列车动态预警距离Ⅱ时，系统产生Ⅱ级声光报警；当两车的实时距离小于列车动态预警距离Ⅰ时，系统产生更高等级的Ⅰ级声光报警。

15.3.9.4　防护说明

雷达辅助防护系统的主要目标：列车在正线正常运营后，由于信号系统切除或关闭后，为驾驶员的人工驾驶提供辅助安全防护。图 15-15 所示为几种工况示意图。

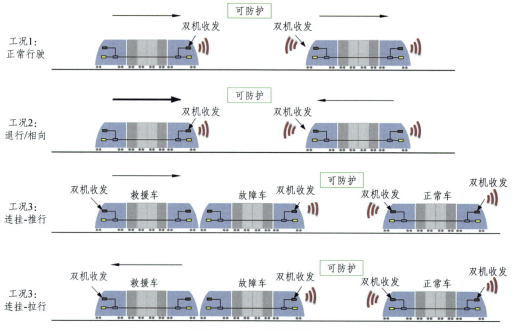

图 15-15　工况示意图

采用双机热备冗余架构，任何一端配置 A、B 系双机，实现一收一发，从而可实现正常行驶、相向、退行、连挂工况下的防护。

（1）工况 1：正常行驶时，每列车的两端雷达主机均将 A 系设置为询问机、B 系设置为应答机，追踪车行驶方向端雷达主机发出预警信息，系统可防护。

（2）工况 2：退行/相向行驶时，每列车的两端雷达主机均将 A 系设置为询问机、B 系设置为应答机，两列车行驶方向端雷达主机发出预警信息，系统可防护。

（3）工况 3：推行救援连挂时，连挂过程中，雷达主机仅进行距离显示不进行预警；连挂完成后，连挂端雷达主机处于待机状态，连挂动车组两端雷达主机均将 A 系设置为询问机、B 系设置为应答机，连挂行驶后防护策略按工况 1、工况 2 执行。

（4）工况 4：拉行救援连挂时，连挂过程中，雷达主机仅进行距离显示不进行预警；连挂完成后，连挂端雷达主机处于待机状态，连挂动车组两端雷达主机均将 A 系设置为询问机、B 系设置为应答机，连挂行驶后防护策略按工况 1、工况 2 执行。

15.3.10　弓网及轮轨监测系统

弓网及轮轨监测系统由车载弓网运行状态监测系统和轨道监测系统组成。

15.3.10.1　车载弓网运行状态监测系统

车载弓网运行状态监测系统适用于对市域动车组在线运行的弓网系统进行动态跟踪，及时发现弓网故障隐患并报警，为预防性维护及弓网事故提供具体可靠的数据及图像资料。

1．系统组成

系统主要包括弓网检测主机、车顶检测设备、车底补偿设备。其中车内主机包括：供电管理模块、综合定位模块、数据处理模块、数据存储模块、外部接口模块及数据传输模块。车底补偿装置包括左右振动补偿模块。车顶检测包括如下几个部分：红外热成像、高清视频摄像、离线燃弧测量、几何参数测量、接触线磨耗测量压力硬点检测、接触网零部件巡视。该系统拓扑图如图 15-16 所示。

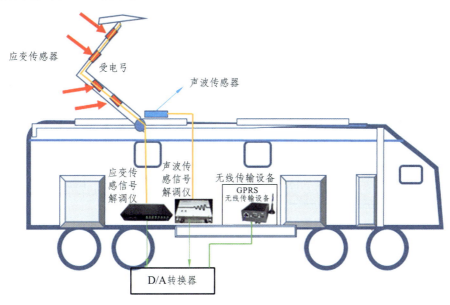

图 15-16　弓网运行状态监测系统拓扑图

2．系统功能

弓网监测系统能够在市域动车组正常运行时，采用多种检测方式，自动实现对架空接触网几何参数、弓网燃弧、接触区域温度、弓网状态的视频实时动态检测，可快速有效地发现接触网或受电弓异常状态，自动记录并提供缺陷位置、缺陷种类、故障等级等相关信息，从而有效地指导各维修部门快速对弓网系统进行维护。

15.3.10.2　轨道监测系统

轨道变形对列车的平稳运行影响巨大，当变形累积到一定程度时，会降低铁路轨道结构的强度，削弱其稳定性，对行车安全造成很大影响。轨道状态的好坏直接影响列车运行的安全性和平稳性。监测轨道的几何状态和不平顺状况是保障行车安全、平稳、舒适和指导轨道养护维修的重要参考。根据检测记录，可以发现轨道平顺状态不良的地点，以便采取紧急补修或限速措施，并确定应进行计划维修的里程段落，编制维修作业计划。

1．系统组成

轨道检测系统主要由车内设备、车下设备及地面设备组成。车下设备包括速度编码器（编码器车辆自带）、轨检梁、车体振动测量装置。轨检梁安装于车体上；车体振动测量装置通常安装于车体前端。车内设有1台检测主机和1台综合控制箱。其系统拓扑图如图15-17所示。

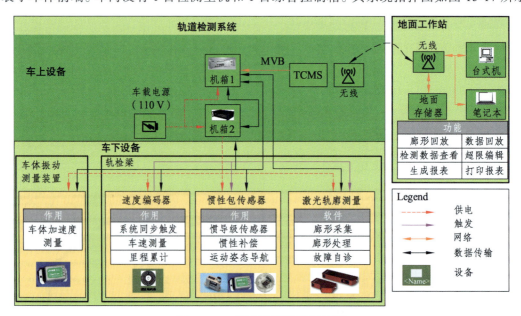

图 15-17　轨道检测系统拓扑图

2．系统功能

轨道检测系统采用数字激光、陀螺平台、数字滤波以及高速计算机实时数据处理等新技术，对轨道状态实施动态检测。主要功能如下：

（1）轨道几何参数检测：轨距、左右轨向、左右高低、水平（超高）、三角坑、复合不平顺、轨距变化率、曲率。

（2）轨道的磨耗检测：半断面轮廓、垂直磨耗、水平磨耗、总磨耗等。

（3）车辆的振动检测：车体的横向加速度和垂向加速度。

（4）车辆的速度测量： 检测系统直接采集速度编码器的信号，计算车辆的速度、运行距离，同时提供触发信号。

（5）数据的存储功能：检测系统可存储 10 000 km 的检测数据，按照每天存储一趟检测数据来计算，可存储 90 天。

（6）数据分析和报表生成功能：系统可在线分析检测数据，自动生成检测报表，包括超限报表、T 值表、TQI 报表等。

（7）一键标定功能：检测系统采用专用标定设备，将设备安装于轨道后，可实现一键标定功能，设备需每年标定一次。

（8）自动校准功能：系统可在检测开始前自动校准各检测参数，以达到最好的检测效果。

（9）全天候、全路段检测：检测系统采用高强度激光，满足隧道、地面上、高架等运行线路的要求，车体和所有外部安装的设备均能全天候不间断地工作。

15.3.11　列车网络与控制系统

15.3.11.1　系统组成

TCMS（网络系统）负责列车通信总线管理、车载系统控制、故障诊断等。

主要部件包括：中央控制单元、人机接口单元、事件记录仪、中继单元、数字量输入输出设备、模拟量输入输出设备、以太网交换机。

15.3.11.2　系统功能

（1）部件级：通过带宽负载、报文周期稳定性、报文丢帧率、误帧率、心跳等信号反应部件异常预警，如控制器异常预警。

（2）列车级：通过误码率、整列车通信情况等判断网络 A、B 路异常和网络传输中故障点位置，如通信异常预警。

（3）整车级：网络系统和硬线异常预警，如逻辑异常预警。

 **车辆健康维护系统型式试验**

车辆健康维修系统型式试验项目如表 15-3 所示。

表 15-3　车辆健康维护系统型式试验项目

序号	试验项目	型式试验	例行试验
1	车载数据通信试验	√	√
2	车地数据通信试验	√	√

15.5 车辆健康维护系统检修修程

车辆健康维护系统检修修程如表 15-4 所示。

表 15-4　车辆健康维护系统检修修程

一级修（2 000 km/2 天）				
系统	编号	项目	技术要求	备注
雷达辅助安全防护系统	LDFZ01	列车雷达辅助安全防护系统检查	天线外观正常，线缆无损坏、老化，天线支架紧固件无松动，防松标记清晰清晰可见无错位	
轨道检测系统	GDJC01	轨检梁外观检查	1. 轨检梁组件外观正常，线缆无损坏、老化，紧固件、连接器无松动，防松标记清晰可见无错位； 2. 激将器、摄像头防护玻璃表面无裂纹、破损，摄像头外观及安装状态良好； 3. 用清水和软布对所有玻璃表面进行清洗、清洁处理	
弓网监测系统	GWJC01	玻璃表面清洗	1. 弓网监测装置外观及安装状态良好，装置外壳无变形、损坏； 2. 弓网监测装置底部安装螺栓紧固无松动，防松标记清晰； 3. 摄像头防护罩无变形、松动、破损，防护玻璃表面无裂纹、破损，摄像头外观及安装状态良好； 4. 用清水和软布对所有玻璃表面进行清洗、清洁处理	
	GWJC02	补光灯测试	通过 PIDS 监控屏查看弓网视频监控补光灯照明良好	
	GWJC03	振动补偿装置外观检查	1. 车外设备外观良好，紧固件无松动，防松标记清晰无错位； 2. 检查车下设备连接器是否有松动脱落现象	
二级修（30 天/3 万 km）包：一级修基础上增加的项目				
系统	编号	项目	技术要求	备注
弓网监测系统	GWJC02	外观检查	1. 断电情况下，检查确认车外设备外观良好，紧固件无松动，防松标记无错位； 2. 断电情况下，检查车内设备各模块螺栓是否松动	
二级修（90 天/9 万 km）包：30 天包基础上增加的项目				
无增加项点				
二级修（180 天/18 万 km）包：90 天包基础上增加的项目				
无增加项点				
二级修（360 天/36 万 km）包：180 天包基础上增加的项目				
系统	编号	项目	技术要求	备注
无增加项点				

15.6 课后习题

（1）简述数据分析中心的功能模块。

（2）简述车载实时数据如何发送至地面服务器。

（3）请简述列车雷达辅助防护系统的原理。

（4）简述蓄电池管理系统的组成。

（5）简述二级修 360 天包中弓网监测系统的检修内容。

第十六章

列车运用与维修

16.1 车辆运行与驾驶

16.1.1 驾驶前检查

（1）市域动车组处于整备状态，各部分的状态良好、无故障及故障隐患。

（2）将司机室侧门钥匙插入钥匙孔，打开司机室侧门锁，进入司机室。

（3）确认司机室各设备及灭火器齐全、状态良好。

（4）确认总风压力，无压力，双针压力表外观无损坏。

（5）确认各按键开关、切换开关、按钮的状态位于定位。

（6）确认司控器主手柄处在"0"位，模式开关处在"正常"位，主控钥匙在"合"位。

（7）锁闭非操纵端司机室侧门、进入客车车厢，关闭非操纵端司机室后端门。由客车车厢进入操纵端司机室。

（8）确认操纵端司机室各设备及灭火器齐全、良好。

（9）确认切换开关位于"正常"位

（10）各按键开关、按钮无损坏。

16.1.2 状态确认

单日将受电弓选择开关打至"3车"，双日将受电弓选择开关打至"2车"。

1. 蓄电池投入操作

确认蓄电池投入断路器（BatKCN）已经闭合，将司机室电气柜中蓄电池投入旋钮转换到"投入"位保持 1 s 以上，蓄电池即可自行投入。便可以在司机室继电器柜中蓄电池电压表观察到蓄电池电压。

2．TCMS 显示屏观察

通过司机操作台上 HMI 显示屏观察有无故障显示。确认制动塞门未切除、停放制动未施加、蓄电池参数在正常范围，无故障显示。

3．司机室激活

根据市域动车组实际走行方向，将两个司机室的司机控制器钥匙开关一端转换到"开"位，将方向手柄转换到"向前"位，通过司机操作台上 TMS 显示屏观察列车方向显示。同时，通过灯测试按钮确认各显示灯显示正常（包括电气设备灯亮）。

4．启动辅助空气压缩机（若有需要）

可通过 HMI 屏确定辅助风压是否满足升弓合主断的要求。当 HMI 屏主画面现实受电弓图标背景色为绿色则表示满足风压要求，无需启动辅助空气压缩机。当 HMI 屏主画面受电弓图标背景颜色为白色则表示不满风压要求，需要启动辅助空气压缩机。

如果蓄电池电压正常（84～110 V），将辅助空气压缩机启动开关（ACMS）旋钮至"启动"位保持 2 s，则辅助空气压缩机开始打风。通过双针压力表或 HMI 屏观察主风管压力。当主风管压力大于 640 kPa，可以升弓合主断路器，此时 HMI 屏上受电弓图标背景颜色由白色变为绿色，同时可以检修画面确认辅助空气压缩机打风完毕。

5．升弓供电

按下操作台升弓按钮，通过 HMI 屏主画面确定受电弓升起后，按下操作台"VCB 合"按钮，通过 HMI 屏主画面确认主断路器闭合。通过 HMI 屏观察牵引变流器辅助逆变器和充电机开始工作，辅助逆变器输出的 AC 380 V 电压是否正常。

6．启动空气压缩机

当总风压力低于（670±20）kPa 时，空气压缩机工作，气压上升到（900±20）kPa 时，空气压缩机停止工作。空气压缩机采用单、双日启动，Tc1 车空气压机单日启动，Tc2 车空气压机双日启动。

16.1.3　车辆操作

16.1.3.1　司机控制器（MC）

司机控制器用来完成整个列车的牵引、制动功能，以及列车的前进方向的控制和司机警惕等功能。每个司机室设有一个司机控制器，在每个司机控制器上有司机钥匙、方向手柄及牵引/制动控制手柄（带警惕按钮）。其中：

（1）司机钥匙有两个位置：合、开。

（2）方向手柄有三个位置：向前、0、向后（限速 10 km/h）。

（3）牵引/制动控制手柄有四个位置：牵引、0、制动、快速制动（FB）。

司机控制器的司机钥匙、方向手柄、牵引/制动控制手柄为机械互锁结构。

16.1.3.2 牵引操作

列车在每次受电弓升起后，在司控台网压表和 HMI 屏上有网压显示。根据实际走行方向，将两个司机室的司机控制器钥匙开关一端转换到"开"位，通过司机操作台 HMI 屏观察方向显示。确认门全关指示灯亮，否则通过 HMI 屏确认哪个客室侧门未关闭，通过相应侧关门按钮关闭未关闭车门。推动司机控制器主手柄到快速位，缓解紧急制动。一直按司机控制器上的警惕按钮，然后推动主手柄到相应牵引位，车辆即可动车。列车在运行过程中，根据实际需要，推动司机控制器手柄到相应牵引或制动位（无级），实现列车牵引加速与制动减速。

16.1.3.3 制动操作

1．常用制动操作

市域动车组运行中需要制动停车，推动司机控制器手柄到相应制动位，实现制动减速直至停车。

（1）通过操作司机手柄施加常用制动（制动手柄为无极，从"0"位往下依次为 0%～100% 常用最大、快制位）。

（2）将手柄置于制动位施加无级常用制动，进行车辆的调速。

（3）将手柄置于"0"位，常用制动缓解。

2．快速制动操作

列车运行中遇到需要紧急制动停车的情况，司机推动司机控制器手柄到"FB"位，实现列车的快速制动减速直至停车。

（1）通过操作司机手柄施加常用制动（制动手柄为无极，从"0"位往下依次为 0%～100% 常用最大、快制位）。

（2）将手柄置于快制位，进行快速制动的施加。

（3）将手柄置于非"FB"位，快速制动缓解。

3．紧急制动操作

列车运行中遇到需要紧急制动停车的情况，拍司机操作台上的红色蘑菇头按钮——紧急制动（EBS），实现列车的紧急制动减速直至停车。

触发紧急制动的条件至少包含以下内容：总风压力低于阈值（通常设定为 600 kPa）、警惕按钮装置松开超过 3 s 或信号系统触发、超速保护、列车完整性列车线失电、运行过程中检测到停放制动施加、紧急制动按钮（蘑菇按钮）按下、无司机室占有。

紧急制动期间不能缓解，实施紧急制动后如果要解除紧急制动，必须待车辆停车后，将控牵引/制动手柄拉到"FB"位后方能缓解紧急制动。若不能缓解，根据触发条件逐一检查。按正线故障应急处理建议执行。

4．停放制动操作

市域动车组停稳后，若需要长时间停放时，司机控制器主手柄应放在最大制动位，按下司机操作台上停放制动按钮施加。施加后，将牵引制动手柄归"0"位，方向手柄归"0"位，司机钥匙置"合"位，拔取钥匙。再将"蓄电池投入"旋钮至"断开"保持 1 s 以上，车辆断电。

市域动车组重新上电后，通过按下操作台上停放制动缓解按钮，通过 TCMS 屏确认停放制动缓解。

当停放制动不能正常缓解时，通过拉动手动缓解拉绳也可机械缓解停放制动。若总风缸的压力降至低于 380 bar，停放制动会自动施加。

16.1.3.4　过分相操作

过分相分为自动过分相和手动过分相。

1．自动过分相

自动过分相由车载自动过分相主机实现，当车载磁钢装置感应到地面磁钢"预断"信号，车辆自动断开 VCB，此时 HMI 发出蜂鸣声，提示司机开始过分相。如果 VCB 未断开，过分相装置会收到"强断"信号，车辆网络系统再次断开 VCB。过分相结束后，过分相装置收到"合"信号，车辆网络闭合 VCB，过分相完成，蜂鸣器停止鸣叫。

2．手动过分相

当过分相装置故障时，司机通过地面标志确认车辆需要进行过分相。通过操作 HMI 设置界面中"手动过分相"按钮，实现手工过分相，当车辆检测网压中断后，待网压恢复后自动闭合 VCB。

16.1.3.5　照明操作

1．客室照明

通过操作 HMI 屏上"照明开、照明关"按钮，远程操作客室照明开断。

2．司机室照明

司机室灯的电源和控制电源都是借用应急电源供电，操作司机台上司机室照明旋钮（CabLpN）置于"开"位后，司机室顶灯亮。

操作司控台上边沿阅读灯，通过阅读灯右侧按钮开启或者关闭阅读灯。

3．前照灯操作

操作司控台上的前照灯转换开关（HMLpN），控制位置分别为"近光""远光""关断"。

16.1.3.6 刮雨器操作

在司机台上有刮雨器转换开关（WPN）。刮雨器可根据要求在低速、高速、间歇、停止四种状态下切换工作。刮雨器一般应在雨天、大雾或需要清洗前窗玻璃时使用，原则上不允许刮雨器在无水状态下"干刮"，以免刮伤玻璃。

在干燥情况下使用刮雨器时，可按下刮雨器开关，实现喷水功能。此时最好让刮雨器工作在低速状态下。

16.1.3.7 市域动车组模式选择

市域动车组模式通过车辆模式开关（TMS）和退行组成。为保证行车安全，推荐市域动车组在停止状态下进行模式切换。

1．退行

方向手柄置于"R"位（后向），牵引制动手柄置于牵引区域，市域动车组限速 10 km/h。

2．洗车模式

洗车模式是在洗车运行中为了保持低速运行而设置。操作方法如下：

（1）牵引制动手柄手柄在"0"位，将模式开关 TMS 打到"洗车"位，进入洗车模式。为了安全，建议列车在停止的状态下进行。

（2）把牵引制动手柄推至牵引位，限速 3 km/h。

（3）把模式开关切换到"正常"位来解除洗车模式。

3．车场模式

车场模式是为车辆无限速条件下，限速运行而设置。操作方法如下：

（1）牵引制动手柄手柄处在"0"位，将模式开关 TMS 打到"车场"位，进入车场模式。

（2）把牵引制动手柄手柄推至牵引位，限速 25km/h。

（3）把模式开关切换到"正常"位解除车场模式。

4．挂钩模式

挂钩模式是在联挂运行中为了保持低速运行而设置。操作方法如下：

（1）牵引制动手柄处在"0"位，将模式开关 TMS 打到"挂钩"位，进入挂钩模式。

（2）把牵引制动手柄手柄推至牵引位，限速 5 km/h。

（3）把模式开关切换到"正常"位解除挂钩模式。

5. 紧急牵引模式

紧急牵引模式在车辆网络系统故障时或救援/被救援时使用。操作方法如下：

（1）牵引制动手柄处在"0"位，将模式开关 TMS 打到"紧急牵引"位，而进入紧急牵引模式。

（2）把牵引制动手柄手柄推至牵引位，限速 80 km/h。

（3）把模式开关切换到"正常"位解除紧急牵引模式。

16.1.3.8 客室开关门操作

信号系统正常时，车旁路开关处于"NOR"，车门开关指令通过信号系统输出。通过门模式开关进行选择，分别为 ADO/ACO 模式：由信号系统负责自动开、自动关；MDO/MCO 模式：人工发出开门指令和关门指令，由信号主机确认；ADO/MCO 模式：信号系统负责自动开门，人工发出关门指令。

以 MDO/MCO 模式为例。

当市域动车组停稳定后，信号系统发出门使能信号，此时对应开门按钮指示亮。按下对应开门按钮，持续 1 s 以上，对应侧客室车门开启。若信号系统故障，将车门旁路开关置于"DBY"位。按下对应开门按钮，持续 1 s 以上，对应侧客室车门开启。

信号系统故障时，待市域动车组停稳后，首先确认开门侧，然后走到相应侧操作侧墙上的"使能"按钮点亮"开门"按钮后，立刻按下"开门"按钮，然后保持"使能"按钮和"开门"按钮按压时间不小于 3 s，通过车辆网络界面确认开门状态。

16.1.3.9 撒砂操作

撒砂具有自动撒砂和手动撒砂功能两种功能，具体如下：

1. 自动撒砂

最大常用、紧急、快速制动工况下出现严重滑行时，单个或多个制动控制单元 EBCU 向 TCMS 传输撒砂请求信号 TCMS 收到后统一下发撒砂指令，控制 EBCU 输出前进方向自动撒砂（1 车 3 轴、3 车 3 轴或者 2 车 3 轴、4 车 3 轴），此时司机无需进行操作。

可以通过网络显示屏的"设置"界面切除/复位撒砂。撒砂切除：点击 HMI 屏设置界面"撒砂切除"按钮，即可切除撒砂。撒砂复位：再次点击"撒砂切除"按钮，即可复位撒砂。

2. 手动撒砂

操作司控台上的"人工撒砂"按钮，进行人工撒砂。注意：车速 5 km/h 以上可手动持续撒砂；车速 5 km/h 以下每次允许手动撒砂 10 s。

16.1.3.10 车门紧急解锁

1. 内部紧急解锁操作

紧急情况下，乘客拧断内操作装置盖板下部铅封，打开内操作装置盖板。当"零速列车线"为高电平时（零速信号有效），通过顺时针转动手柄来实现门系统解锁，可以手动打开车门。

紧急情况下，司机通过四角钥匙插入内操作装置盖板中间眼孔来打开内操作装置。当"零速列车线"为高电平时（零速信号有效），通过顺时针转动四角钥匙来实现车门解锁，可以手动打开车门（见图16-1）。

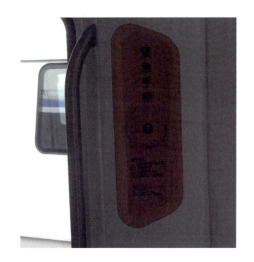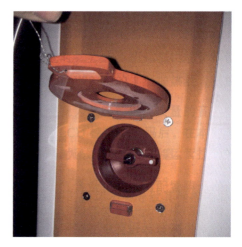

图 16-1　内部紧急解锁装置示意图

此时车门蜂鸣器报警，HMI屏相应车门状态显示为"紧急解锁"状态。内操作装置手柄保持在解锁位置，需要通过反向转动手柄将其复位。复位后，蜂鸣器停止报警，HMI屏相应车门"紧急解锁"状态解除。

当车速 > 10 km/h 时，操作车门紧急解锁，辅助锁始终压紧，车门无法打开。待车辆降速到 10 km/h 以下，辅助锁自动释放，如果此时有人手动开门，当打开门缝约 30 ~ 40 mm 时电机会输出 400 N 的堵转力防止开门，松手后把车门保持在打开 15 mm 缝隙的位置。待车辆降到零速以下，电机堵转力撤销，此时可以手动打开车门。

当大于零速时，操作车门紧急解锁，车辆网络收到紧急解锁信号后，由网络实现牵引封锁，直到车辆降到零速以下。

2. 外部紧急解锁操作

外操作装置的操作通过转动四角钥匙的方式进行开门操作（见图 16-2），需开门时，操作人员顺时针转动四角钥匙解锁，解锁后，只允许手动打开车门。

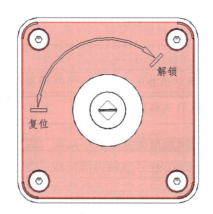

图 16-2 外部紧急解锁装置示意图

16.1.3.11 车门切除操作

1. 车门故障时切除操作

如果车门在车辆主干线上正常运行时出现故障，HMI 屏显示车门为故障图标（红色 "严重故障" 图标），司机操作如下：

（1）根据 HMI 屏显示定位故障车门。

（2）司机到达故障车门后，首先检查门口行程区域、车门与站台屏蔽门之间缝隙、车门与车体四周缝隙是否有异物。如有异物清除后，手动关闭车门，推门打不开以及确认门头黄色指示灯熄灭，方可转动隔离锁的四角钥匙切除车门，此时确认门区红色切除指示灯点亮。

（3）司机回司机室后确认 HMI 屏上此车门为 "切除" 图标，"门全关" 灯亮，方可动车。

2. 车门障碍物激活时切除操作

如果车门在正线上开关门操作时，HMI 屏显示车门为障碍物激活图标（开门障碍物激活、关门障碍物激活），司机操作如下：

重新操作开关门，如障碍物激活图标消除，可以动车；如故障未消除，进行如下步骤：

（1）根据 HMI 屏显示定位障碍物激活车门。

（2）司机到达障碍物激活车门后，首先检查门口行程区域、车门与站台屏蔽门之间缝隙、车门与车体四周缝隙是否有异物，如有异物清除后，司机回司机室电动关门，确认车门正常关闭，"门全关" 灯亮，可以动车；如无异物，按 "车门故障时切除操作" 执行。

16.1.3.12 紧急疏散门操作

正常情况下，紧急疏散门应处于锁闭状态。当发生紧急情况时，可按照操作标识打开紧急疏散门（见图 16-3）。

紧急出口

1. 按动保险销，将保险销从安装孔取出，向下报动红色锁把手将门锁解锁。

2. 向外推动门板，将疏散门打开。

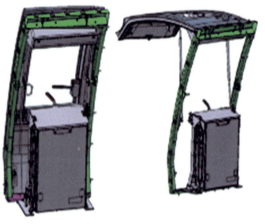

3. 将坡道锁机构解锁，向外推动坡道将坡道展开。

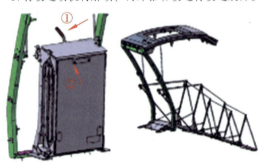

图 16-3　紧急疏散门打开操作示意图

16.1.3.13　制动切除操作

常用制动、快速制动、紧急制动不能正常缓解时，需要操作相应转向架的制动切除塞门（位于客室座椅下），进行强制制动切除（见图 16-4）。

当停放制动需要切除时，需要操作相应的停放制动切除塞门（位于车下的辅助控制模块内），同时操作相对应的停放制动手动缓解拉绳进行强制切除。

图 16-4　转向架制动切除塞门示意图

16.1.3.14　蓄电池充电机非正常启动

充电机非正常启动分为如下两个工况：库内 3 相 AC 380 V 外接电源启动；非常启动，即采用移动蓄电池启动。其内部原理如图 16-5 所示。

1．库内 3 相 AC 380 V 外接电源启动

库内 3 相 AC 380 V 外接电源启动，分蓄电池有电和蓄电池亏电。当 3 相 AC 380 V 外接电源接通后，充电机通过原来输出线得到 3 相 AC 380 V。

（1）若车辆蓄电池仍有电，充电机控制模块有电，可以直接采集 3 相 AC 380 V 供电，启动充电机工作。

（2）若车辆蓄电池无电，充电机通过非受控整流装置给充电机控制单元供电，车辆需要闭合空开 CIEXN，让控制模块的得电正常工作，可以直接采集 3 相 AC 380 V 供电，启动充电机工作。

2．非常启动

当车辆蓄电池完全亏电，又不在车辆段，但有 AC 25 kV 接触网供电，车辆通过移动式蓄电池启动，其原理如图 16-6 所示。具体步骤如下：

（1）将移动蓄电池插头插入直流配电紧急启动连接器。

（2）闭合 ESN 断路器，让辅助空气压缩机打风，等待 5 min 以便后风压满足升弓。

（3）闭合 ESS1，待受电弓升起稳定后，网压同步信号能够正常反馈给牵引变流器。

（4）闭合 ESS2，待受主断路器闭合，同时主断状态能够正常反馈给牵引变流器，牵引变流器无异常。

（5）闭合 ESS3，牵引变流器控制单元正常工作，辅助变流器和充电机正常启动；9P 线得电，变流器进入紧急牵引模式，牵引系统冷却系统接触器得电，牵引系统冷却系统正常工作。

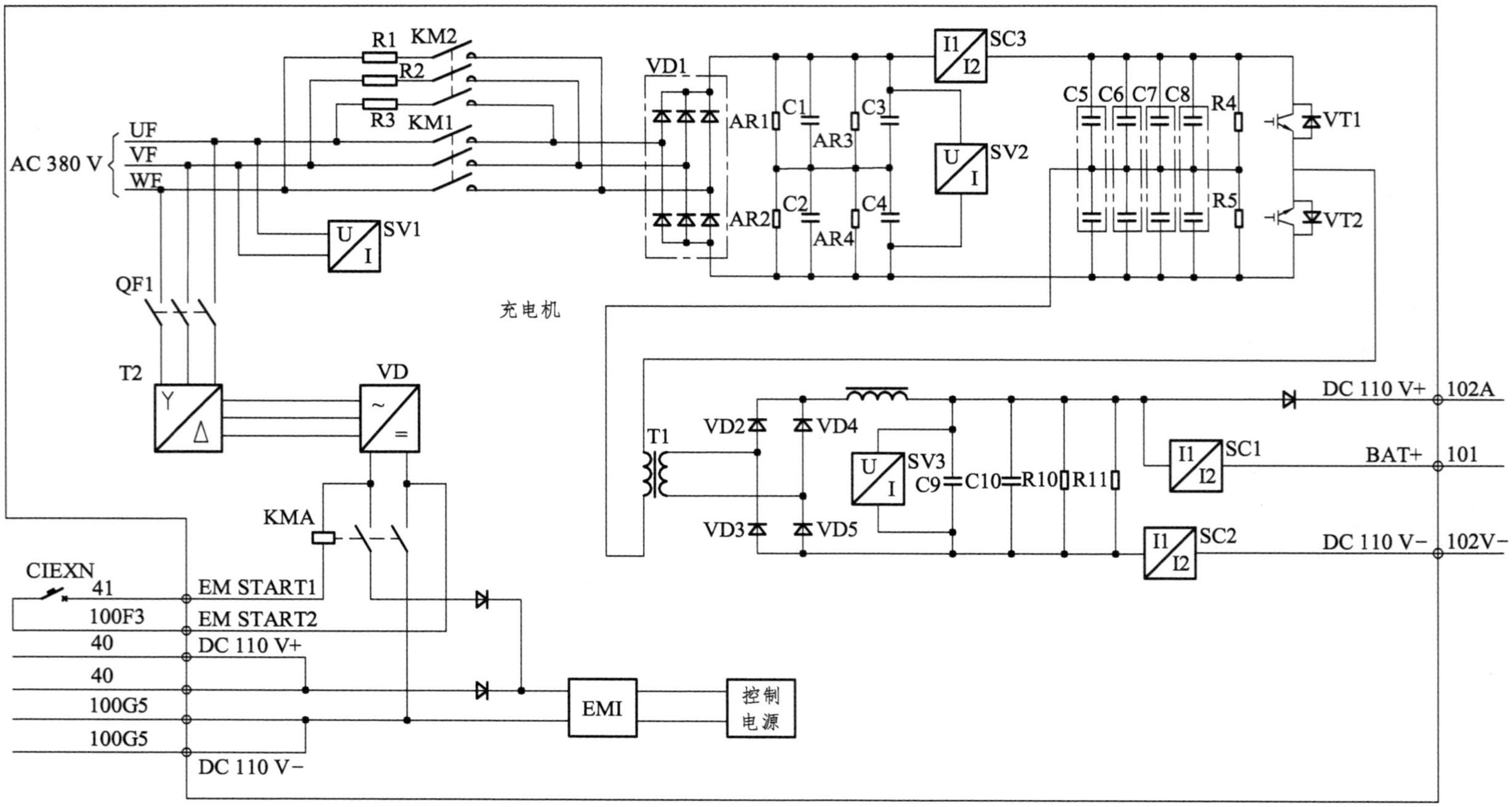

充电机

图 16-5　蓄电池充电机内部原理图

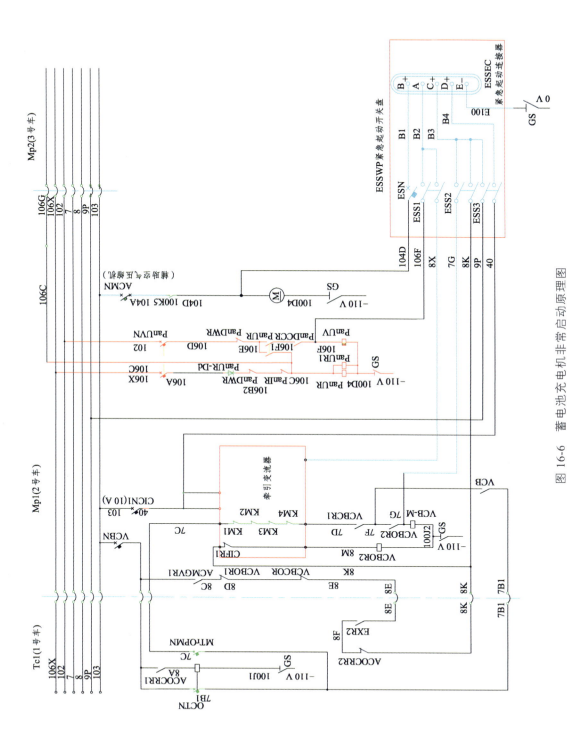

图 16-6　蓄电池充电电机非常启动原理图

（6）充电机给蓄电池充电（通过网络采集蓄电池温度给充电机）。

（7）操作蓄电池投入旋钮，让直流接触器 1 闭合，让充电机给 103 线供电，保证车辆另一台牵引变流器启动。

（8）待整车充电机稳定，按 5、4、3、2、1 的顺序断开相关开关及断路器退出紧急启动蓄电池。

16.2 市域动车组维修流程

市域动车组的运用维修可分为一级修和二级修。一级修是对市域动车组的车顶、车下、车体两侧、车内和司机室等部位实施快速例行检查、试验和故障处理的检修作业，须在检查库内实施，每次检修时间控制在 2 h 内（不包含故障处理时间）。二级修是对动车组各系统、零部件实施周期性维护保养、检测、试验的检修作业。根据检修规程每隔 30 天或 30 万 km 需进行一次二级修，检修内容具体可分为 30 天/3 万 km 检修作业包、90 天/9 万 km 检修作业包、180 天/18 万 km 检修作业包、360 天/36 万 km 检修作业包。

16.2.1 一级修

一级修作业以目视检查、功能测试为主，主要确认列车各部件放松标记放松无错位，部件功能正常，司机室电气测试功能正常。

16.2.1.1 人员职责

一级修作业 1 个小组共 4 名作业人员，分别用①②③④号位表示。

①②号位负责车顶设备检查，车内电气、功能试验、车内内装、旅客服务信息设施、车内有电作业。

③④号位负责车体、转向架、车钩、车端电气连接件、电气箱体等下部检查。并且，③④号在检查各自侧驱动装置齿轮箱时，与齿轮箱连接的牵引电机归齿轮箱检查侧作业人员检查。③④号地沟作业，前后须间隔 3 m 以上。

16.2.1.2 作业步骤

作业步骤分为：接车、放电、无电、有电、交车。

1. 接车作业

③④号站在库门口两侧指定区域，耳听列车进库运行过程中牵引变压器、牵引变流器、空压机、转向架有无异响等异常情况，发现异常情况及时上报、记录。

2．放电作业

待列车驶入指定股道停稳后，①②号严格按照接触网停送电规程，对接触网进行断网停电操作。

3．无电作业

车顶无电作业、车下无电作业、两侧无电作业。车顶无电作业：①②负责车顶设备检查。

4．车下无电作业

③④号负责车体、转向架、车钩、车端电气连接件、电气箱体等可视部位检查。

两侧无电作业：③④号负责车体、转向架、车钩、车端电气连接件、电气箱体等可视部位检查。

5．有电作业

①号位负责司机室功能、内装检查及平台侧的车外指示灯检查。

②号位负责客室设备设施检查（LCD、广播、配电柜、灭火器、吊环、座椅、车门锁、车端信息显示器等）。

16.2.1.3 一级修作业路线

1．车顶检车路线（见图 16-7）

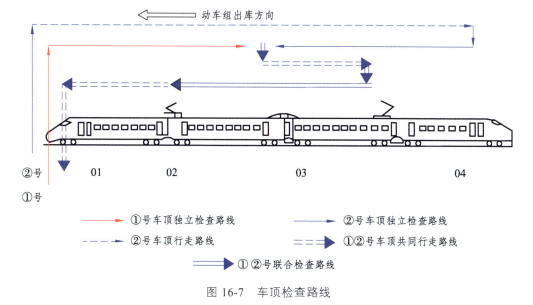

图 16-7 车顶检查路线

2．司机室功能及车内检查路线（见图 16-8）

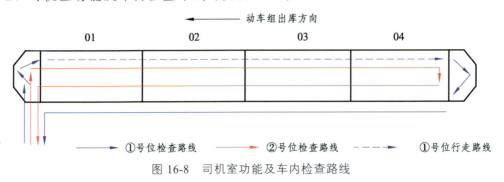

图 16-8　司机室功能及车内检查路线

3．车下及车侧作业路线（见图 16-9）

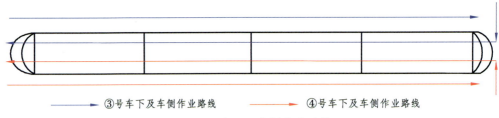

图 16-9　车下及车侧作业路线

16.2.1.4　一级修作业流程

（1）市域动车组司机退勤后，在《市域动车组状态记录卡》中对运行中发现故障进行描述，并交于车场调度。

（2）检修调度接收车场调度给予的《市域动车组状态记录卡》后，方可派发相应车辆的一级修工作单，安排检修工班进行作业。

（3）检修调度在一级修工作前汇总轮对受电弓检测装置报警情况、《市域动车组状态记录卡》故障记录信息、正线驻站人员反馈情况，告知一级修的工班长。

（4）检修调度向检修工班工班长派发一级修，由相应工班长指派作业负责人负责该项。

（5）作业负责人向检修调度提出申请并填写《检修作业记录登记簿》。

（6）检修调度对工作性质及列车编号进行确认，并确定允许工作时间。

（7）当不同的作业单位需要在同一列车进行作业时，当值检修调度需要与所有作业负责人一起评估可能存在的风险，严禁安排工作内容或形式存在冲突的作业单位同时进行登车作业，并要求同时作业的各作业负责人做好相互工作沟通及各自的防护措施。

（8）当不同的作业单位需要但无法在同一列车进行作业时，优先满足车辆检修及故障处理的作业。车载通信、信号计划性检修作业须在车辆一级修作业期间同时完成，原则上不再另外安排时间。车载通信、信号负责部门须在发车前 2 h 向检修调度提交《运用车辆信号转交手续表》，确保上线运营车辆的车载通信、信号系统满足运营要求。

（9）作业负责人须在检修调度处借用四角钥匙、主控钥匙、警示牌等备品并填写《工器具借用登记表》。

（10）检修调度须在《检修作业记录登记簿》《工器具借用登记表》上确认签字。

（11）作业负责人必须在市域动车组出库端车辆的 2 位角转向架轴箱放置车辆警示牌，不同作业单位应分别在警示牌上放置作业牌。

（12）作业单位人员必须在规定时间内离开作业区域，施工完毕后，对现场进行清场，以保证安全，各单位作业负责人摘除作业牌。

（13）若作业不能在允许时间内完成，作业负责人应提前 15 min 通知检修调度，听从指示。如允许时间结束时作业负责人仍未到检修调度处办理相关手续，检修调度应主动联系相关负责人要求其尽快办理相关手续。

（14）检修作业完成后，作业负责人须确认人员及物品出清，摘除出库端警示牌后到检修调度处填写《检修作业记录登记簿》进行销点，并填写《工器具借用登记表》归还四角钥匙、主控钥匙、警示牌。

（15）检修调度须在《检修作业记录登记簿》《工器具借用登记表》上确认签字物品归还。

16.2.2　二级修

与一级修的目视检查、功能测试相比，二级修更多的是针对零部件本身的维护保养，时间跨度从一个月到一年，确保车辆各系统零部件在一年运营过程中状态良好、功能正常。

16.2.2.1　人员职责

二级修人员分工如下：
（1）A 组负责转向架、车钩、电气箱体、车体、车端电气连接件、司机室、客室内装。
（2）B 组负责车门无电检查，数据测量，车门润滑、车门功能。
（3）C 组：受电弓、空调检查、司机室功能、配电柜。

16.2.2.2　二级修流程

（1）检修调度工班长负责编制车辆年、月、周二级修检修计划，二级修计划内须包含每列车一年一次的动车调试计划，同时负责动车调试前的工作。

（2）检修调度根据周计划安排二级修作业，安排检修工班进行作业。

（3）检修调度在派发二级修工作单前须查看轮对踏面及受电弓检测系统报警情况、《市域动车组状态记录卡》故障记录信息、正线驻站人员反馈情况，将所有故障信息写入二级修工作单内，并提醒负责该车辆二级修作业工班的工班长，由工班长作为作业负责人。

（4）作业负责人向检修调度提出申请并填写《检修作业记录登记簿》。

（5）检修调度对工作性质及列车编号进行确认，并确定允许工作时间。

（6）当不同的作业单位需要在同一列车进行作业时，当值检修调度需要与所有作业负责人一起评估可能存在的风险，严禁安排工作内容或形式存在冲突的作业单位同时进行登车作业，并要求同时作业的各作业负责人做好相互工作沟通及各自的防护措施。

（7）当不同的作业单位需要但无法在同一列车进行作业时，优先满足车辆检修及故障处理的作业。车载通信、信号的计划性检修作业须在车辆二级修作业期间同时完成，原则上不再另外安排时间。车载通信、信号负责部门须在发车前 2 h 向检修调度提交《运用车辆信号转交手续表》，确保上线运营车辆的车载通信、信号系统满足运营要求。

（8）作业负责人须在检修调度处借用四角钥匙、主控钥匙、红闪灯以及作业标识牌，并填写《工器具借用登记表》。

（9）检修调度须在《检修作业记录登记簿》《工器具借用登记表》上确认签字。

（10）作业负责人必须在市域动车组前后两端的明显位置放置红闪灯以及作业标识牌，不同作业单位应分别放置红闪灯以及作业标识牌。

（11）作业单位人员必须在规定时间内离开作业区域，作业完毕后，对现场进行清场，以保证安全，作业负责人摘除红闪灯以及作业标识牌。

（12）若作业不能在允许时间内完成，作业负责人应提前 15 min 通知检修调度，听从指示。如允许时间结束时作业负责人仍未到检修调度处办理相关手续，检修调度应主动联系相关负责人要求其尽快办理相关手续。

（13）检修作业完成后，作业负责人须确认人员及物品出清，摘除两端车头的"禁止动车"警示牌后到检修调度处填写《检修作业记录登记簿》进行销点，并填写《工器具借用登记表》归还四角钥匙、主控钥匙、红闪灯以及作业标识牌。

（14）检修调度须在《检修作业记录登记簿》《工器具借用登记表》上确认签字。

（15）上线调试安排由检修调度与行车调度、车场调度沟通确认，检修调度派发调试说明书给检修工班工班长，由工班长指派调试负责人与调试司机对接调试事宜，按照调试说明书要求进行动车调试作业。

第十七章

列车典型故障处理

本章通过讲解市域动车组司机正线故障应急处理手册的流程和步骤，分析故障可能发生的原因，阐述操作背后的原理。通过本章学习，使读者对市域动车组背后的整车电气原理和逻辑有更深入的了解。

以温州轨道交通 S1 线市域动车组正线故障应急处理建议为例。

单侧车门无法打开故障

首先，温州轨道交通 S1 线市域动车组根据列车线控制信号（如"零速列车线""门使能列车线""开门列车线""关门列车线"）和门驱动机构上元件（如："锁到位开关""关到位开关""隔离开关""紧急解锁开关"）发出的信号，电子门控器控制门开启和关闭。

其次，只有满足以下所有条件时，才允许 EDCU 驱动电机执行开门操作：

（1）没有操作机械隔离装置。

（2）没有操作紧急解锁装置。

（3）"零速列车线"为高电平。

（4）"门使能列车线"为高电平。

（5）"车速 > 10 km/h 列车线"为低电平。

（6）门处于非开到位位置。

（7）"关门列车线"为低电平。

（8）无关锁到位开关故障。

（9）无内部安全继电器故障。

（10）无辅助锁故障。

在通常情况下，操作机械隔离装置，HMI 屏幕上有对应的车门切除图标显示。操作紧急解锁装置，HMI 屏幕上有对应的车门紧急解锁图标显示。门处于开到位位置，HMI 屏幕上有对应的车门打开图标显示。关锁到位开关故障或内部安全继电器故障或辅助锁故障，HMI 屏幕上有对应的车门故障提示。而且，上述故障只会导致对应的单个车门无法打开时，不会引起整侧车门无法打开的连锁反应。

即使出现所有车门同时显示故障的情况，在此情况下优先应考虑市域动车组网络系统故障而非所有车门同时故障。

当市域动车组停稳后，若"车速 > 10 km/h 列车线"异常得电变为高电平后，HMI 屏幕上有对应的故障提示。

因此，当单侧车门无法打开时，HMI 屏幕上没有故障提示时，应考虑考虑"零速列车线"异常失电、"门使能列车线"异常失电、"零速列车线"异常失电、"开门列车线"异常得电、"关门列车线"异常得电情况。故障处理建议如表 17-1 所示。

表 17-1 单侧车门无法打开故障处理建议

故障现象	处理建议	说明
整侧客室车门未正常打开	第一步：将门模式开关打至"MM"位，确认制动施加灯亮，确认对标准确，确认列车停稳，再次按压司机室侧面板"开门"按钮	
	第二步：按压操纵台备用"开门"按钮开门	
	第三步：检查司机室电气柜上"门控制断路器"（DCN）是否跳开	
	第四步：信号模式下降级 RM 模式，将"门旁路开关"（DCBS）置于（DBY）位，按压对应侧使能按钮后按压开门按钮，尝试开门。若无法开门，将司机室电气柜"人工门使能"（RMDES）转至相应使能位，按压对应侧开门按钮	门使能按钮按压 200 ms 后方可按压开门按钮；按压"使能"按钮和"开门"按钮时间不小于 3s
	第五步：将司机室电气柜"零速度旁路"（ZSBS）置于强制位，按压对应侧门使能按钮后按压开门按钮，尝试开门	动车后需将"零速度旁路"复位至"正常位"
	第六步：以上处理无效，汇报行调，就近清客下线（手动解锁每节车第二扇车门）	

（1）第一步：将门模式开关打至"MM"位，确认制动施加灯亮，确认对标准确，确认列车停稳，再次按压司机室侧面板"开门"按钮。

温州轨道交通 S1 线市域动车组门模式开关有"自动开自动关（AA）""自动开手动关（AM）""手动开手动关（MM）"三种模式。在正线行驶时，要求司机将门模式开关打至"自动开手动关"位。在此模式下，车门系统将执行到站停稳后自动开门，按压关门按钮手动关门的控制逻辑。因此，正线发生单侧车门无法打开故障时，将门模式开关打至"手动开手动关"位，手动输出开门信号。

确认制动施加灯亮和对标准确主要是确保列车停稳，信号系统给出门使能信号，"门使能列车线"得电。确认列车停稳，"零速列车线"得电。

按压开门按钮，排除信号系统未发出开门指令的情况。

（2）第二步：按压操纵台备用"开门"按钮开门。

此步骤主要是排除司机室侧面板开门按钮故障的情况。

（3）第三步：检查司机室电气柜上"门控制断路器"（DCN）是否跳开。

门控制断路器（DCN）闭合是车门打开的前置条件，门控制断路器（DCN）跳开则门使能列车线、开门列车线、关门列车线、零速列车线全部失电，车门系统无法执行任何指令。

（4）第四步：信号模式下降级 RM 模式，将"门旁路开关"（DCBS）置于（DBY）位，按压对应侧门使能按钮后按压开门按钮，尝试开门。若无法开门，将司机室电气柜"人工门使能"（RMDES）转至相应使能位，按压对应侧开门按钮。

RM 模式适用于车载信号系统和轨旁信号系统通信故障的情况，在 RM 模式下不提供车门的控制功能，车门开关功能完全由车辆系统执行。将"门旁路开关"（DCBS）置于（DBY）位，强制输出门使能信号，"门使能列车线"得电，尝试开门。若无法开门，将司机室电气柜"人工门使能"（RMDES）转至相应使能位，排除门旁路开关及相关接线故障的故障，强制输出门使能信号，"门使能列车线"得电，尝试开门。

注：门使能按钮按压 200 ms 后方可按压开门按钮；按压"使能"按钮和"开门"按钮时间不小于 3 s。

在这里要强调一点，门使能按钮要在开门按钮前按下并保持，即门使能列车线要先于开门列车线得电。这是因为车门控制单元（EDCU）检测到"开门列车线"信号从低电平跳变到高电平，且保持高电平状态 200 ms 以上，认为"开门列车线"信号有效；若满足"允许开门"的条件，则延时设定的时间后，车门开始开启。并且在开门过程中，在满足"允许开门"的条件下，"开门列车线"信号从高电平跳变为低电平，且未检测到"关门列车线"信号从低电平跳变到高电平，门仍然会开启到开门终点位置。

开门工况下各信号时序如图 17-1 所示。

隔离信号：低电平表示车门未被切除，高电平表示车门被切除。

紧急解锁信号：低电平表示车门未被紧急解锁，高电平表示车门被紧急解锁。

车速 > 10 km/h 列车线：低电平表示车速小于 10 km/h，高电平表示车速大于 10 km/h。

零速列车线：车门控制单元（EDCU）检测到"零速列车线"信号从低电平跳变到高电平，且保持高电平状态 200 ms 以上，认为"零速列车线"信号有效。但在"开门列车线"信号有效前，"零速列车线"要一直有效才算满足允许开门条件。

门使能列车线：信号系统在监检测到市域动车组停稳且对准站台门正确的位置同时已切除牵引并施加保持制动满足这三个条件后，会输出对应侧门使能信号。同时，司机也可以根据现场实际情况按压门使能按钮或将门旁路开关置于 DBY 位，人为强制输出对应侧门使能信号。车门控制单元（EDCU）检测到"门使能列车线"信号从低电平跳变到高电平，且保持高电平状态 200 ms 以上，认为"门使能列车线"信号有效。但在"开门列车线"信号有效前，"零速列车线"要一直有效才算满足允许开门条件。

开门列车线：车门控制单元（EDCU）检测到"开门列车线"信号从低电平跳变到高电平，且保持高电平状态 200 ms 以上，认为"开门列车线"信号有效。

关门列车线：车门控制单元（EDCU）检测到"关门列车线"从低电平跳变到高电平，且保持高电平状态 200 ms 以上，认为"关门列车线"有效。在开门过程中，在满足"允许开门"的条件下，"开门列车线"信号从高电平跳变为低电平，检测到"关门列车线"信号从低电平跳变到高电平，门停止打开并开始关闭。

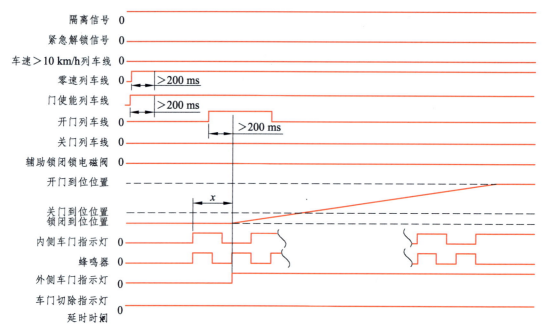

隔离信号
紧急解锁信号
车速＞10 km/h列车线
零速列车线
门使能列车线
开门列车线
关门列车线
辅助锁闭锁电磁阀
开门到位位置
关门到位位置
锁闭到位位置
内侧车门指示灯
蜂鸣器
外侧车门指示灯
车门切除指示灯
延时时间

图 17-1　开门工况下的各信号时序图

（5）第五步：将司机室电气柜"零速度旁路"（ZSBS）置于强制位，按压对应侧门使能按钮后按压开门按钮，尝试开门。

强制输出零速信号，排除零速列车线故障。

（6）第六步：以上处理无效，汇报行调，就近清客下线（手动解锁每节车第二扇车门）。

17.2　紧急制动故障

市域动车组设有紧急制动，一旦施加紧急制动，只有在市域动车组停稳后将主控手柄拉到快速制动位方可缓解。

紧急制动回路通过紧急制动环线正线（紧急制动触发条件在此回路）、紧急制动指令线（输入紧急制动指令给制动控制单元）和紧急制动环线负线组成，当回路失电触发紧急制动。

触发紧急制动的条件至少包含以下内容，处理建议如表 17-2 所示。

（1）总风压力低于阈值（通常设定为 600 kPa）。

（2）警惕按钮装置或信号系统触发。

（3）市域动车组超速保护。

（4）列车完整性列车线失电。

（5）运行过程中检测到停放制动施加。

（6）紧急制动按钮（蘑菇按钮）按下。

（7）无司机室占有。

表 17-2 紧急制动处理建议

故障现象	处理建议	说明
在运营过程中列车突然被触发紧急制动停车	第一步：查看 HMI 屏和 TOD 屏的紧急制动提示，若为信号触发的紧急制动按照信号系统故障处理	确认 MCN5 是否断开
	第二步：将"模式开关 2"打到 NRM 位，若紧急制动缓解，报行调，按行调指示运行。若紧急制动不能缓解，按照以下步骤进行排查	
	第三步：检查 HMI 屏是否有蘑菇图标，有则恢复被按下的蘑菇按钮，缓解紧急制动	
	第四步：检查司机室气压表，若总风压力 < 6.0 bar，确认空压机是否启动，如未启动，按空压机故障处理	EBSS：紧急制动触发条件隔离开关
	第五步：NRM 模式，将电器柜"EBSS"打强制位，若能缓解，限速 60 km/h 运行；将"ESS"置于制位，若能缓解，限速 25 km/h 运行，仍无法缓解，将另一端"ESS"置于强制位	ESS：紧急制动旁路开关 EBSS、ESS 按顺序操作后无需恢复
	第六步：若紧急制动缓解后无法动车，按"列车无法牵引"执行	
	第七步：若紧急制动仍无法缓解，等待救援	

（1）第一步：查看 HMI 屏幕及 TOD 屏的紧急制动提示，判断是否为信号触发紧急制动。若为信号系统触发的紧急制动，按照信号系统故障处理建议执行。

任何列车的非预期移动、列车位置丢失、列车超过紧急制动限速、列车完整性信息丢失等均将产生信号紧制。而且紧急制动信息会在信号 TOD 屏幕上显示，同时 HMI 屏幕上也会出现"信号系统输出紧急制动"的提示信息。

MCN5 断路器跳开，则紧急制动环线正失电，列车施加紧急制动。

（2）第二步：将"模式开关 2"打到 NRM 位，如果紧急制动缓解，报行调，按行调指示运行。如果紧急制动不能缓解，按照以下步骤进行排查。

若将"模式开关 2"打到 NRM 位，紧急制动缓解，则表示紧急制动是由信号系统触发。若紧急制动依然无法缓解，可判断由市域动车组触发紧急制动，按后续流程执行。

（3）第三步：检查 HMI 屏是否有蘑菇图标，有则恢复被按下的蘑菇按钮，缓解紧急制动。

可通过 HMI 上的故障信息提示和按钮图标确认紧急制动按钮（蘑菇按钮）是否被按下。按下后则及时恢复，尝试缓解紧急制动。

（4）第四步：检查司机室气压表，若总风压力 < 6.0 bar，确认空压机是否启动，如未启动，按空压机故障处理。

空压机控制电路设计采用网络控制为主，硬线控制为辅的控制模式，同时设置有紧急情况下的强迫泵风功能。在网络控制模式下，TCMS 根据制动系统上传的总风管压力值，根据单双日控制两台空压机轮流交替设置主、辅空压机。当总风管压力低于 7.5 bar 时，主空压机启动，直到总风管压力高于 9.0 bar 时停止。当总风管压力低于 6.7 bar 时，主辅空压机同时启动打风，总风管压力值超过 9.0 bar 时两台空压机停止。在网络故障情况下，空压机旁的压力开关检测到总风管压力低于（6.7 ± 0.2）bar 时，对应端空压机启动，直到压力开关检测总风管压力高于（9.0 ± 0.2）bar 时停止。

（5）第五步：NRM 模式，将电器柜"EBSS"打强制位，若能缓解，限速 60 km/h 运行；将"ESS"置于强制位，若能缓解，限速 25 km/h 运行，仍无法缓解，将另一端"ESS"置于强制位。

若因紧急制动环路中警惕按钮装置、超速继电器、列车完整性继电器、方向手柄过零位、门旁路开关置于 DBY 位等单点故障导致环路失电而起紧急制动。在这种情况下，司机可以将司机室继电器柜内铅封开关（紧急制动触发条件隔离 EBSS）置于强制位，使紧急制动缓解，保持列车牵引运行，当列车速度达到 60 km/h 时切除牵引力。

若因非激活端紧急制动按钮故障或安全环路断开等原因导致环路失电而起紧急制动，在这种情况下，司机可以将司机室继电器柜内铅封开关（紧急制动旁路开关 ESS）置于强制位，使紧急制动缓解，保持列车牵引运行，限速 30 km/h 运行。

（6）第六步：若紧急制动缓解后无法动车，按"列车无法牵引"执行。

详见第 3 章节。

（7）第七步：若紧急制动仍无法缓解，等待救援。

▽17.3 市域动车组无法牵引

市域动车组网络正常时，牵引变流器必须满足牵引有效（9 线）和牵引允许（10 线）均为高电平有效，才能输出牵引力，否则认为牵引指令无效。

当车辆处于非信号系统监控下，需要操作信号系统模式开关 2（MS2）对 10 号线进行旁路。

其次，车辆处于紧急牵引模式仅 9 号线有效，牵引变流器即可输出牵引力。

9 号线上共计有制动缓解继电器辅助触点（BR2）、门全关继电器辅助触点（DIR1）、紧急制动继电器辅助触点（EBAPR2）、全常用制动继电器辅助触点（AFSBR，信号系统驱动）。

市域动车组网络正常时，TCMS 采集下列信号：有牵引指令信号、司机室激活、方向信号有效、总风压力正常、紧急制动未施加、无超速信号、转向架切除小于 6 个、所有门关好、制动缓解、所有车停放制动缓解。若 TCMS 采集到上述任一信号不满足条件，则输出牵引封锁信号给牵引变流器。无法牵引时的故障处理建议如表 17-3 所示。

（1）第一步：查看 HMI 故障提示，按故障提示处理。

（2）第二步：查看网压是否正常，VCB 是否闭合。

确认网压、VCB 和受电弓状态主要是排除高压供电异常。

MCN4 断路器一旦断开，则司控台主控手柄失去电源。因此，一旦市域动车组 MCN4 断路器断开，牵引指令及级位信号无法转送至牵引系统。

（3）第三步：若司机台上"门全关闭"指示灯未点亮，按照"车门故障"进行处理。

整列市域动车组 32 个车门的门关好、门锁好限位开关串联成一个安全联锁回路。单个或多个车门故障导致安全联锁回路低电平，门全关继电器 DIR1 继电器不得电。对故障车门处理或者隔离，若确认所有门关好并锁好，则操作门全关旁路开关 DIRS 旁路门全关继电器。

表 17-3　市域动车组无法牵引处理建议

故障现象	处理建议	说明
市域动车组无法牵引	第一步：查看 HMI 故障提示，按故障提示处理	
	第二步：查看网压是否正常，VCB 是否闭合	查看电气柜 MCN4 断路器是否断开
	第三步：若司机台上"门全关闭"指示灯未点亮，按照"车门故障"进行处理	
	第四步：若"停放制动缓解"指示灯未点亮，按照"停放制动未缓解"进行处理	
	第五步：转至 NRM，将主控手柄置于"牵引"位，查看 HMI 制动界面及制动施加/缓解指示灯，若制动施加指示灯常亮，同时 HMI 屏制动界面未缓解，按"制动系统故障"处理	
	第六步：若制动施加指示灯常亮，同时 HMI 制动界面已缓解，制动旁路置于强制位，尝试动车	
	第七步：尝试"紧急牵引"动车	紧急牵引模式下保持牵引最大级位 10 s
	第八步：列车仍无法牵引，等待救援	

（4）第四步：若"停放制动缓解"指示灯未点亮，按照"停放制动未缓解"进行处理。

通过停放制动缓解指示灯点亮和 HMI 屏确认所有停放制动缓解。若停放制动故障，则按流程切除故障所在转向架的停放制动。

（5）第五步：转至 NRM，将主控手柄置于"牵引"位，查看 HMI 制动界面及制动施加/缓解指示灯，若制动施加指示灯常亮，同时 HMI 屏制动界面未缓解，按"制动系统故障"处理。

通过 HMI 屏确认故障转向架，若故障一直存在则切除故障转向架制动。

（6）第六步：若制动施加指示灯常亮，同时 HMI 制动界面已缓解，制动旁路置于强制位，尝试动车。

旁路制动缓解继电器辅助触点（BR2）故障，排除制动系统（除停放制动外）造成的牵引封锁。

（7）第七步：尝试"紧急牵引"动车。

排除 TCMS 牵引封锁，尝试紧急牵引纯硬线控车。

（8）第八步：列车仍无法牵引，等待救援。